Journalistische Praxis

Gründungsherausgeber

Walther von La Roche, Deutsche Gesellschaft für Publizistik- und
Kommunikationswissenschaft, (1936-2010), München, Deutschland

Reihe herausgegeben von

Gabriele Hooffacker ⓘ, Institut für Digitales Lehren und Lernen (IDLL),
HTWK Leipzig, Leipzig, Deutschland

Der Name ist Programm: Die Reihe Journalistische Praxis bietet ausschließlich praxisorientierte Lehrbücher für Berufe rund um Journalismus und Medien. Praktiker aus Redaktionen und aus der Journalistenausbildung zeigen, wie's geht, geben Tipps und Ratschläge. Alle Bände sind Leitfäden für die Praxis - keine Bücher über ein Medium, sondern für die Arbeit in und mit einem Medium. Walther von La Roche begründete die Reihe 1975 mit der „Einführung in den praktischen Journalismus" (heute: „La Roches Einführung in den praktischen Journalismus"). Seit 2013 erscheinen die Bücher bei SpringerVS.

Die gelben Bücher mit ihren Webauftritten geben allen, die journalistisch tätig sind oder sein wollen, ein realistisches Bild von den Anforderungen redaktionellen Arbeitens und zeigen, wie man sie bewältigt. Lehrbücher wie "Recherchieren", „Informantenschutz", "Frei sprechen" oder „Interviews führen" konzentrieren sich auf Tätigkeiten, die in mehreren journalistischen Berufsfeldern gefordert sind. Andere Bände führen in das professionelle Arbeiten bei einem Medium ein (die Klassiker zu Radio-, Fernseh- oder Online-Journalismus). Es gibt Bücher zu journalistischen Techniken („VR-Journalismus", „Mobiler Journalismus" oder „Social Media für Journalisten"), und zu Berufsfeldern wie Pressearbeit und Corporate Media („Pressearbeit praktisch") oder redaktionellem Arbeiten für Unternehmen oder Institutionen („Gebrauchstexte schreiben").

Jeden Band zeichnet ein gründliches Lektorat und sorgfältige Überprüfung der Inhalte, Themen und Ratschläge aus. Sie werden regelmäßig überarbeitet und aktualisiert, oft in weiten Teilen neu geschrieben, um der rasanten Entwicklung in Journalismus und Medien Rechnung zu tragen. Viele Bände liegen inzwischen in der dritten, vierten, achten oder noch höheren Auflagen vor wie La Roches "Einführung" selbst. Allen Bänden gemeinsam ist der gelbe Einband. Deshalb ist die Reihe unter Lehrenden, Studierenden und angehenden Journalistinnen und Journalisten auch als „Gelbe Reihe" bekannt.

Harald Ille

Digitale Kommunikations- strategien

Von der Analyse zu den Zielen, von der Produktion zur Distribution

 Springer VS

Harald Ille
Digital Enthusiast
Heidelberg, Deutschland

ISSN 2524-3128   ISSN 2524-3136 (electronic)
Journalistische Praxis
ISBN 978-3-658-47711-0   ISBN 978-3-658-47712-7 (eBook)
https://doi.org/10.1007/978-3-658-47712-7

Die Deutsche Nationalbibliothek verzeichnet diese Publikation in der Deutschen Nationalbibliografie; detaillierte bibliografische Daten sind im Internet über https://portal.dnb.de abrufbar.

Springer VS ist ein Imprint der eingetragenen Gesellschaft Springer Fachmedien Wiesbaden GmbH und ist ein Teil von Springer Nature.
Die Anschrift der Gesellschaft ist: Abraham-Lincoln-Str. 46, 65189 Wiesbaden, Germany

Wenn Sie dieses Produkt entsorgen, geben Sie das Papier bitte zum Recycling.

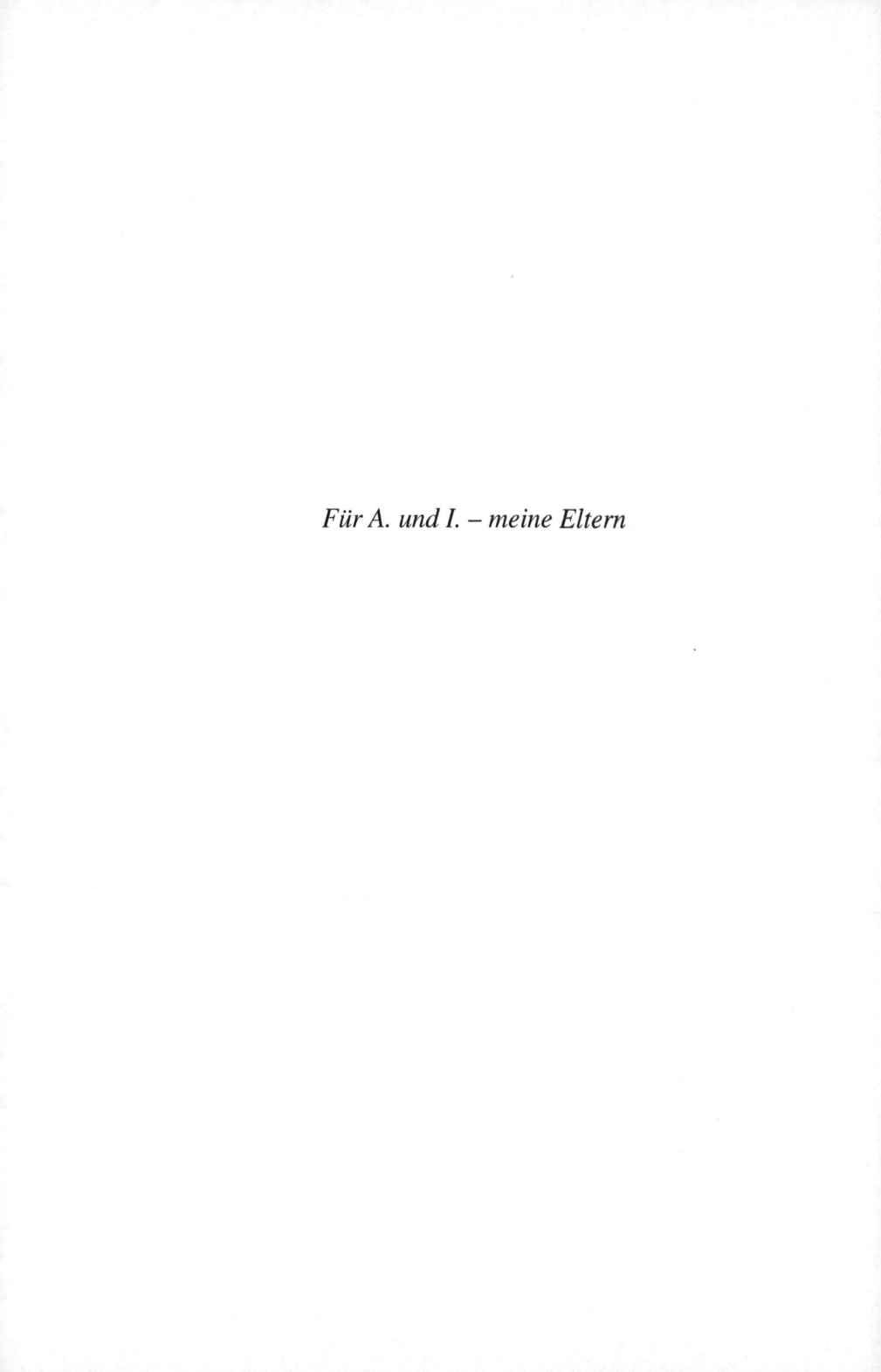

Für A. und I. – meine Eltern

Wofür?

Das Thema füllt ganze Bücher und muss hier nicht weiter erläutert werden: Keine Strategie zu haben ist einer der größten Fails, wenn nicht der größte, den man dringend anpacken sollte. (Löffler und van Tübbergen, 2023, S. 25)

Es geht um Sie in diesem Praxishandbuch
Wieso? Wer könnte wichtiger sein als Sie? Wir haben uns selbst ein bisschen aus den Augen verloren in der Kommunikation. Wir Menschen uns Menschen. Wir haben viel über optimale Prozesse nachgedacht, in denen wir Kreativität reduzierende Rollen (Abschn. 1.2.2) im Newsroom übernehmen. Wir haben Content (Inhalte dazu in Abschn. 3.3) für Zielgruppen (Abschn. 1.1) produziert und anonyme Interaktionsraten gemessen – je mehr Klicks, desto besser. Wir haben das kostenfreie Social aus Social Media entfernt und bezahlen jetzt Media. Wir haben PESTEL-Analysen (Abschn. 2.1.1) gefahren, in denen seltsamerweise keiner der sechs Buchstaben uns Menschen in den Blick nimmt und Themenhäuser (Abb. 13) gemalt, in denen niemand liebt, lacht, weint und die niemand putzt. Es menschelt zwar sehr in der Kommunikation. Wir sollten aber wieder „menschlicher" denken.

Es geht natürlicherweise um uns in diesem Praxishandbuch
Weshalb? Wenn nun Generative Künstliche Intelligenz immer mehr Prozesse schneller und fehlerfreier abarbeiten kann und in einem dystopischen Szenario eigenständig Lawinen an detailliertem Content für andere KI-Assistenten ins Netz rutschen lässt, die diesen Content dann wieder eindampfen und zusammenfassen – spätestens dann müssen wir uns wieder uns Menschen zuwenden. Sie können das gerne *Strategie* nennen. Daher beginnt dieses Praxishandbuch mit unseren Dialogpartner:innen. Als Sender und Empfänger und umgekehrt. Als Stakeholder, Zielgruppe, Persona. Als Akteur:in, Gestalter:in, Umsetzer:in. Wir klären, wer die

Kommunikation wie wann warum betreibt und wen wie warum erreichen möchte. Und lassen uns vom POST-Modell von Charlene Li und Josh Bernoff von Forrester Research leiten.[1]

> In ihrem POST-Framework schlagen Li und Bernoff vor, sich zunächst den Zielgruppen – den „People" – zuzuwenden, die das Unternehmen oder die Institution im Auge hat und erreichen will. Viele Strategien scheitern schließlich daran, dass Zielgruppen nicht korrekt bestimmt oder falsch eingeschätzt werden. (Ruisinger, 2017)

Es geht um klare Linien in Ihrer Kommunikation
Warum? Zielgruppen spielen zu oft nur vordergründig eine Rolle. In der Strategie, der Taktik, der Planung und der Umsetzung werden sie viel zu oft unberücksichtigt gelassen. Das ist selbst in Hochschulprojekten so, bei denen zwar ein, zwei Folien mit Personae gemalt werden – diese finden aber leider im Rest des Kommunikationskonzeptes nicht mehr statt. Dabei machen wir das ganze Konzept ausschließlich für sie, denken uns Maßnahmen aus für sie und möchten sie erreichen und überzeugen. **PERSONEN** sind somit der erste und wichtigste Faktor dieses Modells. Dann erst folgen die **ORIENTIERUNGEN** auf die Ziele hin, die wir definieren und erreichen wollen. Der Teil zur **STRATEGIE**, um die sich das Praxishandbuch dreht, beleuchtet dann verschiedene relevante Denk-Modelle. Und erst dann wenden wir uns der notwendigen Bedingung digitaler Kommunikation zu: der **TECHNIK**. Content-Strategin Kristina Halvorson schlägt mit ihrem Content Strategy Quad ein analoges Vorgehen für die digitale Content-Betrachtung vor (Abschn. 3.2.1). Mir gefällt der Content Marketing Cycle (Abschn. 3.2.1) gut – in der Praxis benutze ich allerdings Mirko Langes SCOM-Framework: Story Circle, FISH und Content Radar, weil es Content nach seinen Funktionen, Erwartungen und Erfolgen strukturiert. Erfolgen, die die Zielgruppe damit erreicht, weil er die Erwartungen erfüllen kann, die sie hat. Erwartungen auch an eine nachvollziehbare Wertschöpfung durch Kommunikation – wie das gehen kann, zeigt das Team um den Leipziger Kommunikationswissenschaftler Ansgar Zerfaß im Communication Value Circle (Abb. 24). Wir drehen uns also viel im Kreis...

---

[1] Das POST-Modell betrachtet die vier Einheiten People, Objectives, Strategy und Technology. (Kleske, 2009) Als Alternative böte sich auch die akademischere Strukturierung nach Richard Whittington an: Planning, Policy, Process and Practice. (Sandhu, 2024, S. 105).

Beispiel-Prompts

Sie finden zu vielen Fragestellungen Beispiel-Prompts für Ihre bevorzugten KI-Assistenten. Sie funktionieren auch bei allen anderen, die Sie nicht bevorzugen – KI ist zum Glück ziemlich leidenschaftslos. ◄

Viel ist im Umbruch derzeit: Generative KI kostet kaum noch Geld und läuft auf Ihrem Laptop. Die großen Plattformen werden unattraktiv für Menschen und teuer für Organisationen. Digitale Kommunikationswege können zu mehr Aufklärung, Wissen und Demokratie führen. (Derzeit scheinen sie schnurstracks in die Gegenrichtung unterwegs zu sein.) Sie und ich können aufklären, Wissen verbreiten und die Demokratie durch kluge Diskurse stärken – dazu müssen wir „nur" ein bisschen besser verstehen, wie Kommunikation zielgerichteter wird. Wozu sie nutzt, wofür sie taugt, warum wir sie machen. Klären wir also gemeinsam das „Why?".

Heidelberg   Harald Ille
Februar 2025

Competing Interests

Der/die Autor*in hat keine für den Inhalt dieses Manuskripts relevanten Interessenkonflikte.

Inhaltsverzeichnis

PERSONEN

Zusammenfassung

Menschen sprechen mit Menschen. Daher müssen Sie wissen, wer genau diese Personen sind, was sie antreibt und wie sie auf Ihr Gesprächsangebot reagieren. Dann können Sie Ihre Botschaften so formulieren, dass sie ankommen. Identifizieren Sie daher Stakeholder und Zielgruppen und analysieren ihre Mediennutzung je nach Milieu, Position und Mediatyp. Und modellieren Sie Ihre Teams, die in die Kommunikation mit Ihren Communitys gehen. Schaffen Sie mit wenigen Schritten ein Nutzerinnen- und Nutzererlebnis, das in eine langfristige Beziehung mündet. Eine Beziehung, die sich auszahlt.

„Wie steht's, Brudi?"[1] Thilo Specht ist Fußballtrainer. Für die Kleinen in unteren Ligen. Wo der Spaß groß ist und die Torflut manchmal unüberschaubar: 11:4 oder doch 10:5? Daher hat Thilo Specht eine App entwickelt. Einfach klicken, swipen oder die Namen vorlesen – schon sind Spielstand, Verwarnungen und die Ein- und Auswechslungen nachvollziehbar protokolliert. Eine App für eine Smartwatch. Vor allem aber: für Schiedsrichterinnen und Schiedsrichter. (Duddeck 2025) Hoher Nutzen am Handgelenk einer kleinen Zielgruppe, weil sie ein klar definiertes Bedürfnis stillt: schnell und einfach den Spielverlauf zu dokumentieren.

---

[1] „Brudi" entstammt der Rapper- und Hiphop-Sprache und ist Teil des Sprachgebrauchs in Frankfurt. (Tinç 2024).

It's the target group, stupid! Was wir anbieten, soll nützlich sein für die, die es brauchen – klar. Also machen wir uns eine Vorstellung von der Situation. Was fehlt? Was könnte helfen? Was brauchen die Menschen in den schwarzen Hosen da auf dem Platz? Wir können das herausfinden, in dem wir entweder selbst einmal ein Spiel pfeifen. Oder uns in die Situation hineinversetzen und sie einmal im Kopf nachbauen. Kommunikation ist ebenfalls ein Spiel mit wuseligen Teilnehmern. Die einen rennen nach links, die anderen nach rechts – aber beide haben ein gleiches Ziel: Sie wollen gewinnen und stellen sich dabei manchmal ein Bein. Der entspannte Unterschied zwischen Ihrer strategischen Kommunikationsplanung und dem hektischen Gerenne auf dem Platz: Sie können in aller Ruhe planen. Können sich tief in Ihre Zielgruppe hineinversetzen und verstehen, wie sie (und damit wir) so „funktionieren" als Menschen.

- Wir haben Bedürfnisse → wir möchten diese Bedürfnisse befriedigt haben.
- Wir haben „Mangel" an etwas → wir möchten, dass der Mangel der Fülle weicht.
- Wir haben ein Problem → wir möchten, dass dieses Problem gelöst wird.
- Wir haben Ängste und Befürchtungen → wir möchten, dass sie verschwinden.
- Wir verspüren Freude und Lust → wir möchten mehr davon.

Anpfiff also zur ersten der vier Spielzeiten: Für wen kommunizieren Sie überhaupt?

1.1   Wer reagiert wie – und warum?

Zielgruppe: Ich! Eine Zeitung hat genau eine Zielgruppe; sonst würde es mehrere Varianten von ihr am gleichen Tag geben. Der Aufwand ist einfach zu groß, eine Ausgabe für Jugendliche und eine andere für distinguierte Hochschulprofessorinnen zu verlegen.[2] Die Technik und die Kosten für analogen Druck lassen nur eine Ausgabe für alle zu. Die digitale Kommunikation ist da deutlich flexibler: Sie können theoretisch so viele Zielgruppen ansprechen und erreichen, wie Sie möchten – einfacher und günstiger. Eine digitale Zeitung könnte hyperindividuell gestaltet sein, mit einem persönlich erstellten Exemplar für jede einzelne Person. Und in der Tat passiert das milliardenfach am Tag: die Algorithmen der sozialen Plattformen stellen die Inhalte für jede Userin und jeden User einzeln zusammen; kein Feed gleicht dem anderen.

---

[2] Wie Redaktionen dennoch Zielgruppen – selbst und gerade im Lokalen – finden und adressieren können, zeigt beispielsweise Oliver Haustein-Teßmer. (Haustein-Teßmer 2024, S. 98–113).

Welche Zielgruppen gibt es? An wen wenden wir uns mit welcher Absicht – und wer hat welches Interesse an uns? Zurück zur App: Es gibt ja nicht nur die Schiedsrichterinnen und Schiedsrichter im Fußball, für die die App interessant ist. Auch in anderen Sportarten wie im Tischtennis oder im Handball kann die App helfen – und für die Sportverbände oder den Schulsport könnte sie interessant sein; für die Zuschauerinnen und Zuschauer sowieso. Wir betrachten also nicht mehr nur diejenigen Zielgruppen, die wir gezielt erreichen wollen – es gibt auch viele andere, die ebenfalls wichtig sind. Für Ihre Kommunikationsplanung heißt das: Sie haben Zielgruppen, an die Sie sich wenden, weil Sie von Ihnen eine Reaktion erwarten: eine Antwort, eine veränderte Sicht auf die Welt, eine neue Haltung, solche Dinge. Die Berliner Stadtreinigung beispielsweise möchte mit humorvollen Sprüchen auf Mülleimern erreichen, dass Menschen ihren Abfall lieber dort entsorgen als im Straßengraben, und hat damit auch wunderbare Motive für Instagram und andere digitale Medien, um das Bewusstsein der Berlinerinnen und Berliner auch digital zu schärfen.[3] An einige Menschen wenden wir uns auch, ohne eine Antwort zu erwarten. Wir erweitern also unseren Blick auf alle Gruppen, die enger oder loser mit uns in Verbindung stehen. Auch diejenigen, die uns eine Antwort geben, ohne dass wir sie gefragt hätten. Oder die den Spieß umdrehen und unerhörterweise uns befragen – wehe, wir haben ad hoc keine überzeugende Antwort darauf …

Im Marketing wird gerne und häufig von *Zielgruppen* gesprochen, die die Werbung *unidirektional* ins Visier nimmt. In der PR haben wir ein deutlich friedvolleres und dialogorientierteres Verständnis von diesen Gruppen; wir nennen sie daher lieber *Dialoggruppen*, was den *bidirektionale*n Charakter unserer Kommunikation mit ihnen begrifflich besser fasst. In der strategischen Kommunikation sprechen wir hingegen von *Anspruchsgruppen*, den *Stakeholdern*; das sind alle Gruppen, mit denen wir gewollt und ungewollt kommunizieren (müssen), da sie einen Anspruch an unsere Organisation haben. Sie sprechen auch untereinander und mit Dritten über uns, wir müssen also mit einem *multidirektionale*n Kommunikationsgeschehen zurechtkommen.

---

[3] Eine beinahe vollständige Übersicht, wie Sie Zielgruppen identifizieren, beschreiben, erreichen und auswählen können, gibt Manfred Bruhn beispielsweise in (Bruhn 2019, S. 179–214). Manfred Bruhn ist emeritierter Professor für Unternehmensführung und Marketing an der Universität Basel. Den Instagram-Account der BSR finden Sie unter https://www.instagram.com/bsr_berlinerstadtreinigung.

1.1.1 Anspruchsgruppen erkennen

Fragen Sie sich: Wer hat ein Interesse an uns? Wir sind keine Sender mehr, die einfach Botschaften an unsere Empfängerinnen und Empfänger schicken wie die Massenmedien Zeitung, Fernsehen und Hörfunk. „Die Bedürfnisse, Motive und Einstellungen der Stakeholder werden immer häufiger an den Anfang von strategischen Planungen gestellt." sagt Journalistik-Professorin Claudia Mast. Zu lange unterschätzten nämlich viele Firmen die Interessen und vor allem die Emotionen ihrer Adressaten. Heute wissen wir: „Die Bedürfnisse und Motive, die aus Sicht der Stakeholder wirksam werden können, entscheiden, ob ein Kommunikationsprozess überhaupt zustande kommt bzw. ob die Inhalte aufgenommen, verstanden und akzeptiert werden." (Mast 2019, S. 155) Wenn Sie strategisch kommunizieren möchten, analysieren Sie die verschiedenen Dialog- und Anspruchsgruppen, mit denen Sie aktiv und reaktiv in Kontakt treten und treten müssen. Anspruchsgruppen bestehen aus Personen, die ein eigenes Interesse an der Entwicklung einer Organisation haben, am Verlauf eines Projekts oder eines Prozesses interessiert sind und gehört werden möchten. Diese *Stakeholder* können völlig unterschiedliche und widersprüchliche Ansprüche an Ihre Organisation haben und diese unterschiedlich machtvoll durchsetzen. Sie müssen sie also als Gruppe erkennen und ihre Interessen und Beweggründe verstehen. Mit einem *Stakeholder-Mapping* schaffen Sie sich ein Managementtool, mit dem Sie die Häufigkeit, Intensität und inhaltliche Zielrichtung Ihrer Kommunikation für jede einzelne Stakeholder-Gruppe sicher planen können. Priorisieren Sie alle Stakeholder: Zuerst sammeln Sie alle Gruppen, die mit Ihrer Organisation in Verbindung stehen, und sortieren sie in einer dreispaltigen Liste. Jede Liste wird anders aussehen – hier einmal ein zufälliges Beispiel.

• *Hohe Priorität:* Mitarbeiterinnen, Kundinnen, Managerinnen, Inhaberinnen.
• *Mittlere Priorität:* Lieferant:innen, Nachbar:innen, Investor:innen, Kritiker:innen.
• *Niedrige Priorität:* Politiker:innen, Behörden und Ämter, Verbände und Interessenvertretungen.

Taxieren Sie Macht und Einfluss: Priorisieren heißt in diesem Fall: Wie wichtig sind die jeweiligen Stakeholder-Gruppen für das Unternehmen? Haben sie großen direkten oder indirekten Einfluss auf das Unternehmen? Sind sie gut vernetzt? Sind sie prominent und können als Influencerin eine eigene Community aktivieren? Haben sie die Macht, Entscheidungen zu beeinflussen oder gar durchzusetzen, die unserer Organisation helfen oder schaden können? Oder haben sie Überzeugungskraft gegenüber machtvollen Dritten, die sie dazu bringen können, uns gemeinschaftlich voranzubringen oder uns auszubremsen? Tragen Sie die Gruppen beispielsweise in das Regenbogenmodell nach (Zerfaß und Volk 2019, S. 33–36) ein (siehe Abb. 1.1).

Abb. 1.1 Stakeholder-Mapping, Regenbogenmodell nach Zerfaß und Volk 2019, S. 33–36 (modifiziert, mit freundlicher Genehmigung der Urheber:innen)

Schätzen Sie Nähe und Verbindung ab: Nun können Sie diese Stakeholder-Gruppen optisch in einem Orbitalsystem verorten. Wo *befinden* sie sich von der Firma aus gesehen – stehen sie uns sehr nahe, weil sie eng mit uns zu tun haben und uns sehr verbunden sind? Oder sind sie eher etwas weiter draußen platziert? Welche anderen Stakeholder-Gruppen bilden eventuell Allianzen, welche sind sich gegenseitig eher abgeneigt? Tragen Sie Befürworter beispielsweise eher links und Gegner eher rechts ein oder finden sie eine andere Platzierungsmethode. Wichtig ist nur, dass Sie einen hilfreichen Überblick über Ihre Stakeholder erzeugen. Im Prinzip wie am Taktik-Tisch im Vereinsheim – wer spielt wo auf welcher Position mit welcher Absicht? Die Verortung hilft Ihnen, Befürworter und Gegner, Unterstützer und Verhinderer klarer zu identifizieren. Wenn Ihnen diese Regenbogen-Matrix zu unpraktisch erscheint, probieren Sie eine andere Variante des Stakeholder-Mappings: Sie baut auf dem *Eisenhower-Prinzip* auf.[4]

Verstehen Sie die Interessen: Nun eruieren Sie die jeweiligen Interessenlagen der Stakeholder-Gruppen: Was treibt sie an, was wollen sie erreichen, unterstützen und voranbringen – und warum? Was wollen sie erschweren, ausbremsen und verhindern – und warum? Liegen echte sachliche Argumente vor: Wie können Sie darauf antworten? Sind es eher emotionale Gründe: Wie können Sie diesen begegnen? Sie können daraus direkt erste Ziele und Inhalte für ihre Kommunikationsstrategie formulieren (siehe Tab. 1.1: Stakeholder-Matrix).

---

[4] Eine Vorlage bietet (Krogerus und Tschäppeler 2023, S. 10–11). Für Behörden in Deutschland ist selbstredend die Erläuterung im Organisationshandbuch des Bundesverwaltungsamts entscheidend (Bundesverwaltungsamt 2022).

Tab. 1.1 Stakeholder-Matrix (Eigene Darstellung)

Stakeholder	Interessen	Einfluss	Strategie
Geschäftsführung	Erfolgreiche Umsetzung des Projekts, Kostenkontrolle	Hoch	Eng einbeziehen, regelmäßige Updates geben, in kommunikativen Fragen beraten, als Social-CEO und Thought Leader positionieren
Mitarbeiter	Arbeitsplatzsicherheit, faire Arbeitsbedingungen	Mittel	Regelmäßig informieren, Feedback einholen, als Expertinnen und Interviewpartner in eigenen und fremden Medien platzieren, im Corporate Influencern unterstützen
Kunden	Qualitätsprodukte, guter Kundenservice	Hoch	Kundenzufriedenheit qualitativ und quantitativ eruieren und mit Content Marketing steigern, Rückmeldungen in die eigene Kommunikation integrieren, wichtig als Testimonials und für Weiterempfehlungen
Lieferanten	Langfristige Partnerschaften, pünktliche Zahlungen	Mittel	Gute Kommunikationswege aufrechterhalten, über Entwicklungen frühzeitig informieren, zu Unterstützern und Fürsprechern machen
Investoren	Rentabilität, Wachstum	Hoch	Transparente Kommunikation, regelmäßige Berichte, Branchenvergleiche, grafisch und narrativ aufbereitete Zahlen
Öffentlichkeit	Unternehmensethik, Umweltauswirkungen	Niedrig	Öffentlichkeitsarbeit, Transparenz zeigen, erreichbar und zugewandt sein und konkrete Fragen beantworten

Aufgabe: Versetzen Sie sich in die Lage Ihrer Stakeholder!

Nicht nur die Position, sondern den Menschen hinter der Position kennen. Was treibt diese Person an? Welchen Zwängen ist sie unterworfen? Welche Emotionen hat sie, wenn es um das Projekt (oder dessen Auswirkungen) geht? Wie sieht für sie Erfolg aus? Bei kritischen oder negativ eingestellten Stakeholdern ist es wichtig, ihren Blickwinkel zu verstehen! Warum sind sie gegen das Projekt? Welche Bedenken haben sie? Was wollen sie erreichen und warum? Im besten Fall: Widerstände auflösen, die Gegner argumentativ so überzeugen, dass sie sich zu Unterstützern wandeln. ◀

Beispiel-Prompt für Generative KI

Du bist verantwortlich für die digitale Unternehmenskommunikation einer mittelgroßen Stadtverwaltung mit etwa 250.000 Einwohnern. Die Stadt plant gerade die Einführung einer neuen Bürger-App und die Modernisierung der Verwaltungsdienstleistungen. Erstelle ein Stakeholder-Mapping für die nächsten 12 Monate, das die wichtigsten digitalen Kommunikationskanäle wie Website, Social Media, Newsletter und die geplante Bürger-App berücksichtigt.

Identifiziere mindestens drei bis fünf Stakeholder pro Kategorie, kategorisiere sie nach Unterstützer oder Bremser und priorisiere sie nach: wichtig und interessiert, wichtig aber uninteressiert, interessiert aber nicht mächtig, sowie weder mächtig noch interessiert. Platziere sie in einer Stakeholder-Matrix. Bewerte zusätzlich den aktuellen Grad der digitalen Affinität jedes Stakeholders (hoch, mittel, niedrig). Schlage für jede Stakeholder-Gruppe konkrete Kommunikationsmaßnahmen und -strategien vor, um die Einführung der Bürger-App und die Modernisierung der Verwaltungsdienstleistungen optimal zu unterstützen. ◄

1.1.2   Auf Zielgruppen fokussieren

Niemanden vergessen: Die Stakeholder sind vor allem für unsere reaktive Kommunikation und die Verhinderung von Krisen wichtig: Wer hat Fragen an uns? Wen dürfen wir nicht übersehen oder gar vergessen? Aus welcher Richtung könnten wir kritisiert oder gar attackiert werden? Und wen müssen wir besonders umsorgen, weil die Gruppe sehr wichtig für das Funktionieren und die Reputation unserer Organisation ist? Setzen Sie ein *Monitoring* für alle Stakeholder-Gruppen auf. Wenn Sie gegenüber einzelnen Gruppen aber auch aktiv kommunizieren möchten – aus Gründen des Agenda Settings, um sie umzustimmen, zu überzeugen oder gar als Unterstützer zu gewinnen – wird aus der Stakeholder-Gruppe eine aktive Zielgruppe Ihrer Kommunikation. (Bruhn 2019, S. 181).

Sammeln Sie Kriterien. Stellen Sie sich erste Fragen zu Ihrer Dialog- oder Zielgruppe. Damit haben Sie einen ersten Orientierungsrahmen. Tauchen Sie aber gerne ein wenig tiefer und systematischer in die Lebens- und Gefühlswelt Ihrer Zielgruppe ein. Wo und wie lebt sie? Wie breit oder eng gefasst ist sie, also wie „groß"? Wie alt sind ihre Mitglieder im Durchschnitt, welchen Bildungs- und Beziehungsstatus hat sie, wie hoch oder niedrig ist ihr durchschnittliches Einkommen? Aber viel spannender sind ihre Interessen: Worüber möchte Ihre Zielgruppe sprechen? Was sind ihre Schmerzpunkte, worüber freuen sie sich? Was bewegt sie zum Handeln, was veranlasst sie zu lesen, zu kaufen oder Hilfe zu suchen?

Bourdieu-Modell: Wo möchten Sie sich selbst positionieren?

Geld, Macht und Prestige: Der französische Soziologe Pierre Bourdieu (1930–2002) definiert Zielgruppen nach sozialen Strukturen und Machtverhältnissen (Reitz 2017). Er nutzt dazu drei Konzepte: Habitus, Kapital und Feld. Mit seinem Modell können Sie soziale Dynamiken und Kommunikationsprozesse auch im digitalen Raum analysieren und zu verstehen versuchen. *Habitus* beschreibt dabei, wie die Sozialisation einer Person ihre Denk-, Wahrnehmungs- und Handlungsmuster geprägt hat. Für Ihre digitale Kommunikation bedeutet dies: Wie eine Person digitale Plattformen nutzt, wie sie sich ausdrückt und mit welchen Normen und Werten sie interagiert, hängt von ihrem kulturellen und sozialen Hintergrund ab. Die Person ist auf diesen Plattformen (diesem *Feld*), weil sie sich dort Einfluss verspricht und ihr Ansehen verbessern möchte. Sie möchte Kapital aufbauen: klassisch ökonomisches Kapital beispielsweise. Die Person möchte mit digitaler Kommunikation vielleicht Geld verdienen. Aber auch kulturelles Kapital macht attraktiv, wenn man es hat: Wissen, Bildung, Fähigkeiten. Bieten Sie Webinare und Online-Kurse an, geben Sie Expertise in Ihrem Blog weiter, schulen Sie Ihre Zielgruppe in dem Thema, für das Sie stehen. Viele möchten aber auch einfach hohe Reichweite – das ist ebenfalls ein legitimes Bedürfnis. Je größer und enger die Netzwerke sind, je mehr Follower die Person anziehen kann und je mehr Kooperationen sie eingeht, desto höher ist ihr *soziales Kapital.* Hat sie es dann geschafft, durch ihr bereitgestelltes Wissen viele Follower zu an sich zu binden, steigt ihr *symbolisches Kapital:* Sie erhält Anerkennung, Prestige und Legitimität durch ihren Influencer-Status und verbessert ihr Markenimage.

Beispiel: Zielgruppe einer Modemarke

Zielgruppe: Umweltbewusste Millennials.

Habitus: Interesse an Nachhaltigkeit, Wert auf Ästhetik und Transparenz.

Kapitalstrategie: Aufbau von kulturellem Kapital durch Bildungsinhalte (z. B. Posts über nachhaltige Materialien). Symbolisches Kapital durch Zusammenarbeit mit angesehenen Influencern.

Nutzung sozialer Medien als Feld, um Aufmerksamkeit und Netzwerke zu stärken. ◄

Prompt: Kunstausstellung im Rathaus promoten

Du bist Eventmanagerin bei einer Stadtverwaltung (Kulturamt). Wie würdest Du die neue Kunstausstellung im Rathaus mit dem Bourdieu-Modell analysieren? ◄

Sinus-Milieus: Welchen Lebensstil pflegen Ihre Kunden?

Grundorientierung in der sozialen Lage: Ein bekannteres Modell der Zielgruppen-analyse legt das Sinus-Institut seit vielen Jahren vor und aktualisiert es regelmäßig (Sinus Institut 2024). Das Institut spricht von Milieus, also speziellen Lebenswelten und -umständen: Wie sieht der Alltag der Menschen aus? Was kaufen sie ein, welche Kleidung tragen sie und welche Bilder hängen sie an ihre Wände? Zehn solcher Milieus hat das Institut derzeit voneinander abgegrenzt und auf einer Matrix verortet. Je besser die soziale Lage und je höher der gesellschaftliche Rang jeder einzelnen Gruppe ist, desto weiter oben ist sie in der Matrix eingezeichnet. Je weltoffener und innovativer, desto weiter rechts eingetragen.

Bedürfnisse und Wertvorstellungen: Betrachten Sie die soziale Lage jeder einzelnen Gruppe. Wie viel Einkommen haben die jeweiligen Milieus zur Verfügung, wie ist der Bildungsstand ihrer Mitglieder und welche Berufe üben sie aus? Gehören die Mitglieder eines Milieus eher der Unterschicht, der Mittelschicht oder der Ober-schicht an? Und verstehen Sie ihre Grundorientierung: Welche grundlegenden Über-zeugungen, Wertvorstellungen und Lebensziele haben die Mitglieder der jeweiligen Milieus? Wie sehr unterscheiden sie sich hinsichtlich Tradition, Moderne und Post-moderne – und wie leben sie ihren Alltag? Beide Dimensionen haben die Forschenden des Sinus-Instituts miteinander kombiniert. Die zehn Sinus-Milieus repräsentieren also zehn verschiedene Lebenswelten mit Bedürfnissen, Hoffnungen und Zielen, die Menschen bestimmen. Für Ihre digitale Kommunikationsstrategie bildet jedes Milieu eine eigene spezifische Zielgruppe: Die Performer:innen reagieren auf andere Inhalte als Menschen, die dem neoökologischen Milieu zuzurechnen sind, Vertreter:innen aus dem Prekären Milieu setzen selbstredend auf andere Themen als Repräsentanten des Konservativ-Gehobenen Milieus. Oder einfach gesagt: Anderer Lebensstil, andere Botschaften.[5]

Schauen wir uns diese Milieus im Einzelnen an. Das **Konservativ-Gehobene Milieu** nimmt für sich in Anspruch, zu einer exklusiven gesellschaftlichen Elite zu zählen, sieht seine Führungsrolle aber in Gefahr. Gehobene Konservative nehmen für sich in Anspruch, klare Werte jenseits des schwankenden Zeitgeists zu vertreten, Verantwortung zu übernehmen und Erfolg anzustreben. Sie wünschen sich Ordnung und Balance. Das **Postmaterielle Milieu** seht sich hingegen als gesellschaftliches Korrektiv, das diese klassische Ordnung ins Wanken bringen will. Vertreterinnen

---

[5] Wie jedes Modell sind auch die Sinus-Milieus sehr grobe Annäherungen an individuelle Lebenssituationen. Trotzdem ist das Modell sehr etabliert, was Mikael Krogerus und Roman Tschäppeler mit dem *Lock-in-Prinzip* erklären: Wenn eine Mehrheit von Marktforschenden dieses Modell nutzt, etabliert sich ein alternatives Modell nur schlecht. "Habit is stronger than the desire for improvement", so die Autoren. (Krogerus und Tschäppeler 2023, S. 94).

und Vertreter dieses Milieus setzen auch Nachhaltigkeit, diskriminierungsfreie Verhältnisse und Diversität. Sie nehmen für sich in Anspruch, das Gemeinwohl in der Post-Wachstumsära im Blick zu haben und sich selbstbestimmt frei entfalten zu können. Im **Milieu der Performer** wird liberaler und wirtschaftlich globaler gedacht; Mitglieder dieses Milieus sehen sich als Vorreiter in Stil- und Konsumfragen und zeigen dies in ihrem Faible für (digitale) Technik. Urban, kosmopolitisch, vernetzt – so beschreibt sich das **Expeditive Milieu**, das sich als postmoderne Elite versteht und sich gerne in Sozialen Medien inszeniert. Wer sich in diesem Milieu selbst verortet, hat unkonventionelle Jobs und unkonventionelle Hobbys – und möchte die Grenzen des Machbaren erweitern. Grenzen, die das **Neo-Ökologische Milieu** sehr deutlich im Zustand unserer Erde erkennt, sich aber dennoch optimistisch zeigt, diese planetaren Herausforderungen meistern zu können. Sie pflegen einen nachhaltigen Lebensstil, ohne einer Verzichtsideologie anzuhängen, und sehen sich als Impulsgeber der globalen Transformation. Die **Adaptiv-Pragmatische Mitte** ist zwar bereit, Nützlichkeitserwägungen anzustellen, Leistung zu zeigen und sich an ändernde Situationen anzupassen, fühlt sich aber von den gesellschaftlichen Entwicklungen zunehmend verunsichert. Vertreterinnen und Vertreter dieses Milieus suchen verstärkt nach Zugehörigkeit und Verankerung und sehnen sich nach Spaß und Unterhaltung. Spaß, den sich das **Konsum-Hedonistisches Milieu** im Hier und Jetzt besorgt: Im Beruf angepasst, um sich eskapistische Freizeitvergnügen zu gönnen. Ihr Geltungsbedürfnis ist groß; Nachhaltigkeit und Political Correctness stehen ihrem Konsum-Lifestyle zusehends im Weg. Das **Prekäre Milieu** will dazugehören und sucht den Anschluss an den Lebensstandard der breiten Mitte – fühlt sich aber immer mehr abgehängt. Soziale Benachteiligungen und Ausgrenzungen nehmen zu, wodurch bei Angehörigen dieses Milieus Verbitterung und Ressentiments steigen. Dennoch sehen sie sich selbst als robuste Durchbeißer. Im **Nostalgisch-Bürgerlichen Milieu** wächst ebenfalls der Wunsch nach gesicherten Verhältnissen und angemessenem Status; sie sehen sich zwar als Mitte der Gesellschaft, spüren aber auch die wachsende Überforderung und formulieren Ängste vor dem gesellschaftlichen Abstieg. Die Sehnsucht nach alten Zeiten wird größer, weil sich gelernte Regeln und Gewissheiten zu schnell verändern. Das **Traditionelle Milieu** sieht sich selbst als „rechtschaffene kleine Leute“, die in ihrer eher kleinbürgerlichen Welt und der traditionellen Arbeiterkultur verhaftet sind. Sie passen sich anspruchslos an die Notwendigkeiten an und beginnen, die neue Nachhaltigkeitsnorm mehr und mehr für sich zu akzeptieren.

    Verorten Sie die Interessen: Die Milieu-Einteilung ist näher an der Lebenswirklichkeit der Menschen als beispielsweise eine rein soziodemografische, weil sie genau diese Lebenswirklichkeit ja abzubilden versucht. Die alte Seminar-Hingucker-Folie mit dem Prince of Wales und dem Prince of Darkness[6] als der gleichen soziodemografischen Gruppe zuzuordnende Personen, die dennoch ziemlich unterschiedliche Lebensstile zelebrieren, belegt diese veraltete Einteilung auf majestätische Weise. . .

Digital Media Types: Wer nutzt welche Medien wie?
Leiten Sie Botschaften, Inhalte und Kanäle ab: ARD und ZDF ziehen zu ihrer Programmplanung die neun *Digital Media Types* heran – ebenfalls aus empirischen Daten modelliert. (Mollenkopf et al. 2024) Diese beschreiben die Mediennutzung von Menschen mit unterschiedlichem Alter, Bildungsstand und Interessenslage und geben ähnlich wie die Sinus-Milieus einen konkreteren Einblick in die unterschiedlichen Lebenswelten dieser neun relevanten Zielgruppen. Für Ihre digitale Kommunikationsstrategie können Sie aus den DMT direkt ableiten, welche Art von Medien in welcher Frequenz und mit welcher inhaltlichen Intensität ihre wichtigsten Zielgruppen nutzen. Das erleichtert Ihnen die eigene Recherche – und hilft Ihnen, Ihre Angebote optimal für die ausgesuchte Zielgruppe zu gestalten. Die DMT legen zwar ein besonderes Augenmerk auf lineare Medien wie Fernsehen und Hörfunk, verknüpfen aber alle Medienarten und Kanäle, klassisch und interaktiv. Das macht sie zu einem nützlichen Bestandteil einer Zielgruppen-Checkliste für die Konzeption von umfassenden integrierten Kommunikationskampagnen.

Schauen wir den Digital Media Types bei ihrer Mediennutzung über die Schulter.

- **Vereinfachende**: Bevorzugen einfache und überschaubare Medienangebote, die Sicherheit bieten. Hohe Social-Media-Nutzung, besonders Instagram. Schauen Videos hauptsächlich als Stream.
- **Ablenkungssuchende**: Nutzen digitale Medien zur Ablenkung vom Alltag mit *Always-on*-Mentalität. Bevorzugen Streamingdienste und Onlinespiele. Typische FOMO-Nutzerinnen und Nutzer *(Fear of missing out)*.
- **Ambitionierte**: Technikaffin und leistungsorientiert, verwenden digitale Medien für Weiterbildung und Networking. Hohe Second-Screen-Nutzung und Nutzung öffentlich-rechtlicher Mediatheken. Wichtige Plattformen sind Streamingdienste und soziale Netzwerke wie Instagram.

---

[6] Der britische König Charles III. noch als Thronfolger und der Rockstar Ozzy Osbourne sind sich in der Tat in den Daten sehr ähnlich: Beide gleich alt, ähnlich reich und berühmt, beide sind Briten und leben in einem Schloss.

- **Neokulturelle**: Kultur- und kommunikationsorientiert, nutzen digitale Medien zur Information und zum Austausch. Bevorzugen LinkedIn und Plattformen für Online-Diskussionen. Vermeiden bewusst digitalen Overload.
- **Selbstgenügsame**: Entspannen und genießen Unterhaltung durch digitale Medien. Internet ist Hauptinformationsquelle, mit leichter Präferenz für Algorithmen-basierte Inhalte. Nutzung von Instagram ist leicht überdurchschnittlich.
- **Sicherheitsorientierte**: Vorsichtig mit neuen Technologien, bevorzugen alt-bewährte Medienformen und nutzen soziale Medien hauptsächlich privat. Internetnutzung liegt bei etwa zwei Stunden pro Wochentag. Sie entdecken zunehmend Mediatheken, sind aber zurückhaltend bei der Preisgabe persönlicher Daten.
- **Traditionsbewusste**: Schätzen klassische Medien wie Fernsehen und Radio, sind jedoch offen gegenüber digitalen Kommunikationswegen.
- **Verantwortungsvolle**: Gemeinwohlorientiert und vernetzt, nutzen digitale Medien für Informationen und zur Pflege von Kontakten, insbesondere über WhatsApp.
- **Gleichmütige:** Zeigen wenig Interesse an digitalen Medien und bevorzugen lineare Formate wie Fernsehen. Hohe lineare Radionutzung und TV-Nutzung (mehr als viereinhalb Stunden täglich). Nehmen bewusst Auszeiten von der digitalen Welt.[7]

Mehr Einblick, mehr Chancen

Zielgruppen erleichtern die Ansprache. Beschäftigen Sie sich also mit den gesellschaftlichen Positionen und den Lebensstilen Ihrer gewünschten Zielgruppen und berücksichtigen Sie, dass jede Gruppe digitale Medien anders nutzt. Somit können Sie Ihre Adressaten nun viel *lebensnäher* ansprechen – mit deutlich höherer Chance, Ihre Zielgruppe mit aktuellen und interessanten Themen einfacher zu erreichen in einem Duktus, der Nähe und Verständnis signalisiert. Je besser Sie sich in die jeweilige Lebenswelt und Position einfühlen und hineindenken können, desto eher werden Ihre Botschaften auch Resonanz in den Zielgruppen erzeugen können. (Pein 2020, S. 157)

Klar ist aber spätestens jetzt: Die *eine Maßnahme*, die alle Zielgruppen gleichzeitig adressieren soll, kann es nicht geben. Differenzieren Sie in Ihrer Kommunikation also immer weiter, bereiten Sie vorhandene Inhalte mehrfach auf und spielen Sie sie unterschiedlich aus. Die Bloggerin Carola Heine empfiehlt: „In jeder Zielgruppe versteckt sich eine ideale kleinere Zieltruppe" und „Ganz unkompliziert: Um die Zielgruppe festzulegen, überlegst Du, wem die Info nutzt – und wie das wiederum dir nutzt." (Heine 2022, S. 20 f)

---

[7] Ausführlichere Typologie bei (GIM Gesellschaft für Innovative Marktforschung 2022).

> **Übersicht**
>
> *Das Public Affairs Directorate der Universität Oxford* gibt in einer PowerPoint-Präsentation folgende drei Tipps, wie Sie Zielgruppen in Bezug auf Ihre Situation und Ihre Ziele kategorisieren können:
>
> Einflussreich + interessiert + unterstützend = Ihre Partner
> Einflussreich + interessiert + ablehnend = Leisten Sie Überzeugungsarbeit
> Einflussreich + nicht interessiert = Erregen Sie deren Aufmerksamkeit
> Und noch ein Tipp, der auf die Kraft der Empfehlung setzt: Nutzen Sie Dritte, um Überzeugungsarbeit zu leisten und Interesse zu wecken. (Pearson und Culver 2016, S. 13)

1.1.3   Individuelle Personas

Allheilmittel Individualisierung? Bieten Sie differenzierte Angebote für differenzierte Rezipientinnen an. Die *Stakeholder* haben unterschiedliche Interessen und Ansprüche an Ihre Organisation, können Sie und Ihre Projekte unterstützen oder aufhalten – Sie benötigen also eine differenzierte Strategie, um mit den verschiedenen Stakeholder-Gruppen adäquat und im besten Fall symmetrisch sprechen zu können. Die *Zielgruppen* befinden sich in unterschiedlichen Lebenssituationen und nutzen Medien auf je eigene Weise – Sie benötigen tiefen Einblick in ihren Alltag, ihre Themen und Herausforderungen, um von ihnen akzeptiert zu werden. Doch wenden wir uns in der Digitalen Kommunikation überhaupt noch an Zielgruppen? Haben wir es jemals getan – oder hat eine Zeitungsredaktion immer schon jede einzelne Leserin angesprochen und jede Hörfunkmoderatorin jeden einzelnen Hörer? Mit digitalen Medien können wir uns mit individualisierten Angeboten tatsächlich an jede einzelne Rezipientin und jeden einzelnen Rezipienten wenden. Aufwändig, aber möglich. Wir stellen dann fest, dass wir Individuen uns leider ganz schön ähnlich und damit vorhersagbar verhalten; wir benötigen gar nicht 82 Mio. individuelle Inhalte – eine Handvoll reicht aus. Schauen wir uns also an, wie wir Menschen im Alltag so ticken – und bauen uns daraus passende Personas für unsere individuellen Kommunikationsangebote.

Limbische Typen: Wie wir neuronal funktionieren

Hören Sie auf Ihr Hirn! Um zu verstehen, wir alle so funktionieren als biologische Wesen, müssen wir uns das limbische System anschauen. Wenn wir das verstanden haben, können wir unsere Kommunikationsmaßnahmen so gestalten, dass sie Reso-

nanz bei den Rezipientinnen und Rezipienten erzeugen. Beziehungsweise umgekehrt: Unsere Maßnahmen werden nur dann die Kundinnen und Kunden erreichen,
wenn diese mit der Gefühlswelt jeder einzelnen Person übereinstimmen. *Limbisches
System?* Wasndas? Der sehr alte Teil unseres Gehirns, der unsere Emotionen und
unser Verhalten steuert. Haben Sie eventuell Daniel Golemans Buch *Emotionale Intelligenz* gelesen? Dort sagt er den schönen Satz: „When we are in the grip of craving
or fury, head-over-heals in love or recoiling in dread, it is the limbic system that has
us in its grip" (Goleman 1996, S. 10). Wenn wir eine Entscheidung treffen, die sich
gut anfühlt, sagen wir: Unser Bauch hat entschieden. In Wirklichkeit hat die Entscheidung das limbische System tief in unserem Gehirn getroffen. Es steuert unsere
Emotionen, unsere Motivationen und unser Verhalten. Wenn wir also das Verhalten
unserer Zielgruppen ändern wollen, müssen wir das limbische System überzeugen.
„Werbebotschaften können sich nur dann einen Logenplatz im Kopf des Verbrauchers
erkämpfen, wenn sie möglichst direkt das limbische System und seine Präferenzen
ansprechen", sagt der Wissenschaftler Hans-Georg Häusel, der das limbische System
für uns Kommunikatoren zu einem Werkzeug gemacht hat. (Häusel 2019, S. 16 ff).
Auch für Sie im B2B: „Selbst das Business-to-Business-Geschäft ist hoch emotional." Er hat die Limbic Map entworfen: ein Modell, mit dem Sie Erkenntnisse aus der
Neurowissenschaft für Ihre Zielgruppenanalyse einsetzen können. Warum? Weil Sie
mit ihr die emotionalen Bedürfnisse und Motivationen von Menschen besser verstehen können – und damit ihr Verhalten.[8] Die Karte teilt emotionale Motivationen in
drei Hauptbereiche und drei Überlappungen ein – sogenannte „limbische Trigger":

- **Dominanz:** Menschen streben nach Macht, Kontrolle und Status.
- **Stimulanz:** Menschen suchen nach Neuem, nach Abenteuer und Kreativität.
- **Balance:** Menschen sehnen sich nach Sicherheit, nach Stabilität und Harmonie.
- **Dominanz-Balance:** Menschen kombinieren das Streben nach Macht mit
  einem Bedürfnis nach Stabilität und Sicherheit. Sie bevorzugen klare Struktu-
  ren und Regeln, um ihren Einfluss auszuüben.
- **Stimulanz-Dominanz:** Menschen verbinden die Suche nach Neuem mit dem
  Wunsch nach Kontrolle und Durchsetzung. Sie sind risikofreudig und innovativ,
  aber auch zielstrebig.
- **Stimulanz-Balance:** Menschen suchen kreative und neue Erfahrungen, möchten dabei aber in einem sicheren und harmonischen Umfeld bleiben. Sie sind
  offen für Veränderungen, solange sie nicht die Stabilität gefährden.

---

[8] Die Limbic Map ist wissenschaftlich anerkannter als etwa die Maslowsche Bedürfnispyramide, die auf keinen empirischen Belegen fußt. Siehe dazu bspw. (Winter 2015) oder
(Kanning 2021).

Tab. 1.2 Limbische Begriffe nach Häusel (2019), S. 103

Dimension	Trigger	Zugehörige Begriffe
Stimulanz	Abenteuer	Entdeckung, Neugier, Innovation, Risikofreude, Abwechslung, Spaß
	Genuss	Lebensfreude, Geschmack, Hedonismus, Luxus, Schönheit, Sinnlichkeit
	Kreativität	Inspiration, Fantasie, Originalität, Individualität, Visionen
	Neugier	Forschung, Exploration, Experimentieren, Wissenserweiterung
Dominanz	Macht	Kontrolle, Autorität, Stärke, Souveränität, Überlegenheit, Einfluss
	Status	Prestige, Exklusivität, Anerkennung, Erfolg, Ehre, Respekt
	Ehrgeiz	Leistung, Wettbewerb, Zielstrebigkeit, Disziplin, Durchhaltevermögen
	Unabhängigkeit	Selbstverwirklichung, Freiheit, Autonomie, Unabhängigkeit
Balance	Sicherheit	Stabilität, Geborgenheit, Vertrauen, Verlässlichkeit, Vorsicht, Tradition
	Harmonie	Ausgeglichenheit, Frieden, Empathie, Familie, Freundschaft, Zusammenhalt
	Ordnung	Struktur, Klarheit, Zuverlässigkeit, Regelmäßigkeit, Planbarkeit
	Fürsorge	Schutz, Mitgefühl, Verantwortung, Unterstützung, Hilfsbereitschaft

Fühlen Sie sich verstanden: Der praktische Nutzen dieser Einteilung sind die Begriffe, auf die wir als Menschen jeweils entweder zustimmend, ablehnend oder indifferent reagieren, kurz: *relaten* können. Je nachdem, welchem limbischen Typus wie zuneigen, lösen einzelne konkrete Wörter warme Gefühle bei uns aus (siehe Tab. 1.2). Wörter, die Sie in Ihrer digitalen Kommunikation, Ihren Hooks, Captions und Copys also gezielt verwenden können. Bei welchen Wörtern hören Sie genauer hin, hören auf zu scrollen und zu swipen, sondern rezipieren diesen Inhalt tatsächlich? Wen können Sie also mit welchen Keywords auf sich aufmerksam machen?

Ein falscher Begriff und wir swipen weg: Das gilt natürlich auch andersherum. Wer sich selbst komplett im Balance-Bereich verortet, wird sich bei Dominanz-Begriffen wie Autorität, Überlegenheit und Disziplin eventuell aufregen. Knallharte Managerinnen, die „Under Performer" rücksichtslos vor die Tür setzen, sind das natürliche neurobiologische Feindbild von balanceorientierten „Harmonizern". Andererseits können Stimulanz orientierte Abenteurer mit eher ängstlich-zurückhaltenden und sicherheitsorientierten Menschen auch wenig anfangen und sind schnell von ihnen gelangweilt – und damit von Begriffen wie Verlässlichkeit, Planbarkeit und Tradition. (Häusel 2011)

Die eine Zielgruppe gibt es nicht, kann es nicht geben. Was die einen erhoffen und erfreut, schreckt die anderen ab und nervt sie. Sie benötigen also eine sehr genaue Vorstellung davon, wen Sie konkret erreichen wollen und müssen wortwörtlich die richtigen Worte finden – Worte, mit denen Sie allerdings andere in die Flucht schlagen ...

Innovationsadaption: Wie mutig entscheiden wir uns?

Wie schnell nehmen Sie neue Ideen an? Die *Innovationsadaption* beschreibt, wie und in welchem Tempo wir alle neue Technologien, Produkte oder Ideen annehmen und wie schnell sich diese in der Gesellschaft verbreiten können. Der Soziologe Everett M. Rogers hat dazu ein Modell entwickelt, das die Adoptionsrate von Innovationen in verschiedene Gruppen unterteilt (Rogers et al. 2019): Innovatoren, frühe Anwender (Early Adopters), frühe Mehrheit (Early Majority), späte Mehrheit (Late Majority) und Nachzügler (Laggards). Jede Gruppe reagiert anders auf Neuerungen: die einen gehen gerne ins Risiko, andere sind sehr risikoavers beispielsweise. Wenn Sie wissen, an welche Gruppe Sie sich wenden wollen, können Sie Ihre Botschaften in passende digitale Inhalte verpacken: *Innovatoren* und *Early Adopters* wollen Neuheiten vorgestellt bekommen, um sich wie Pioniere zu fühlen. Sie lieben es, in Beta-Tests als Erste ein neues Produkt benutzen und bewerten zu dürfen. Geben Sie ihnen exklusive Zugänge und Invites. Die frühe *Mehrheit* legt hingegen mehr Wert auf Sicherheit und funktionalen Nutzen – zeigen Sie diesen Nutzen, und zeigen sie, wie verlässlich Ihre Dienstleistung und wie robust Ihr Produkt ist. Stiften Sie Vertrauen, dann folgt Ihnen mit etwas zeitlichem Abstand auch die späte Mehrheit. Geben Sie diesen Gruppen *soziale Beweise*, also Bewertungen, Erfahrungsberichte, kleine How-to-Videos. Sie können Personas also nach der Art und Weise befragen, wie innovativ und aufgeschlossen sie jeweils gegenüber Neuem und Unbekanntem sind.

Aktivitätsgrad und Interesse: Wie engagiert und motiviert sind wir?

Sie können Personas auch nach **ihrem Engagement und ihrer Motivation** modellieren. Dazu kombinieren Sie den *Aktivitätsgrad* und die *Begeisterungsfähigkeit* von Nutzerinnen und Nutzern. Wie mutig schreiten sie voran und lassen sich neugierig und wohlwollend auf Ihre Kommunikationsmaßnahme ein? Oder sind sie vorsichtig und warten eher ab – bis hin zur Abwehr und Blockade? Und wie stark beschäftigt sich eine Person mit einem Thema, Produkt oder einer Idee? Von aktivistisch (hohes Engagement und Überzeugung) bis spontan interessiert (vorübergehendes oder oberflächliches Interesse). Daraus können Sie dann jeweils die passenden Kommunikationsmaßnahmen ableiten:

- **Mutig agierend und aktivistisch:** Exklusive Angebote oder Community-Building, etwa als Beta-Tester für neue Produkte.
- **Vorsichtig agierend und aktiv interessiert:** Vertrauensbildende Maßnahmen wie Testimonials, detaillierte Erklärungen oder FAQs.
- **Abwartend und latent interessiert:** Push-Kommunikation wie Newsletter oder Retargeting, um Aufmerksamkeit zu wecken.
- **Abwehrend und potenziell interessiert:** Sensible Ansprache und Aufklärung, um Missverständnisse zu beseitigen.
- **Gehindert und spontan interessiert:** Niedrigschwellige Angebote und schnelle Handlungsanreize, beispielsweise Sonderaktionen.

Kommunikation für einzelne Typen

Allheilmittel Individualisierung! Um Ihren Content für typische Vertreterinnen und Vertreter Ihrer Zielgruppe besser zuschneiden zu können, definieren Sie aus all diesen theoretischen Modellen konkrete Personae oder Personas. (Pfannenberg et al. 2019, S. 70–73) Jede Persona braucht eine eigene Ansprache, reagiert auf bestimmte Begriffe, nutzt bestimmte Medien, interessiert sich für bestimmte Themen und unterstützt bestimmte Unternehmensziele und Unternehmenswerte. Zudem befindet sich jede Persona in einer bestimmten Phase ihrer individuellen Customer Journey (Abb. 1.2). Das bedeutet: Um sie zu erreichen, müssen Sie Ihre Kommunikationsmaßnahmen mit all diesen Anforderungen in Einklang bringen.

Sie können nun Ihre Kommunikationsmaßnahmen individuell zuschneiden: Mary ist beispielsweise vor allem über powervolle Storys auf Instagram erreichbar. Peter möchte lieber einen unaufdringlichen sachlichen Newsletter. Sie wissen das, weil Sie die Bedürfnisse der beiden kennen und ihr unterschiedliches Temperament berücksichtigen (siehe Tab. 1.3). Sie posten also unterschiedliche Botschaften und Themen in unterschiedlicher Temperatur in unterschiedlichen Formaten auf unterschiedlichen Kanälen.

- Sie können Ihre Themenauswahl genauer steuern.
- Sie können Ihre Botschaften adäquater setzen.
- Sie können die Tonalität anpassen.
- Sie können die Formate und Kanäle wählen, auf denen Ihre Adressaten besonders empfänglich sind.
- Sie können Ihre Maßnahmen zeitlich so steuern, dass Sie die Zielgruppen in einem voraussichtlich günstigen Gemütszustand antreffen.

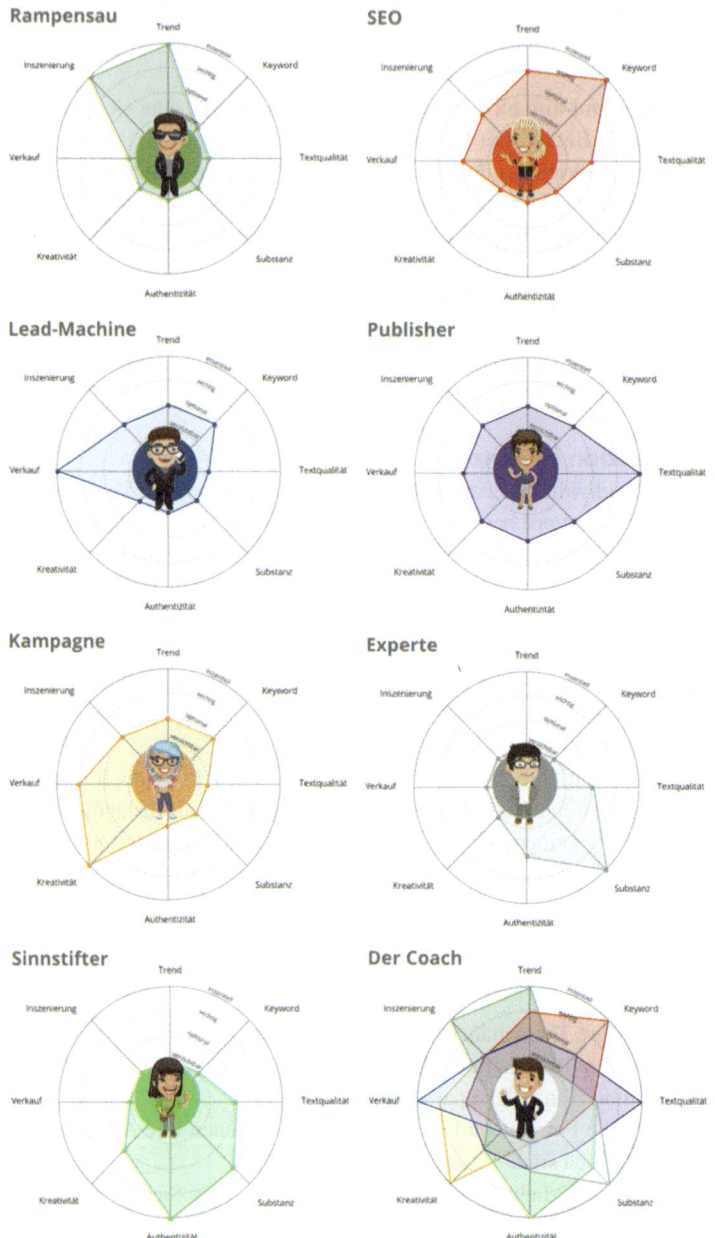

Abb. 1.2 Radar-Diagramme für verschiedene Content-Marketing-Typen nach Mirko Lange (2019). Abdruck mit freundlicher Genehmigung des Urhebers

Tab. 1.3 Persona-Charakterisierung (Eigene Darstellung)

Peter, 58 Jahre, Bankkaufmann		Mary, 31 Jahre, Bankkauffrau	
Limbic Trigger:	Dominanz-Balance	Limbic Trigger:	Stimulanz-Balance
Innovationsadaption:	Late Majority	Innovationsadaption:	Early Majority
Aktivitätsgrad:	Abwartend	Aktivitätsgrad:	Mutig agierend
Interesse:	Latent interessiert	Interesse:	Aktiv interessiert

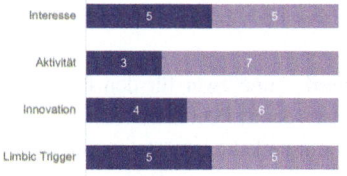
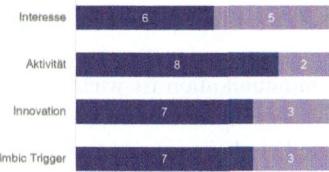

Selbstverständlich können Sie diese Individualisierung aber auch in der klassischen Medienarbeit einsetzen (entschuldigen Sie bitte das sehr stereotype Beispiel): Wenn Sie wissen, dass die Redakteurin der taz auf andere Begriffe, Tonalitäten, Themen reagiert als ihr Counterpart bei der FAZ – dann passen Sie Ihre Pressemeldung entsprechend an und versenden sie sie individuell. Der höhere Aufwand lohnt sich.

1.2   Wer kommuniziert was – und warum?

Mit der menschlichen Ressource steht und fällt alles. Und doch gibt es immer noch zu wenig davon – und das in vielen Unternehmen. Für mich besetzen Content-Mitarbeiter eine ganz wesentliche und ungemein wichtige Rolle im digitalen Business: Sie sind die Vertriebler der Zukunft. Der von ihnen produzierte Content entscheidet bisweilen in Sekundenbruchteilen über Sympathie, Konversion, Aktivierungen, Image, Upselling, Sichtbarkeit, Auffindbarkeit, Markenbekanntheit, Klarheit, Nutzbarkeit und vieles mehr.[9]

---

[9] Die vermutlich atemloseste Aufzählung der Kommunikationsstrategieliteratur – und alles valide Ziele. In Kapitel 2 werden wir nicht alle aufrufen können, wir müssen ja selber mal Luft holen. (Löffler und van Tübbergen 2023, S. 24).

Menschen kommunizieren mit Menschen. Doch ganz so trivial ist es dann doch nicht: Menschen kommunizieren nämlich immer *für* Menschen. Sie und ich, wir werden bezahlt dafür, Kommunikation zu planen und durchzuführen, anzupassen und umzusetzen, um andere zu erreichen. It's a peoples' business. Schauen wir also wieder auf die Menschen. Schauen wir auf die *Akteure*. Schauen wir jetzt auf uns.

1.2.1   Wie reden wir miteinander?

Kommunikation ist wichtig und entscheidend – und zwar für den Erfolg von Teams! Das hat eine Gruppe um MIT-Forscher Alex Sandy Pentland herausgefunden. Die Forscherinnen und Forscher haben die Kommunikationsmuster einzelner Abteilungen aufgezeichnet: Deren Mitglieder trugen elektronische Badges, die Daten wie Tonfall, Körpersprache und Gesprächsanteile erfasst haben und aufzeichneten, mit wem sie sprachen und worüber. Erstaunliches, aber eindeutiges Ergebnis: Nicht der Inhalt, sondern vor allem *die Art* der Kommunikation war entscheidend für den Teamerfolg. „In fact, we've found patterns of communication to be the most important predictor of a team's success. Not only that, but they are as significant as all the other factors – individual intelligence, personality, skill, and the substance of discussions – combined."[10] Erfolgreiche Teams kommunizieren anders als weniger erfolgreiche – die Forscherinnen und Forscher haben die Kriterien dafür *Energie, Engagement* und *Exploration* getauft. Erfolgreiche Teams sprechen häufiger und intensiver miteinander, zeigen also mehr Energie. Und sie kommunizieren ausgewogener: Alle Teammitglieder haben in etwa ähnlich viel Redeanteil (Engagement). Die Mitglieder erfolgreicher Teams sammeln außerhalb des eigenen Teams Informationen und Ideen und teilen diese mit dem eigenen Team. Exploration bringt so neue Perspektiven und Erkenntnisse in Ihre kleine Redaktionsbubble, die letztlich Innovationen fördern. Reden Sie also mehr in Ihrer Redaktion – sowohl miteinander als auch mit anderen. Schauen Sie sich in die Augen und sprechen Sie direkt miteinander, nicht über eine/n CvD oder andere Vorgesetzte. Was der Performance Ihres eigenen Teams sehr zugute kommt. Banale Forderungen vielleicht– aber wissenschaftlich untermauert …

---

[10] Eine weitere Untersuchung der Pentland-Gruppe hat gezeigt, dass sich eine durchschnittliche Teamperformance dauerhaft um acht Prozentpunkte verbessert hat, nachdem eine regelmäßige Kaffeepause für den informellen Austausch eingeführt wurde. (Pentland 2012, S. 4).

- Regelmäßige Meetings: Setzen Sie sich regelmäßig zusammen (oder stehen Sie dabei, weil das effizienter zu sein scheint), um den Informationsfluss zu gewährleisten.
- Gleichmäßige Beteiligung: Stellen Sie sicher, dass alle Teammitglieder gleichberechtigt an Diskussionen teilnehmen und teilnehmen können. Bitte keine Monologe oder längeren Zwiegespräche in den Meetings.
- Offene Kommunikationskanäle: Ermutigen Sie Teammitglieder, ihre Gedanken und Ideen offen zu teilen. Fördern Sie eine Kultur des konstruktiven Feedbacks, um sicherzustellen, dass alle Stimmen gehört werden.
- Netzwerken: Ermutigen Sie Teammitglieder, Kontakte zu anderen Teams und Abteilungen zu knüpfen.
- Informelle Gespräche: Fördern Sie regelmäßige informelle Unterhaltungen, die die Teamdynamik stärken – auch wenn Sie als Teamleiter ausnahmsweise mal nicht mitreden dürfen.
- Externe Schulungen und Workshops: Nutzen Sie externe Ressourcen, um neue Ideen und Techniken zu integrieren.
- Erkundung außerhalb des Teams: Ermöglichen Sie es Ihren Teammitgliedern, sich regelmäßig auch mit Personen außerhalb des Teams auszutauschen. Bringen Sie selbst ebenfalls neue Informationen ein.

Geh an die frische Luft, Nerd! Gerade für digitale Kommunikationsteams, die oft *remote* miteinander arbeiten, ist dieser physische, direkte Austausch von Mensch zu Mensch wichtig. Ist miteinander sprechen wichtig, ist rausgehen wichtig. Sonst leidet die Kreativität, die Kommunikation wird immer eintöniger und vorhersehbarer – und Ihre Kommunikationsziele erreichen Sie nicht mehr. (Müssen Sie dann auch nicht mehr …)

Checkliste für Ihr Kommunikationsteam

- *Permanente Kommunikation:* Setzen Sie kollaborative Tools wie Trello, Asana oder Microsoft Planner ein, um Aufgaben sichtbar und transparent zu machen. So wissen alle, wer woran arbeitet.
- *Tägliche und wöchentliche Stand-ups:* Treffen Sie sich zu regelmäßigen Kurzmeetings, in denen jedes Teammitglied kurz berichtet, woran es arbeitet und welche Unterstützung benötigt wird. Die Stand-ups sind auf die Aufgaben gerichtet.
- *Synchrone Kommunikation:* Stimmen Sie sich in regelmäßigen Meetings untereinander ab, etwa in Strategiebesprechungen einmal die Woche, und treffen Sie dort Entscheidungen. Tägliche Check-ins über Video oder vor Ort sind wichtig für den direkten Austausch und stärken den Teamzusammenhalt.

- *Asynchrone Kommunikation:* Über E-Mails und Messaging-Tools wie Slack oder Microsoft Teams können Sie detaillierte Diskussionen führen, die nicht sofort beantwortet werden müssen.
- *Feedback-Kultur:* Sprechen Sie offen über Erfolge und Misserfolge nach einem Projekt. Sie erhalten die viel zitierten *Learnings* und sorgen so für kontinuierliche Verbesserung.
- *Informelle Kommunikation:* Schaffen Sie digitale oder physische Räume, in denen sich Teammitglieder ungezwungen austauschen können (z. B. virtuelle Kaffee-Ecken oder informelle Mittagessen). ◄

1.2.2 Rollenverständnis

Schauen Sie auf individuelle Vorlieben: In einem Team arbeiten unterschiedliche Menschen zusammen – je heterogener, desto produktiver. Sie verfolgen unterschiedliche Ziele, haben unterschiedliche Kompetenzen entwickelt und verfolgen jeweils bestimmte Vorlieben. Nutzen Sie diese Unterschiede – was die eine nicht kann, macht der andere, woran der eine weniger interessiert ist, lässt die andere aufblühen. Auch so entsteht Energie und Engagement im Team.

Skills im Team: Divers und fokussiert

Der Münchner Kommunikationsberater Mirko Lange schlägt vor, dass sich eine Redaktion deswegen mit folgenden vier Gegensatzpaaren auseinandersetzen und sie personell abdecken sollte (Lange 2019): Trendverfolgung und Authentizität, Keyword-Fixierung und Kreativität, Textqualität und „Verkaufe" sowie Substanz und Inszenierung. Alle acht Faktoren würden in einer Redaktion und in einem Corporate Newsroom benötigt, um die täglichen Aufgaben optimal bewältigen zu können, so Mirko Lange. Kurz zusammengefasst können Sie folgendes unter den acht Faktoren verstehen:

- **Trend/Aktualität:** Fokus auf aktuelle Themen, Hashtags und Hypes. Begründet die Relevanz des Contents für den Verbraucher im Hier und Jetzt.
- **Authentizität:** Echte, zum Unternehmen passende Inhalte, die Vertrauen aufbauen. Unterscheidet sich von klassischer Werbung durch Ehrlichkeit.
- **Keyword:** Orientierung an Suchvolumen und Suchmaschinen-Optimierung. Zielt auf maximale Reichweite durch gezielte Ausrichtung auf häufig gesuchte Begriffe
- **Kreativität:** Setzt auf überraschende, unterhaltsame Ideen. Strebt Erfolg durch Einzigartigkeit an, unabhängig von klassischen SEO-Strategien.

- **Textqualität:** Priorisiert sauberen Satzbau, gute Erzähltechnik und journalistische Standards. Zielt auf lesefreundliche, fehlerfreie Beiträge ab.
- **Verkauf:** Fokussiert auf messbare Ergebnisse wie Leads und Verkäufe. Bewertet Content anhand von Kennzahlen wie CPL (Costs per Lead).
- **Substanz:** Legt Wert auf fundierte Inhalte mit Fakten, Daten und Expertenmeinungen. Stellt Kompetenz und Tiefgang in den Vordergrund.
- **Inszenierung:** Betont die visuelle und konzeptionelle Aufbereitung. Zielt auf Unterhaltung und Begeisterung durch ansprechendes Design und kreative Umsetzung.

In Ihrem Newsroom sollten Sie Menschen einsetzen, die in einzelnen dieser Faktoren eindeutige Schwerpunkte haben – Expertise, sozusagen. Niemand kann alle Faktoren gleichermaßen abdecken, aber das Team insgesamt sollte es tun. Lange definiert dazu acht Archetypen an Teammitgliedern, deren Skills und Wertbeitrag zum Newsroom Sie in einer Kurzfassung und ausführlichen Steckbriefen online finden (Lange 2019). Diese Archetypen sind an unterschiedlichen Schwerpunkten und Aufgaben interessiert, haben je eigene Stärken und fokussieren sich auf klar definierte Aufgaben. Wenn Sie nun diese Fähigkeiten in Diagramme eintragen, sehen Sie logischerweise Überlappungen – jeder einzelne Archetypus deckt mit den besonderen Stärken aber die acht wichtigen Kriterien ab, die den Erfolg Ihrer Redaktion ausmachen. Sie sind in acht Diagramme aufgeteilt (Abb. 1.2).

Reifegrad der Organisation
Doch wie sind die Teams selbst aufgestellt? Auch dafür hat Mirko Lange Diskussionsvorschläge: sein *Delfin-Prinzip*, das sich aus der *Content Maturity Matrix* entwickelt hat. Schauen wir uns zuerst die *Content Maturity Matrix* an, deren Fokus noch auf dem Output der Organisation, weniger auf den Bedingungen für effektiven Input liegt. (Abb. 1.3) Sie beschreibt den *Entwicklungsstand von Content-Strategien* in Unternehmen und Organisationen und ist ein Leitfaden, mit dem Sie sich auf den Weg hin zu einem strategisch integrierten Content Management machen können. Die Matrix unterteilt sich in fünf Stufen je nach Reifegrad des Teams oder der Organisation: Zu Beginn reagiert ein Team nur adhoc und zufällig auf externe Kommunikationsaufforderungen – Medienanfragen, sich anbahnende Krisen, Reaktionen auf Postings und Kommentare in den (sozialen) Medien. Je mehr Erfahrung das Team sammelt und je mehr Expertise die Organisation dadurch anhäufen kann, desto strategischer und damit langfristiger werden sie denken, arbeiten und vor allem: planen. Auf Stufe fünf werden sie (fast) alles anders machen als auf Stufe eins: souverän eigene Themen zu setzen statt hektisch zu reagieren, alle Kommunikationsmaßnahmen auf einer einzigartigen, konsistenten und überzeugenden *Core Story* ruhen zu lassen und damit

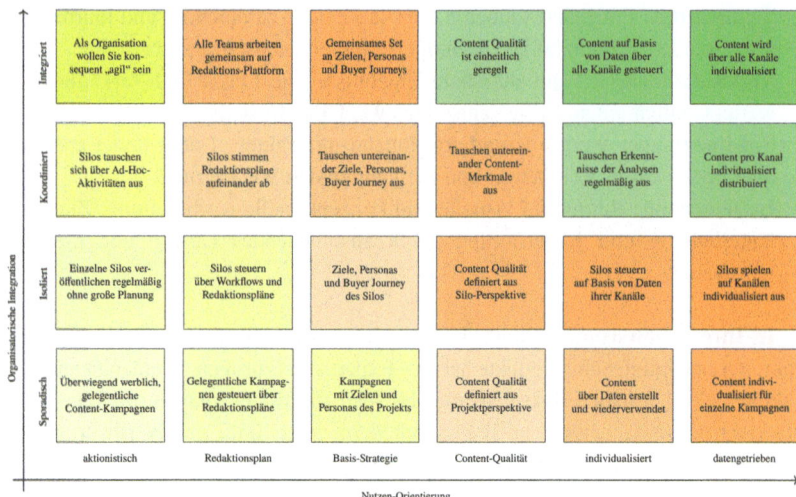

	aktionistisch	Redaktionsplan	Basis-Strategie	Content-Qualität	individualisiert	datengetrieben
Integriert	Als Organisation wollen Sie konsequent „agil" sein	Alle Teams arbeiten gemeinsam auf Redaktions-Plattform	Gemeinsames Set an Zielen, Personas und Buyer Journeys	Content Qualität ist einheitlich geregelt	Content auf Basis von Daten über alle Kanäle gesteuert	Content wird über alle Kanäle individualisiert
Koordiniert	Silos tauschen sich über Ad-Hoc-Aktivitäten aus	Silos stimmen Redaktionspläne aufeinander ab	Tauschen untereinander Ziele, Personas, Buyer Journey aus	Tauschen untereinander Content-Merkmale aus	Tauschen Erkenntnisse der Analysen regelmäßig aus	Content pro Kanal individualisiert distribuiert
Isoliert	Einzelne Silos veröffentlichen regelmäßig ohne große Planung	Silos steuern über Workflows und Redaktionspläne	Ziele, Personas und Buyer Journey des Silos	Content Qualität definiert aus Silo-Perspektive	Silos steuern auf Basis von Daten ihrer Kanäle	Silos spielen auf Kanälen individualisiert aus
Sporadisch	Überwiegend werblich, gelegentliche Content-Kampagnen	Gelegentliche Kampagnen gesteuert über Redaktionspläne	Kampagnen mit Zielen und Personas des Projekts	Content Qualität definiert aus Projektperspektive	Content über Daten erstellt und wiederverwendet	Content individualisiert für einzelne Kampagnen

Nutzen-Orientierung

Abb. 1.3 Content Maturity Matrix nach Mirko Lange (2017), modifiziert mit freundlicher Genehmigung des Urhebers

ein einheitliches und vor allem attraktives Erscheinungsbild der Organisation nach außen zu erzeugen. Langfristiger Reputationsaufbau statt kurzfristiges Abarbeiten externer Aufträge ist das strategische Ziel.

- **Ad-hoc-Stufe (chaotisch):** In dieser Anfangsphase fehlt den Teams eine strukturierte Herangehensweise. Inhalte erstellen sie unkoordiniert und reaktiv, oft ohne klare Zielsetzung oder Abstimmung zwischen den Abteilungen. Es gibt weder Prozesse noch eine zentrale Strategie, und die Kommunikation ist stark von kurzfristigen Anforderungen getrieben.
- **Silo-Stufe (funktional):** Hier organisieren sich Teams bereits besser, jedoch arbeitet jede Abteilung isoliert. Es gibt erste strategische Ansätze, aber keine zentrale Abstimmung. Content wird primär aus einer funktionalen Perspektive produziert, z. B. aus Marketing- oder PR-Sicht, ohne eine kohärente, unternehmensweite Botschaft zu verfolgen.
- **Koordinations-Stufe:** In dieser Phase beginnt eine Abstimmung zwischen den Teams. Prozesse und Tools für die Zusammenarbeit werden eingeführt, z. B. gemeinsame Redaktionspläne. Die strategische Planung und Qualitätssicherung nehmen zu, allerdings ist die Integration zwischen den Abteilungen noch begrenzt.

Tab. 1.4 Vergleich von operativen und systemischen Ansätzen in der Kommunikation nach Mirko Lange (2023)

Ansatz	Operativ/maßnahmenorientiert	Systemisch/integriert
Planung	Ad-hoc (Eichhörnchenprinzip)	Strategisch (Biberprinzip)
Handlung	Reaktiv (Arbeitsbienenprinzip)	Transformativ (Schmetterlingsprinzip)
Strategie	Taktisch (Fuchsprinzip)	Narrativ (Delfinprinzip)

- **Integrations-Stufe:** Content wird als strategisches Asset betrachtet, und die gesamte Organisation richtet ihre Inhalte an einer einheitlichen Strategie aus. Silos werden aufgelöst, und die Kommunikation erfolgt kanalübergreifend. Der Fokus liegt auf einem zentralen Narrativ, das alle Botschaften prägt.
- **Transformations-Stufe:** Auf der höchsten Stufe wird Content vollständig in die Geschäftsstrategie integriert. Unternehmen nutzen Inhalte, um ihre gesamte Organisation zu positionieren und transformative Ziele zu erreichen. Kommunikation ist nicht nur eine unterstützende Funktion, sondern ein zentraler Bestandteil der Wertschöpfung.

Lange teilt dabei die Arbeitsweisen von Kommunikationsabteilungen nach zweimal drei Prinzipien ein (siehe Tab. 1.4).

Erstellen Sie dynamische und trendbasierte Inhalte: Das *Eichhörnchen-Mindset* steht für schnelle, kreative und flexible Reaktionen auf aktuelle redaktionelle Gelegenheiten. Dieser Ansatz konzentriert sich auf operative und reaktive Kommunikation und ist ideal für dynamische und trendbasierte Inhalte. Der Fokus liegt auf Aktualität und Spontaneität: Inhalte werden mit spontanen Ideen an aktuelle Ereignisse angepasst und zügig umgesetzt. Solche Teams möchten vor allem Aufmerksamkeit sammeln, also Likes, Klicks und emotionale Reaktionen provozieren. Teams mit diesem Ansatz agieren ähnlich einer Nachrichtenredaktion: stets aktiv, marktbezogen und schnell in der Content-Erstellung.

Arbeiten Sie als interne Agentur die Aufgaben ab: *Arbeitsbienen* sind in ihrer Kommunikationshaltung zwar sehr serviceorientiert, handeln aber vor allem in Reaktion auf Aufgaben, die ihnen gestellt werden. Sie fungieren als interne Dienstleister für Ihr Unternehmen und erfüllen die Anforderungen, die Stakeholder an sie stellen, effizient. Ihr hohes Arbeitstempo und ihr *work load* führen allerdings schnell zu Stress und Überarbeitung. Dieser operative Ansatz erinnert an klassische Marketingabteilungen. Er birgt die Gefahr, dass die Qualität leidet und das Team wegen des hohen Reaktionsdrucks keine strategischen Freiheiten besitzt.

Setzen Sie Kampagnen effizient um! Das *Fuchsprinzip* steht für einen taktischen, ergebnisorientierten Kommunikationsansatz, ideal für spezifische Kampagnen. Hier kommen Sie nun zu ersten fokussierten Maßnahmen mit klar messbaren

Ergebnissen und klarer Zielorientierung – und einem definierten *Return on invest*. Fuchs-Teams entscheiden nach Datenlage; diese Zahlenorientierung strukturiert sie und führt zu effizientem Projektmanagement. Dieser Ansatz eignet sich für kurzfristige Optimierungen und Vertriebskampagnen, birgt jedoch die Gefahr, das große Ganze aus den Augen zu verlieren.

Verfolgen Sie eine themenbasierte Strategie: Das *Biberprinzip* steht für langfristige, strategische Kommunikationsansätze mit nachhaltiger Wirkung. Langfristige Ziele erreichen Sie durch strukturierte kanalneutrale Planung – die inhaltlichen Themen stehen im Zentrum. Diese Teams möchten vor allem Vertrauen, Reputation und Markenimage aufbauen – das sind ihre Ziele, die sie systematisch evaluieren. Diese Teams agieren langfristig und konsistent, arbeiten jedoch oft noch in Silos. Für nachhaltige Kommunikationsstrategien bietet das Biberprinzip eine solide Grundlage.

Erzählen Sie eine sinnstiftende Geschichte: Das *Delfinprinzip* steht für integrierte, kollaborative Kommunikation mit einem zentralen Narrativ. Die einheitliche Strategie entleert die Silos; stattdessen arbeiten alle eng zusammen. Ihre Zielgruppen sprechen sie emotional an, weil sie attraktive Geschichten finden und sie dramaturgisch geschickt erzählen. Dieser Ansatz stärkt die Markenidentität und ermöglicht eine langfristige Wertschöpfung durch kohärente Botschaften.

Führen Sie Ihre Organisation durch eine Metamorphose: Das *Schmetterlingsprinzip* schließlich repräsentiert Mirko Lange zufolge die höchste Stufe der transformativen Kommunikation und zielt auf nachhaltige, kulturelle Veränderungen ab. Die Organisation richtet sich umfassend digital und kulturell neu aus. Wir können von einer Metamorphose sprechen, die die Organisation hin zu zukunftsorientierten Strukturen umbaut. Kommunikation wird hier als langfristiges Change-Projekt gelebt – also raus aus den Kokons! Der Ansatz erfordert jedoch strategischen Weitblick und Veränderungsbereitschaft. für Unternehmen, die eine vollständige Transformation anstreben, bietet das Schmetterlingsprinzip dann einen Rahmen, der weit über traditionelle Ansätze hinausgeht. (Lange 2023)

1.2.3   Organisationsformen

Alle an einem Tisch: In der zeitgemäßen Unternehmenskommunikation hat sich der *Corporate Newsroom* als derzeit effizienteste integrierte Redaktionsform etabliert (Moss 2016): Alle Gewerke sitzen mehr oder weniger eng um eine/n CvD herum und schauen auf ihre Bildschirme. Je näher Sie am CvD-Desk sitzen, desto digitaler scheint Ihre Aufgabe zu sein. Ohnehin ist der Newsroom ein sehr hierarchisches Konstrukt, in dem genau auf die Rollenzuschreibungen geachtet werden soll: Um die CvD-Rolle dreht sich alles. Ein Strategieteam aus der Unternehmensführung legt die

Jahresziele und -Themen fest, wird aber sonst nicht mehr benötigt. Die Themen-manager an den Themendesks bringen Themen vor, dürfen aber nichts selber schrei-ben oder auf keinen Fall ein Video drehen, und die Kanalmanager setzen die Ideen in Formate um, dürfen aber keine eigenen Ideen einspeisen – so die Theorie. In der Pra-xis vermischen sich die Rollen aber pragmatischerweise doch – und das ist ja auch logisch: Der Newsroom soll ja gerade den Austausch über Themen und Fähigkeiten hinweg ermöglichen. (Behrens et al. 2016, S. 29)

Trennung der Rollen: Die charmante Idee hinter der Rollentrennung ist die Auf-teilung in Editoren und Reporter aus den journalistischen Newsrooms: Die Reporte-rinnen und Reporter sind draußen, wo Geschichte geschrieben wird. Sie bringen die Storys dann in den Newsroom zurück, wo Editoren dann Geschichten schreiben …

„Editoren sind Spezialisten fürs Blattmachen, für Produktion, Organisation und Themenplanung; sie arbeiten zentral am Newsdesk. Reporter können sich um ein Informantennetzwerk kümmern, recherchieren Hintergründe und schreiben eigene Geschichten; sie sitzen in Räumen neben dem Newsdesk oder im Lokalen als Einzel-kämpfer auch in kleineren Orten, der dem Regio-Desk zuliefert." (Meier 2012)

Der Information Hub ist der zentrale Wissenspool. Nutzen Sie die zentrale Redaktionsorganisation, um alle Zahlen, Daten und Fakten und die Geschichten, die sie erzählen, an diesem Ort zu sammeln. Irgendjemand muss es ja machen … Denn von dort aus geben Sie die Informationen wieder weiter – damit wird die News-room-Organisation zum Prozess: Informationen landen an, werden im Newsroom ge-sammelt, bewertet und verarbeitet und dann in die jeweiligen Formate verpackt, die die Stakeholder und die Zielgruppen individuell abfragen. Also: TikToks fürs Emp-loyer Branding, Materialflüsse für die interaktive Grafik im Nachhaltigkeitsbericht und die Pläne für die neue Produktionsstätte fürs Intranet. Sie können dem Newsroom auch einen zeitgemäßeren Namen geben. Command Center schlagen einige Expertin-nen und Experten vor. (Banholzer 2020, S. 27) Mirko Lange hat den Begriff *Content Command Center für* seine Software adaptiert. Mitglieder in der Scompler-User Group heißen demnach *Content Commander* – Gene Roddenberry wäre begeistert …

Menschen, Output, Organisation und Infrastruktur: Die Züricher Komm-unikationsberaterin Marie-Christine Schindler hat vier Handlungsfelder des News-rooms identifiziert, die das POST-Modell für diese Organisationsform übersetzen. (Schindler 2020, siehe modifizierte Darstellung in Abb. 1.4) Sie begleitet News-rooms vor allem in der Schweiz und hat tiefe Blicke in die Abläufe, schreibt regel-mäßig darüber. Sie fordert: „Klären Sie von Anfang an klar und deutlich, was Ihre Organisation unter einem Newsroom versteht und was sie sich von einem News-room erhofft. Nichts ist gefährlicher, als an einem Projekt zu arbeiten, von dem alle eine Vorstellung haben, aber niemand die gleiche. Fragen Sie also nicht einfach pauschal, ob alle wissen, was ein Newsroom ist. Kopfnicken reicht nicht, lassen Sie

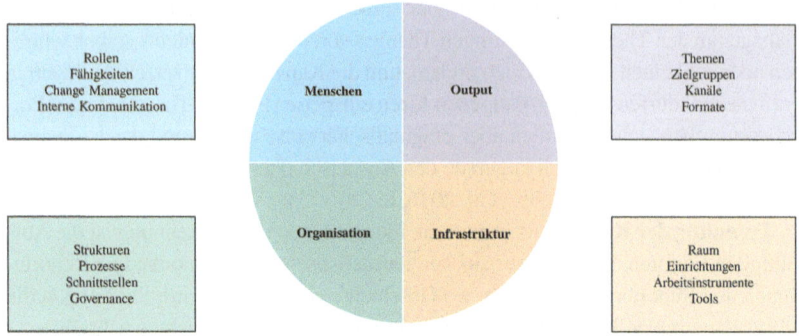

Abb. 1.4 Vier Handlungsfelder des Newsrooms nach Marie-Christine Schindler, Schindler (2020), modifizierte Darstellung mit freundlicher Genehmigung der Urheberin

die Leute selbst formulieren, was sie darunter verstehen und diskutieren Sie die Vorschläge ausgiebig." (Schindler 2020) Das ist schon alleine deshalb wichtig, weil ein Newsroom sowohl das physische Nachrichtenstudio eines Fernsehsenders sein kann, eine Mega-Organisation wie der Newsroom von Axel Springer in Berlin im Vergleich zu überschaubaren Newsroom-Modellen wie dem ersten 2-Personen-Newsroom Anfang der 2010er-Jahre bei der Stadt Frankfurt am Main – oder digitalen Newsrooms auf Ihrer Website, auf dem Sie Ihren produktiven Output anzeigen. Output ist das Stichwort: Marie-Christine Schindler ordnet die Zielgruppen, über die wir hier länglich sprechen, dem Output zu, nicht den Menschen. Die Rollen hingegen schon – puh, immerhin … Die Liste der beteiligten organisatorischen und inhaltlich-thematischen Schnittstellen ist so lang wie das Organigramm breit ist – im Prinzip sind alle Stakeholder des Unternehmens mehr oder weniger stark berücksichtigt, um eben Themen aus allen Organisationseinheiten, aus den Lieferketten und den Points of Sale etc. einsammeln zu können.

Rollen und Aufgaben im Corporate Newsroom

Textredaktion

- Chefredakteur/in: Gesamtverantwortung für die redaktionellen Inhalte, strategische Ausrichtung.
- Ressortleiter/in: Koordination und Verantwortung für ein bestimmtes Themengebiet (z. B. Politik, Wirtschaft, Kultur).
- Redakteur/in: Recherche, Verfassen und Bearbeiten von Artikeln.

- Reporter/in: Vor-Ort-Berichterstattung, Interviews und schnelle Reaktionen auf aktuelle Ereignisse.
- Fact-Checker/in: Überprüfung von Fakten und Quellen zur Qualitätssicherung. ◀

Medienproduktion

- Video-Redakteur/in: Planung und Produktion von Videoformaten, meist in enger Zusammenarbeit mit der Redaktion.
- Kameramann/frau: Aufnahme von Videomaterial, technische Betreuung der Kameraausrüstung.
- Video-Cutter/in: Bearbeitung des Rohmaterials, Schnitt, Sounddesign und Animationen.
- Motion Designer/in: Erstellung animierter Grafiken, oft für Erklärvideos oder Social-Media-Content. ◀

Grafik und Design

- Grafikdesigner/in: Erstellung von Infografiken, Illustrationen und Layouts für Artikel oder Social-Media- Posts.
- Art Director/in: Überwachung des visuellen Erscheinungsbilds des Mediums.
- Bildredakteur/in: Auswahl, Bearbeitung und Verwaltung von Fotos und Bildern.
- UX/UI-Designer/in: Optimierung der Lesefreundlichkeit auf digitalen Plattformen. ◀

Podcast- und Audioproduktion

- Audio-Redakteur/in: Planung und inhaltliche Gestaltung von Podcasts.
- Tontechniker/in: Aufnahme, Bearbeitung und Nachbearbeitung von Tonaufnahmen.
- Moderator/in: Moderation von Podcast-Folgen oder Audiobeiträgen. ◀

Social Media und Community

- Social-Media-Manager/in: Verbreitung von Inhalten auf sozialen Plattformen
- Community Manager/in: Interaktion mit der Community.
- Audience Development Manager/in: Strategien zur Reichweitensteigerung und Zielgruppenanalyse. ◀

Technik und Daten

- Webentwickler/in: Pflege und Weiterentwicklung der digitalen Plattformen.
- Data Journalist/in: Analyse und Visualisierung von Daten für investigative Berichte. ◄

Projektmanagement und Strategie

- Produktmanager/in: Planung und Koordination neuer redaktioneller Projekte.
- Redaktionsmanager/in: Organisatorische und administrative Aufgaben im Newsroom. ◄

Sie sehen schon, Sie müssen anbauen oder diese eierlegenden Woll- und Fleischlieferanten aus der Fabelwelt einstellen.

1.2.4 Ressourcenplanung

Rollen einsetzen: Wir sprechen über Köpfe (und Hände), die Ideen finden, Interviews führen, Interaktionen anstoßen und Inhalte produzieren. Das kostet selbstredend Geld. Aber nicht nur dies: Die Personen müssen auch zur richtigen Zeit am richtigen Ort die richtige Umsetzungsidee haben. Sie müssen also planen – welche Rolle macht was bis wann und übergibt dann an eine andere Rolle, die ihren Teil abarbeitet und ihn an eine dritte Rolle weitergibt? Nennen Sie das gerne Workflow, denn genau das ist es. Sie planen die Prozesse und setzen dann die Personen dazu ein – eine PEP (Personal-Einsatzplanung), bei dem eines der beiden Ps jetzt für Prozess steht…

Workflows organisieren Ihr Team

Ein Workflow ist beispielsweise der definierte Prozess von der Ideenfindung über die Ideenbewertung und Entscheidung, ob die Idee es wert ist, weiterverfolgt zu werden. Ein kleiner, aber fein granulierter Prozess. Wer bringt die Idee ein? Wer diskutiert sie wann und wo? Was sind die Kriterien, nach denen das Team entscheidet? Was passiert mit mediokren Themen – werden sie verworfen oder in einen Ideenspeicher geschrieben, um dann in sechs Monaten endgültig gestrichen zu werden? Sie brauchen dafür Menschen, die entscheiden, und sie brauchen dazu einen Ort (virtuell oder real), an dem sie diskutieren. Und einen Zeitraum, in dem die Entscheidung reift. Skizzieren Sie also diesen Workflow für sich mit allen Rollen, Orten, Zeiträumen und den Ressourcen, die das Team dafür benötigt – eine Checkliste, einen Kriterienkatalog, einen Kalender auf jeden Fall …

Steuern Sie die Aufgaben. Definieren Sie dann alle anderen Prozesse, die im Newsroom standardmäßig abgearbeitet werden: Wie viel Zeit benötigten Sie für eine Instagram-Story in der Regel? Wie lange dauert es, einen Blogpost vorzubereiten? Wie viel Aufwand steckt in einer durchschnittlichen Infografik – und wer trägt was konkret dazu bei? Die Workflows machen Ihren Newsroom effizient und planbar. Wieder haben Sie ein Ziel definiert, Glückwunsch!

Workflows: Wer macht was wann?
Ein typischer Redaktionsworkflow gliedert sich in mehrere Phasen (siehe eigene Abb. 1.5) – fast wie in einem *Adventure Game*. In jeder Phase gibt es für Sie eine Aufgabe, die Sie erledigen müssen. für jede Aufgabe müssen Sie in eine andere Rolle schlüpfen. In diesem einfachen Beispielworkflow soll aus einer Kommunikationsidee ein fertiges Posting entstehen, dessen Performance am Ende evaluiert wird.

- **Ideenfindung und Diskussion**: In einem ersten Schritt sammeln Sie Content-Ideen im Team und diskutieren diese in einem Teammeeting oder über kollaborative Plattformen. Typische Rollen in dieser Phase sind die *Redaktionsleitung*, die die Richtung vorgibt, sowie *Teammitglieder*, die Ideen einbringen. Kreativität und strategisches Denken stehen hier im Vordergrund, um sicherzustellen, dass die Ideen relevant und ansprechend sind.
- **Entscheidungsfindung und Planung:** Nach der Diskussion entscheidet das Team gemeinsam, die Redaktionsleitung, die oder der CvD oder ein anderes Gremium, welche Ideen Sie umsetzen werden. Sie entscheiden nach bestimmten Kriterien, etwa Zielgruppenrelevanz, Ressourcenaufwand oder strategischen Prioritäten. Ein

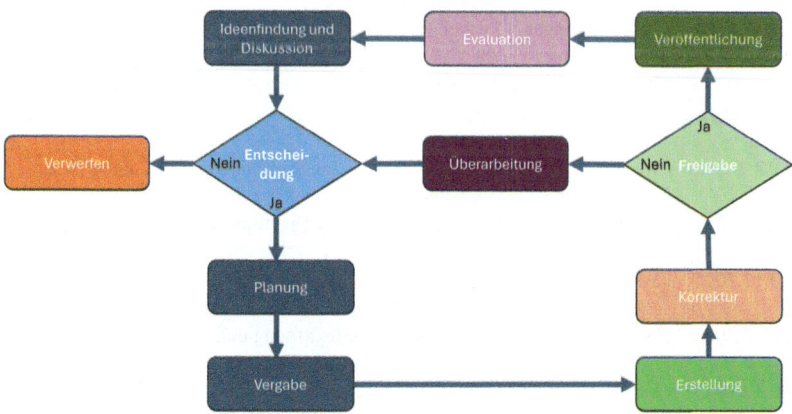

Abb. 1.5 Typischer Redaktionsworkflow in Scompler (Eigene Darstellung)

Themenscoring (Tab. 3.3) hilft dabei. Die Deadlines der einzelnen Workflow-Schritte tragen Sie in Ihren Redaktionsplan (siehe beispielhaft in Tab. 1.5) ein; wenn

Tab. 1.5 Beispielhafter Redaktionsplan für eine Theatereröffnung

Datum	Kanal	Inhalt	Verantwortlich
Oktober 2025			
1.10.2025	Website	Launch der Landingpage mit Hintergrundinfos und Highlights	Content-Team
5.10.2025	Social Media	Instagram-Story: Vorstellung des Architekten	Social-Media-Team
10.10.2025	Newsletter	Einladung zur Eröffnung und Führung	Content-Team
15.10.2025	YouTube	Teaser-Video „Ein Theater erwacht zum Leben"	Videoteam
20.10.2025	Website/Blog	Beitrag: „Vom Traum zur Wirklichkeit: Die Ge- schichte des Neubaus"	Content-Team
25.10.2025	Social Media Ads	Facebook-Werbung: Buchung der Führungen	Social-Media-Team
November 2025			
1.11.2025	Website	Interaktive 360°-Tour	IT-Team
5.11.2025	Social Media	Countdown zur Eröffnung (Behind-the-Scenes- Clips mit Mitarbeitenden)	Social-Media-Team
10.11.2025	Newsletter	Erste Einblicke ins Programm der Spielzeit	Content-Team
15.11.2025	YouTube	Langform-Video: „Die Magie hinter den Kulissen"	Videoteam
20.11.2025	Veranstaltungen	Virtuelle Q&A-Session mit Intendanz	PR-Team
30.11.2025	Social Media Ads	TikTok-Clips: Proben der ersten Aufführungen	Social-Media-Team
Dezember 2025			
1.12.2025	Website	Besucherstimmen zur Eröffnung mit Fotos und Videos	Content-Team
5.12.2025	Social Media	Live-Updates von der Eröffnung auf Instagram	Social-Media-Team
10.12.2025	YouTube	Livestream der Eröffnung (On-Demand verfügbar)	Videoteam
15.12.2025	Newsletter	Rückblick auf die Eröffnung und Einladung zu Ver- anstaltungen	Content-Team
20.12.2025	Veranstaltungen	Erste Aufführung und Nachbesprechung mit Künstler:innen	PR-Team
30.12.2025	Website/Blog	Beitrag: „Das besondere Programm der ersten Spielzeit"	Content-Team

Ihnen das verständlicherweise zu unübersichtlich wird, fixieren Sie nur das geplante Erscheinungsdatum. Die *Content-Planer:innen* legen fest, wann und wo der Content veröffentlicht wird (z. B. Website, Social Media, Newsletter) und wählen die jeweiligen Veröffentlichungszeiten so, dass die Zielgruppe optimal erreicht wird.

- **Auftragsvergabe:** Sobald es also eine Idee durch den strengen Genehmigungsprozess geschafft hat, werden die einzelnen Aufträge vergeben:
  - **Texter:innen** erstellen die Inhalte,
  - **Researcher:innen** recherchieren Daten und Hintergrundinformationen,
  - **Bildredakteur:innen** stellen Fotos und Grafiken bereit,
  - **Videographer:innen** drehen die nötigen Filmsequenzen und schneiden sie auch,
  - **Sprecherinnen und Sprecher** lesen die Texte für Video und Audioformate ein.
  - **Social Media Manager:innen** erstellen Storys und anderen Ephemeral Content.
  - **Projektmanager:innen** koordinieren die Fristen und Ressourcen.
  - **Lektor:innen** prüfen den Content vor der Freigabe auf Fehler oder Unstimmigkeiten. Das Korrektorat ist Teil dieser Phase, nicht der nächsten! Die Aufgaben dokumentieren Sie direkt in Ihrem Content-Management-System oder Ihrer Projekt-Management-Plattform.
- **Erstellung und Freigabe:** Nachdem die Projektmanager:innen dreimal nachgefragt haben, haben die beauftragten Personen ihren Teil des Contents erstellt und reichen eine erste fertig korrigierte Version beim Projektmanagement ein. Die **Redaktionsleitung, der/die CvD** oder andere Verantwortliche prüfen diese Freigabefassung auf Qualität, Tonalität und strategische Passgenauigkeit. Sie können auch eine dezidierte Freigeber-Rolle definieren, die Teammitglieder rotierend übernehmen. Wichtig ist nur, dass Sie nicht blind für das Vier Augen Prinzip sind: Jemand anderes als die Autorin oder der Autor gibt den Content frei – sonst ist die Gefahr kleinerer Fehler (die das Korrektorat erkennen sollte) oder sogar schwerwiegenderer Fehlinformationen einfach zu groß. Zu schnell rutscht einem etwas durch. . .
- **Freigabe erfolgt nicht:** Tatsächlich, die Person, die den Content freigibt, ist unzufrieden mit dem Content. Nun gibt es zwei Möglichkeiten: Die Kritik ist nur minderschwer, die Autorin oder der Autor erhält den Beitrag zur Überarbeitung mit einer neuen Deadline zurück; für die Wiedervorlage zur erneuten Freigabe setzt das Projektmanagement kurzfristig eine neue Deadline fest. Zweite Möglichkeit: Der Content geht zur Überarbeitung an eine andere Autorin oder einen anderen Autoren, die erneute Deadline wird großzügiger gesetzt. Gestalten Sie den Feedbackprozess transparent und freundlich; schnell leidet die Motivation im Team und mit ihr die Qualität der Inhalte.

- **Veröffentlichung:** Die *Social-Media-Manager:innen,* *Web-Redakteur:innen* oder andere Verantwortliche veröffentlichen den Content auf den geplanten Kanälen. Sie stellen auch sicher, dass die technischen Voraussetzungen wie Verschlagwortungen, Suchmaschinenoptimierung und Barrierefreiheit erfüllt sind.
- **Evaluation:** Nach der Veröffentlichung warten Sie ein paar Stunden – und starten dann die Evaluation, häufig durch die *Analyse- und Reporting-Teams.* Dazu analysieren Sie Kennzahlen wie Reichweite, Engagement oder Konversionsraten (Unterabschnitt 2.4.1). Die Erkenntnisse speisen Sie in die Planung zukünftiger Inhalte zurück und helfen so, den Workflow kontinuierlich zu verbessern.

Herstellungskosten summieren sich auf

Die Content-Produktion kostet Geld – intern wie extern. Je präziser Sie Ihre Workflows geplant haben, desto genauer können Sie die tatsächlichen Kosten pro Workflowschritt und damit pro Content Piece einschätzen. Gute Planungssoftware hilft Ihnen dabei, die Kosten für jeden einzelnen Handgriff und jeden einzelnen Beitrag direkt in der Redaktionsplanung zu hinterlegen – ist ja nur eine weitere Spalte in ihrer Excel-Tapete …

Budgetieren Sie auch Ihre Soda-Kosten. Versuchen Sie, nicht nur reale externe Kosten für Agenturleistungen, Freelancer und externe Nutzungsrechte zu summieren. Schätzen Sie auch den internen Aufwand ein. Das können Sie in Euro und Cent tun, wenn sie die Gehaltsstruktur im Kopf haben. Oder in Personenstunden. Jedenfalls: Bekommen Sie einen genauen Überblick über das, was Sie alles tun im Newsroom, der Redaktion, dem Information Hub, dem Command Center. Und bekommen Sie einen bedeutend klareren Überblick über sämtliche Kosten Ihrer Kommunikationsmaßnahmen (siehe beispielhafter Budgetplan in Tab. 1.6) – einen wirtschaftlichen Vorteil muss die Digitalisierung ja haben …

Tab. 1.6 Budgetplan für die digitale Kommunikationskampagne: Neubau Theater

Kategorie	Beschreibung	Kosten (in €)
1. Personal	• Projektleitung: Koordination der Kampagne, Stakeholder-Management • Content-Creation-Team: Texte, Social-Media-Posts, Videos, Fotografie • Social-Media-Manager: Planung, Veröffentlichung, Monitoring • Grafikdesign: Visuals, Animationen, Infografiken	30000

(Fortsetzung)

Tab. 1.6 (Fortsetzung)

2. Content-Produktion	• Videos/Imagefilme: Imagefilm und Kurz-Doku • Fotografie: Neubaufotos innen/außen, Eröffnungsfotos • Web-Content: Landing Page über das Theater • Social-Media-Inhalte: Kurzvideos, Grafiken, Story-Formate	45000
3. Digitale Kanäle und Werbung	• Paid Ads: Facebook, Instagram, LinkedIn, YouTube • Suchmaschinen-Marketing: Google Ads • Newsletter: Mehrstufige E-Mail-Kampagne	25000
4. Veranstaltungen und Interaktion	• Virtuelle 360°-Touren: Interaktive Tour des Neubaus • Livestream: Übertragung der Eröffnung • Social-Media-Interaktionen: Moderation, Q&A	25000
5. Monitoring und Evaluation	• Social-Media-Analyse: Reichweiten, Engagement, Konversionen • Berichterstellung: Zusammenfassung der Kampagnenergebnisse	5000
6. Unvorhergesehene Kosten	• Puffer für technische Probleme, Übersetzungen, Korrekturen	5000
Gesamt		135000

1.3 Wie interagieren wir?

Social heißt gesellig. Diesen Satz wiederhole ich in allen Social Media- und PR-Kursen, weil diese positiv unterstützende Geselligkeit für mich die *licence to operate für* alle Social-Media-Plattformen darstellt. Wir unterhalten uns im Netz als Menschen mit einer menschlichen Stimme, sagt das Cluetrain Manifesto. (Levine et al. 1999) Wir reden miteinander – und wollen uns in erster Linie nichts verkaufen. Als wir 2009 bei der Stadt Frankfurt am Main eine der ersten deutschsprachigen Verwaltungen im damaligen *Social* Web waren (ja, den Begriff kennen nur wir Altvorderen noch), hatten wir eine interne Mission: „Liebe Bürgerin, lieber Bürger: Wir wollen Deine Freundin sein!". Dafür haben wir kommuniziert – um Menschen freundschaftlich unter die Arme zu greifen, wenn etwas schiefgeht, höflich, aber bestimmt in der Verwaltung nachzuforschen, wenn ein Antrag länger liegen geblieben wart, zu helfen, wo wir konnten … Geselligkeit, die hilft, wo Hilfe nötig ist, ohne nach dem ROI (Return On Investment) zu fragen.

Wofür machen wir das Ganze? Für die Response, die aus Interaktionen entsteht. Die *Response* ist sowohl ein qualitatives als auch ein quantitatives Ziel unserer
Kommunikationsanstrengungen: Qualitativ – wir werden gesehen, wahrgenommen,
hoffentlich ernst genommen. Wir kommen ins Gespräch mit potenziellen Unterstützerinnen, mit wohlwollenden Stakeholdern und ertragsstarken Leads. Quantitativ – wir wollen das Feedback in seiner Bedeutung messen und es für ständige Verbesserungen nutzen. Es geht also um unterstützende Interaktion. Menschen kommunizieren als Menschen mit anderen Menschen. Kann also so schwer nicht sein.

1.3.1 Community Management

Qualifizierte Community Manager gesucht!

Der Bundesverband Community Management hat in seiner vierten Studie 2023 er-
nüchtert festgestellt, dass die spezielle Community an fachlich qualifizierten Community Managern ausgedünnt ist und die notwendigen Budgets pathologisch zu
niedrig sind – was eventuell miteinander zusammenhängen mag. Aber auch klare
Ziele und Prioritäten sind nicht überall gesetzt.

> **Strategie und Erfolgsmessung bleiben eine Baustelle.** Immer noch hat jede*r
> Fünfte keine Strategie für die Social-Media- beziehungsweise Community-Aktivitäten
> der Organisation. Und selbst bei denen, die eine Strategie haben, ist der Einfluss der
> Umsetzung auf den wirtschaftlichen Erfolg häufig nicht messbar. Auch an Mess-
> konzepten fehlt es häufig noch. Das ist und bleibt die aktuell größte Lücke der Bran-
> che. (Evertz und Evertz 2023, S. 5)

Also helfen wir mit einem kleinen Crashkurs ein bisschen nach. Erstens: Was ist
überhaupt eine Online-Community? Das erläutert uns die Betriebswirtin und Community Managerin Vivian Pein so: „Als Online-Community definiere ich eine virtuelle Gruppe von Menschen, die ein gemeinsames Interesse verbindet. Diese Gruppie-
rung ist dabei plattformunabhängig und wird durch den Austausch untereinander geprägt." (Pein 2020, S. 237) Plattformunabhängig – weil eine Plattform nur eine von
vielen Treffpunkten ist. Menschen sind auf viel mehr als einer Plattform aktiv und
vernetzen sich dort mit unterschiedlichen und neuen, aber eben auch mit altbekannten
Leuten, mit denen sie schon auf anderen Plattformen ausführlich quasseln.[11]
Engagement fördern: Zweitens: Eine lebendige Community lebt von der Interaktion ihrer Mitglieder – doch müssen Sie sie wie alles Lebendige füttern, anstupsen
und beatmen. Hören Sie als erstes in Ihre Community hinein, falls dort (hoffentlich!)

---

[11] Vivian Pein erläutert die wichtigsten Aufgaben guten Community Managements in ihrem
Handbuch *Der Social Media Manager.* (Pein 2020, S. 237).

nicht völlige Stille herrscht. Was treibt die Mitglieder um und an? Über welche Themen sprechen sie? Worüber freuen sie sich, und was ärgert sie? Und was hätten sie gerne von Ihnen und dem Unternehmen längst gewusst? Betreiben Sie kostenloses *Community Listening* – dafür brauchen Sie in der Regel nämlich keine Tools, Sie müssen nur regelmäßig in Ihr Postfach schauen. Neue Kommentare sollten dort landen. Antworten Sie höflich und transparent, dann entstehen sicherlich auch kleinere Dialoge zwischen Ihnen und einzelnen Usern. Gehen Sie auch auf aktuelle Trends und Branchenthemen ein – wobei ich aus leidvoller Erfahrung Politik, Religion, Tierwohl und die Frage nach *Apple* oder *Samsung* eher nicht stellen würde … Fordern Sie stattdessen die Mitglieder Ihrer Community auf, sich selbst zu beteiligen: mit eigenem Content, als Hilfe und Unterstützung für andere Community-Mitglieder, mit Umfragen, Drükos und Drukos.[12] Sie müssen aktiv Input geben, damit Ihre Community am Ball bleibt – und zwar regelmäßig, am besten täglich, wenn das für Sie möglich ist. Ansonsten schläft Ihre Community entweder ein oder verselbstständigt sich – was nicht in Ihrem strategischen Interesse liegen kann.

Drücken Sie Wertschätzung aus. Menschen sind dann gerne Teil einer Community, wenn sie sich beachtet wissen und geachtet fühlen. Antworten Sie also schnell und persönlich auf Fragen, Anmerkungen und Kritik. Sprechen Sie einzelne Mitglieder gerne persönlich an, wenn es passend erscheint. Eventuell entsteht ein fruchtbarer Dialog. Kommunizieren Sie nie „von oben herab" und nehmen Sie Ihre User immer ernst – auch, wenn sie einen Scherz machen. Schreiben und antworten Sie in dem Umgangston, in dem sich die Mitglieder miteinander unterhalten. Und bilden Sie eigene Netzwerke: Vernetzungen erhöhen den Nutzen für die Community insgesamt und für jedes einzelne Mitglied individuell. Alle sollen sehen, dass sich die Community untereinander hilft. Die Mitglieder engagieren sich in dem Wissen, Teil von etwas Besonderem zu sein.

Unterstützung und Hilfe

Eine freundliche Community bilden beispielsweise die Naturbeobachterinnen und -beobachter von NABU-naturgucker-beobachtungen.de. Naturbegeisterte Menschen laden dort eigene Fotos von Wildtieren und Greifvögeln, Pflanzen, Pilzen und Insekten auf das Meldeportal, die sie bei Streifzügen durch die Natur gemacht haben. Dabei müssen die Fotografinnen und Fotografen die Spezies nicht selbst erkennen: Die Community hilft bei der Artbestimmung und disku-

---

[12] Drüber- und Drunter-Kommentare: Teilen Sie ein kuratiertes Posting in Ihrem eigenen Feed, machen Sie ihn sich zu eigen. Diese Art von Interaktion ist als Empfehlung am höchsten zu bewerten – die Plattform wertet ihn auch als neuen eigenen Post. Drunterkommentare erhöhen hingegen die Interaktionsrate des Originalposts, haben aber eine etwas geringere Wertigkeit.

tiert auch über Lebensweisen und Ausbreitungen einzelner Arten. Die Citizen-
Science-Community hat durch freiwillige Meldungen bspw. die Ausbreitung
der Nosferatu-Spinne in Deutschland empirisch nachzeichnen können und
damit die Wissenschaft unterstützt. Dazu bot die Plattform Bestimmungshilfen
für ungeübte Freizeit-Arachnologinnen und -logen an (siehe (Wirth und Schulemann-Maier 2024)). ◄

Gehen Sie besondere Partnerschaften ein: Fragen Sie regelmäßig nach Ideen,
Verbesserungswünschen und fordern Sie Feedback ein. Geben Sie den Mitgliedern
Ihrer Community die Sicherheit, dass sie wichtig sind und ihre Meinung etwas zählt.
Achten Sie auf besonders engagierte Mitglieder und bedanken Sie sich bei ihnen, etwa
durch ein spezielles „Top Fan"-Badge. Machen Sie sie zu Co-Moderator:innen und
geben Sie Ihnen kleinere Aufgaben, um die Community mit unverbrauchten Ideen neu
zu beleben. Wer derart eingebunden wird, hat ein eigenes Interesse am Fortbestand der
Community. Markenbotschafter und Corporate Influencer werden sie dann von ganz
alleine …

1.3.2 Krisenprävention

Wenn die Communitys zurückschlagen. Eine besonders aufmerksamkeitsstarke
Form von Feedback ist der gefürchtete Shitstorm.[13] „When the shit hits the fan", ist
Gefahr im Verzug für Ihre Reputation. Sie müssen sich vorbereiten: Ein Shitstorm
kann Sie jederzeit umpusten, vor allem dann, wenn die Öffentlichkeit Sie ohnehin
für windig hält. „Allerdings reicht das Zusammentreffen von Personen mit radika-
len Ansichten allein nicht aus, um einen Shitstorm zu entfachen", sagt Christian
Stegbauer, der dazu ein Buch geschrieben hat: „hierzu ist ein Thema notwendig,
welches das Zeug hat, einen weiteren Kreis von Menschen anzusprechen." (Stegbauer 2018, S. 1) Das Thema also ist es, dass die Empörung der Menschen ent-
facht, nicht so sehr die kritische Zusammensetzung Ihrer Community. Daher der
banalste aller Ratschläge: Erarbeiten Sie sich ein Bewusstsein für die Themen, die
Krisenpotenzial in sich tragen oder tragen könnten. Das ist nicht einfach und es ge-
lingt leider nicht immer: Wenn wir jeweils vorher gewusst hätten, was genau das
Kritische ist, hätten wir ja alle Shitstorms souverän verhindern können … Das ist
das Schöne an einer Krise: Wenn wir sie kommen sehen und uns vorbereiten können, ist es keine mehr. Sie ist unangenehm und aufwändig – aber was wir managen
können, haben wir zumindest ein wenig in der Hand. (Kirf 2018, S. 23 f)

---

[13] Einige Insights zum Ablauf eines konkreten Shitstorms unter (Ille 2024).

Sammeln Sie Unterstützerinnen und Unterstützer.

Bereiten Sie sich also vor. Manche Shitstorms stürmen extrem schnell los und Ihnen bleibt kaum Zeit, Luft zu holen. Andere aber bauen sich schrittweise über einige Tage auf (siehe eigene Abb. 1.6). Dies gibt Ihnen gute Möglichkeiten, adäquat und klug zu reagieren und den Shitstorm besser zu managen. Sie haben ein paar Stunden mehr Zeit, um Ihre Website zu aktualisieren, Ihre FAQ auf den neuesten Stand zu bringen und überzeugende Antworten auf die kritischen Fragen zu finden, die den Shitstorm ausgelöst haben. Sortieren Sie diese Antworten ganz oben in Ihren FAQ ein und heben Sie sie zusätzlich hervor. Produzieren Sie kleine Erklärvideos, Schaubilder und Animationen, führen Sie Interviews mit den CEOs und wichtige Expert:innen aus ihrer Organisation – und üben Sie souveräne Antworten auf *Nasty Questions* ein. (Und hoffen Sie, dass es unter Woche passiert.)

Aktualisieren Sie Ihre Fragenkataloge. Externe FAQ auf der Website und interne Q&A-Listen für Mitarbeitende und Führungskräfte werden viel zu selten aktualisiert. In Krisensituationen müssen Sie schnell, entschlossen und effizient handeln – also lassen Sie sich von der KI bei der Aktualisierung dieser Unterlagen unterstützen. Schreiben Sie ein Briefing mit allen notwendigen Informationen für Ihre Kolleginnen und Kollegen und veröffentlichen Sie dieses im Intranet und versenden es intern an Ihre Stakeholder. Dann laden Sie es zusammen mit allen weiteren wichtigen öffentlichen Dokumenten zu diesem Thema ins Chatfenster Ihres KI-Assistenten zusammen mit folgendem möglichen Prompt:

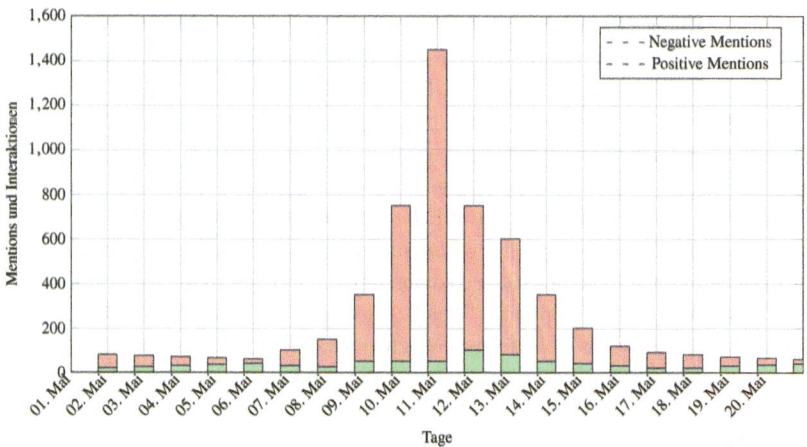

Abb. 1.6 Idealtypischer Verlauf eines Shitstorms: Mentions und Sentiment. (Eigene Darstellung)

Aktualisieren Sie Ihre FAQ mit KI-Hilfe

Wir haben eine Krisensituation zu folgendem Thema: (Thema hier einfügen). Bitte durchsuche alle Dokumente und versuche, Dir Fragen zu überlegen, die ein empörtes/trauerndes/sich betrogen fühlendes Publikum stellen könnte. Gib dann überzeugende, detailreiche, empathische Antworten, die unser Verständnis und Mitgefühl zeigen, basierend auf den neuesten Erkenntnissen zum Fall – allerdings ohne ein Schuldeingeständnis oder eine Schuldzuweisung zu formulieren. Aktualisiere dabei unsere FAQ, überprüfe die vorhandenen Fragen und Antworten und füge die neuen zusätzlich ein. Sortiere die FAQ sinnvoll mit den drängendsten Antworten zum Krisenfall an oberer Stelle. ◄

Stocken Sie kurzfristig Ihr Community Management auf. Sie brauchen für ein paar Tage personelle Unterstützung. Gehen Sie eventuell eine Kooperation mit einer Agentur ein, die sich verpflichtet, Ihnen innerhalb von 36 Stunden zwei Community Manager auszuleihen. Schulen Sie diese rechtzeitig und umfassend in Ihren Themen und Issues. Im Shitstorm reicht ein umfangreicher Q&A oft aus, aber Hintergründe und fachliche Expertisen sind selbstredend nicht verboten. Je tiefer die externen Community Manager in Ihren Themen geschult sind, desto einfacher können sie empörte User beruhigen. Behalten Sie auf alle Fälle die Nerven: Shitstorms sind in aller Regel überzogene Stürme im Wasserglas und nach einer Woche oder zehn Tagen wieder Schnee von gestern.

Berechnen Sie Ihre Reportings neu. Ein Shitstorm ist ein Ereignis, bei dem die wichtigsten Ihrer KPI in kurzer Zeit übererfüllt werden: Großartige Interaktionsraten in kurzer Zeit, endlich mal vernünftige Zugriffsraten auf Ihre Website und Interesse an Ihren FAQ, die *Share of Voice* lässt Ihre Marktbegleiter kurz alt aussehen – alles grün, gut gemacht! Im nächsten Quartal sind alle Werte wieder auf Normalmaß – und damit im Vergleich tief im roten Bereich. Minus 90 Prozentpunkte bei wichtigen KPI sind die Regel – sind es deutlich weniger, war der Shitstorm nur ein Lüftchen. . .

Machen Sie sich einen Reim auf die Daten. Dieser außergewöhnliche Peak verwässert nun alle Ihre Reportings – Sie müssen ihn also jedes Mal herausrechnen, obwohl er durchaus Nachwirkungen hat und im *longtail* langfristig für Traffic sorgt. Und das macht es so kompliziert: Welche Aussagekraft hat eine um 10% erhöhte Zugriffszahl auf unsere Website zwei Wochen nach dem Shitstorm oder sechs Wochen danach? Lag es an unserer zwischenzeitlich guten Arbeit – oder noch an unserer kritisierten? Am einfachsten sind Kommentare oder Postings einzuordnen, wenn sie einen Hinweis auf die Krise enthalten, auf die sie reagieren. Aber alle Interaktionen, die ohne diesen direkten Hinweis auskommen, bleiben letztlich unserer Spekulation überlassen.

Flood the zone with facts: Fluten Sie das Netz mit vielen positiven Inhalten über sich – nicht unkritischen Lobeshymnen und Hagiografien Ihrer Geschäftsführung logischerweise, sondern Statements, kleinen Storys über den Alltag im Unternehmen, Filmen über Ihre Lieferkette, Fotos aus der Produktion, Richtigstellungen etc. Denn daran fehlt es oft. Es gibt Unternehmen, die sehr kritisch beäugt werden und über die Sie viel Negatives im Netz finden – nicht alles stimmt, einiges ist maßlos übertrieben und manches nur partiell korrekt. Von den Unternehmen selbst kommt aber (zu) wenig an Gegenbeispielen: Echte Falschmeldungen (oft in Form von Memes) werden nicht richtiggestellt, Halbwahrheiten nicht geprüft und in Krisenfällen keine nachvollziehbare, empathische und vor allem selbstkritische Haltung gezeigt. Wenn es die Eiche nicht juckt, dass sich das Wildschein an ihr kratzt, dann mag diese Haltung resilient aussehen – langfristig führt sie aber zu einem Ungleichgewicht an Mentions: 100 negativen Beiträgen stehen dann lächerliche drei Richtigstellungen gegenüber, bei 1000 Beschimpfungen sind die 7 gutgemeinten Unternehmensstatements nur noch im Promillebereich messbar. Bei uns, dem Publikum, muss zwangsläufig die trügerische Einsicht reifen, dass an den vielen negativen Bewertungen doch etwas dran sein muss … Definieren Sie also auch hier ein Ziel: Gegenhalten mit überzeugendem Content, gerne von unabhängigen Dritten erstellt, um noch glaubwürdiger zu sein.[14]

1.3.3 Feedback erhalten und messen

Wie messen Sie Kundenfeedback? Das Nützliche an Digitaler Kommunikation: Sie bekommen alle Zahlen, die Sie haben möchten – und manchmal auch viel zu viele. Sie können Kundenfeedback quantifizieren durch gängige Kennzahlen wie den Kundenaufwandsindex CES, die Kundenzufriedenheit CSAT und die Weiterempfehlungsrate NPS – aber verzetteln Sie sich nicht. Mit diesen drei KPI[15] sind Sie gut gerüstet. Wichtiger als das penible und umfassende Messen des Feedbacks ist es, schon aus wenigen Rückmeldungen viel zu lernen. Aktualisieren Sie schon bei den ersten kleineren Hinweisen Ihre veralteten Produktbeschreibungen und gehen Sie gleich bei den ersten ne-

---

[14] Agenturinhaber Giovanni Bruno wirft noch einen technischen Aspekt in Bezug auf Cyberattacken in die Diskussion: „So sollte das Unternehmen beständig dafür sorgen, dass möglichst viele positive Inhalte im Netz abrufbar sind, die besonders aufgrund der Fülle, Präsenz und Qualität von kriminellen Angreifern umso schwieriger zu unterwandern sind." (Bruno 2019, S. 112).

[15] Die deutschen Begriffe sind im Detail unpräzise, daher verwenden wir im Folgenden die gängigeren internationalen.

gativen Rückmeldungen dem Grund dafür – nunja, auf den Grund. Nutzen Sie die CX-Pyramide: Dann können Sie kritisches Feedback in lebenslange Kundenbeziehungen ummünzen – Schritt für Schritt.

- **Customer Effort Score (CES):** Umfrage, wie unkompliziert eine bestimmte Interaktion mit dem Unternehmen aus Sicht der Kunden war.
- **Customer Satisfaction (CSAT):** Umfrage: „Wie bewerten Sie Ihre Gesamtzufriedenheit mit der erhaltenen Dienstleistung?" von 1 bis 5.
- **Net Promoter Score (NPS):** Inwiefern würden Konsumenten ein Produkt oder eine Dienstleistung weiterempfehlen?
- Die **CX Pyramide** stellt die wesentlichen Kennzahlen zur Kundenzufriedenheit dar, mit denen Sie dann das Kundenfeedback messen können.

CES: Wie angenehm machen Sie es Ihren Kunden?

Keep it small and simple. Kundinnen und Kunden bevorzugen Marken, die Prozesse einfach und effizient gestalten – jeder unnötige Klick ärgert, jeder Ladebalken nervt, zu viele Eingabefelder sind ein Grund, auf Nimmerwiedersehen wegzuswipen. Der Customer Effort Score (CES) misst daher, wie *einfach* eine bestimmte Interaktion mit Ihnen für Ihre Kundinnen und Kunden war. Wie viel Aufwand müssen Ihre Kunden betreiben, um etwas zu kaufen, profunde Antworten auf ihre Fragen zu erhalten oder ihr Problem gelöst zu bekommen? Dazu fragen Sie Ihre Kunden unmittelbar nach einer Interaktion ganz offenherzig: „Wie einfach war es für Sie, Ihr Anliegen zu lösen?" oder „Wie viel Aufwand mussten Sie betreiben, um (hier die Aktion eintragen) abzuschließen?" Geben Sie die Antwortmöglichkeiten als Skala vor von 1 (sehr geringer Aufwand) bis 7 (sehr hoher Aufwand) – oder fragen Sie nach der Zustimmung Ihrer Kunden mit einer Likert-Skala von „stimme voll zu" bis „stimme überhaupt nicht zu".

Sie können dazu E-Mail-Feedback einholen, App-Benachrichtigungen nutzen oder Feedback-Widgets auf Ihre Website einbinden. Je kleiner der CES-Wert, desto friktionsloser die Kundenerfahrung. Wenn Sie konkrete Rückmeldungen erhalten, können Sie direkt optimieren. Beispiel: Die Support-Kontaktmöglichkeiten sind zu kompliziert! Dann führen Sie einen Live-Chat oder eine FAQ-Funktion ein, die von einer KI unterstützt wird. Reduzieren Sie die Schritte, die Kunden für die Kontaktaufnahme benötigen, und schulen Sie Ihre Support-Mitarbeiter nochmal, damit diese alle Anfragen ein weiteres Stück effizienter lösen können.

CSAT und NPS: Wie zufrieden sind Ihre Kunden?

Wie zufrieden sind Ihre Kunden? Der Messwert Customer Satisfaction (CSAT) geht in eine ähnliche Richtung wie der CES. Allerdings messen Sie nun, wie zu-

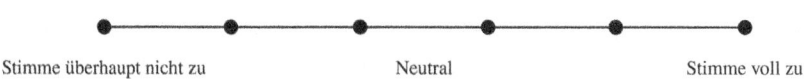

Stimme überhaupt nicht zu   Neutral   Stimme voll zu

Abb. 1.7 Beispiel Likert-Skala (Eigene Darstellung)

frieden Kunden mit Ihrem Produkt, Ihrem Service oder Ihrer Kommunikation sind – letztlich ein Maß dafür, ob Sie die Erwartungen der Kunden erfüllt oder sogar übertroffen haben. Nur zufriedene Kunden bleiben Ihnen langfristig erhalten und empfehlen Sie weiter. Der CSAT ist damit ein wichtiger Messfühler für Ihren langfristigen Erfolg. Stellen Sie dazu erneut eine Frage mit einer Likert-Skala (siehe eigene Darstellung in Abb. 1.7) und werten Sie sie automatisiert aus, etwa: „Wie zufrieden sind Sie mit unserer Dienstleistung?" Geben Sie Ihren Kunden eine Skala mit Antwortmöglichkeiten entweder von 1 bis 5 (sehr unzufrieden bis sehr zufrieden) oder von 0 bis 10 (sehr schlecht bis hervorragend) vor. Sie erhalten dann durch eine simple Division den Prozentsatz zufriedener Kundinnen und Kunden.

$$CSAT = \frac{Anzahl\ positiver\ Bewertungen\ (z.\,B.\,4\ und\ 5)}{Gesamtanzahl\ der\ Antworten} \times 100$$

Schalten Sie dazu direkt nach einem Service-Chat oder einer Transaktion Online-Tools wie *Google Forms* oder *SurveyMonkey* oder Plattformen wie *Zendesk*, *HubSpot* oder *Qualtrics* auf und interpretieren Sie die Ergebnisse: Hohe CSAT-Werte erhöhen die Wahrscheinlichkeit, dass Ihre Kundinnen und Kunden loyal bleiben und Ihr Angebot weiterempfehlen. Bei niedrigen Werten müssen Sie auf die Suche gehen: Sind Ihre Prozesse eventuell ineffizient, Ihr Support uncharmant oder sind Ihre Produkte altbacken? Holen Sie *Feedback* von Ihren Kundinnen und Kunden ein und vergleichen Sie Ihre CSAT-Werte mit denen Ihrer Mitbewerber, falls diese zugänglich sind.

Net Promoter Score: Wie viele Kunden empfehlen Sie weiter?
Empfehlen Sie Ihren Arzt oder Apotheker. Auch dieses Feedback können Sie mit einer Umfrage messen, als Ergebnis erhalten Sie den *Net Promoter Score (NPS)*[16]. Die Frage hierzu lautet in etwa so: „Wie wahrscheinlich ist es, dass Sie dieses Buch einem Freund oder einer Kollegin weiterempfehlen?" Die Antworten las-

---

[16] Der NPS wurde 2003 von Fred Reichheld entwickelt und wird häufig als Standardmaß für die Kundenbindung verwendet. Mehr bei (Van Riet und Kirsch 2010).

sen Ihre Kunden wieder – Sie kennen das schon – auf einer Skala von 0 (sehr un-
wahrscheinlich) bis 10 (sehr wahrscheinlich) eintragen. Die Auswertung ist ebenso
einfach wie aussagekräftig:

• Kunden, die mit 9 oder 10 antworten, sind Ihre *Promotoren*. Diese begeisterten
  Kunden empfehlen Ihr Angebot aktiv weiter und tragen positiv zu Ihrer Reputation bei.
• Kunden, die 7 oder 8 wählen, sind *Indifferente*. Sie sind durchaus zufrieden, aber
  nicht ausreichend begeistert – und werden Sie nur schwerlich weiterempfehlen.
• Alle Menschen, die mit Zahlen von der 6 abwärts bis runter zur Null antworten,
  sind *Detraktoren* – ein durchaus vornehmer Begriff für diese unzufriedenen Kunden. Einige von ihnen sprechen eventuell negativ über Ihre Leistungen – versuchen
  Sie also, mit diesen Kritikern in ein freundliches Gespräch zu kommen. Eine negative Bewertung bei *Google*, *jameda*, *TripAdvisor* oder *golocal* können Sie so eventuell aus der Welt schaffen.

Subtrahieren Sie die Kritiker einfach. Ihren Net Promoter Score können Sie berechnen, indem Sie einfach den prozentualen Anteil der Kritiker von dem der Promotoren abziehen. Das Ziel ist selbstverständlich ein hoher Score – aber Vorsicht: Was als
„hoch" gilt, hängt stark von Ihrer Branche ab. Beispielsweise erzielen Softwarefirmen
oft NPS-Werte im Bereich von 30 bis 50, während der Einzelhandel teils deutlich
niedrigere Werte erhält.[17]
Spezialisierte Tools wie *Delighted*, *Qualtrics*, *AskNicely*, *Satmetrix* oder *Zendesk*
helfen Ihnen, den NPS effizient zu erheben und zu analysieren. Auch viele CRM-Sys-
teme wie *HubSpot*, *Salesforce* und *Pipedrive* haben diese Funktionalität integriert. Für
kleinere Projekte kann sogar ein einfaches Tabellenkalkulationsprogramm aus-
reichen – messen Sie den NPS jedenfalls regelmäßig und gleichen Sie ihn mit Ihren
Zielen ab.

CX-Pyramide: Wie bauen Sie positive Kundenerlebnisse systematisch auf?

Von Stufe zu Stufe kundenfreundlicher. Ein grafisches Modell, aus dem Sie einzelne
KPI ableiten können, ist die *Customer Experience Pyramide*. Sie ist eine Anleitung für
Sie, um Ihre Kundinnen und Kunden zu positiven Kundenerlebnissen zu führen (siehe

---

[17] Die Universität Bamberg stellt eine übersichtliche Präsentation zu einer eigenen NPS-
Studie bereit, die allerdings aus dem Jahr 2013 stammt. Mehr bei (defacto research & consulting GmbH und Otto-Friedrichs-Universität Bamberg, 2013). Einen Online-Rechner für
die NPS-Auswertung Ihrer Branche bietet (Reichheld o. D.).

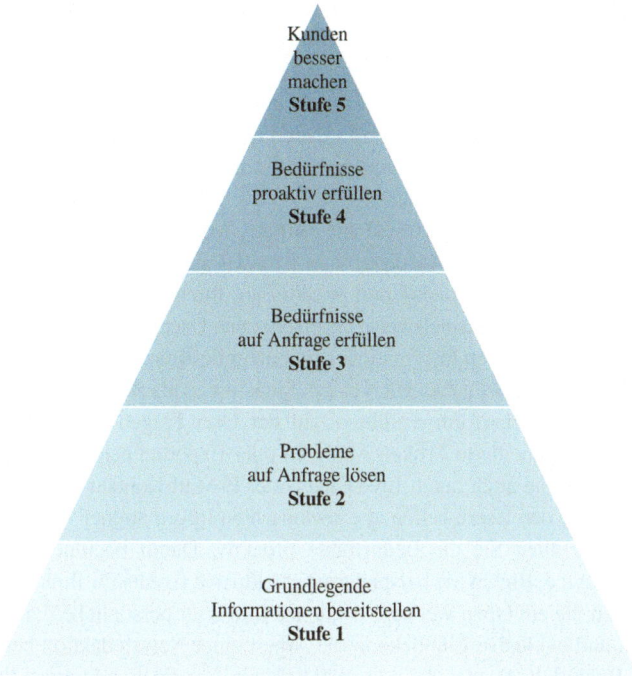

Abb. 1.8 CX-Pyramide (Eigene Darstellung)

eigene Abb. 1.8). Die CX-Pyramide basiert auf der Idee, dass Sie die Kundenerfahrung in verschiedenen Stufen verbessern können. Jede Stufe baut dazu auf der vorherigen auf. Die Pyramide misst und priorisiert, welche Aspekte der Kundenerfahrung verbessert werden müssen, um die Kundenbindung und -loyalität zu steigern. Nehmen wir als Beispiel: *Sie!* Sie und Ihre serviceorientierte Redaktion.

- **Stufe 1:** Stellen Sie grundlegende Informationen bereit, die die Erwartungen Ihrer User erfüllen. Sie sorgen auf Ihrer Nachrichtenplattform dafür, dass Ihre Inhalte aktuell und korrekt sind. Ihre Website und Ihre App sind benutzerfreundlich, schnell und gut strukturiert. Die User können problemlos auf alle Informationen zugreifen, die sie benötigen. Die Kundentreue steigt und Sie erhalten mehr Weiterempfehlungen. In dieser ersten Stufe müssen Sie alle Störfaktoren beseitigen, die einer besseren Kundenerfahrung im Weg stehen.

- **Stufe 2:** Lösen Sie Probleme, wenn Sie dazu aufgefordert werden. Ihre User könnten sich beispielsweise von der Menge an Nachrichten überfordert fühlen. Sie wissen oft nicht, welche Quellen vertrauenswürdig sind und welche Themen für sie relevant sind. Sie als Redaktion könnten personalisierte Newsfeeds oder Empfehlungen anbieten; so sehen die User nur für sie relevante Nachrichten. Ihre Kundinnen und Kunden möchten eine gut kuratierte Nachrichtenauswahl, Sie stellen sie sinnvoll zusammen.
- **Stufe 3:** Erfüllen Sie Bedürfnisse auf Anfrage. Auf dieser Stufe adressieren Sie spezifische Wünsche und Anfragen Ihrer Kunden. Einfach ein Problem zu lösen, reicht nicht mehr – Sie bieten nun proaktiv an, Ihren Kunden das Leben etwas leichter zu machen. Beispielsweise haben einzelne User spezielle Fragen oder suchen nach tiefgehenden Informationen zu einem bestimmten Thema, die nicht in einem Standardartikel behandelt werden. Sie könnten als Redaktion eine „Fragen und Antworten"-Plattform einführen, auf der User Fragen stellen können und Ihnen maßgeschneiderte Artikel, Analysen oder Expertenmeinungen ausspielen. Dies könnten Sie auch durch Live-Chats oder E-Mail-Kontakt mit Redakteuren umsetzen, die den Usern helfen, die gewünschten Informationen zu finden.
- **Stufe 4:** Erfüllen Sie die Bedürfnisse proaktiv. Damit beginnt vorbildlicher Kundenservice. Bieten Sie beispielsweise exklusive Events für Ihre User an: Organisieren Sie ein Open Webinar, bei denen Ihre User persönliche Fragen stellen können und exklusive Einblicke in die Arbeit einer Newsredaktion bekommen. Etwa „Behind the Scenes: So recherchieren wir investigative Storys." Laden Sie die Teilnehmerinnen und Teilnehmer in eine exklusive Leser:innen-Community ein und regen Sie dort zu Diskussionen an.
- **Stufe 5:** In dieser Stufe machen Sie Ihre Kunden besser, sicherer oder mächtiger. Vermitteln Sie tiefgründiges Hintergrundwissen statt schneller News. Bieten Sie tiefgehende Analysen und Erklärstücke, die es Ihren Usern ermöglichen, komplexe Themen zu durchdringen: Interaktive Dossiers zu Klimawandel oder Steuerpolitik beispielsweise. Liefern Sie ein Fact-Checking-Tool mit und entwickeln Sie Plattformen, auf denen Leserinnen und Leser Petitionen starten, Stellungnahmen verfassen oder die Politik mitgestalten können: „Ihre Stimme zählt: Reichen Sie Ihre Fragen für das nächste Interview mit Politikern ein."

Beispiel-Prompt für KI

Du bist eine kommunikationsverantwortliche Person bei einer Verkehrsbehörde in einer Großstadt. Dein Ziel ist es, eine Kommunikationsstrategie für ältere und mobilitätseingeschränkte Bürgerinnen und Bürger für die nächsten 6 Monate zu entwickeln. Du möchtest dabei die CX-Pyramide als Modell nutzen, um positive Erlebnisse zu schaffen und Barrieren abzubauen. Entwickle eine umfassende Kommunikationsstrategie basierend auf den 5 Stufen der CX-Pyramide.

- Stufe 1: Welche grundlegenden Informationen müssen bereitgestellt werden, um Hindernisse für diese Zielgruppe abzubauen?
- Stufe 2: Wie kann die Behörde schnell auf Probleme dieser Zielgruppe reagieren?
- Stufe 3: Wie können individuelle Bedürfnisse adressiert werden?
- Stufe 4: Wie können Maßnahmen proaktiv gestaltet werden, um die Zielgruppe zu unterstützen?
- Stufe 5: Wie kann die Behörde diese Zielgruppe befähigen, sich sicherer, unabhängiger und besser informiert zu fühlen?

Bitte gehe für jede Stufe konkret auf Kommunikationsmaßnahmen, relevante Kanäle und mögliche KPI zur Erfolgsmessung ein. Berücksichtige digitale und analoge Kommunikationswege sowie Barrierefreiheit. ◄

1.4 PERSONEN

People are people, so why should it be?
You and I should get along so awfully *Depeche Mode*

Menschen kommunizieren mit Menschen. Und das macht die Aufgabe so spannend, so lehrreich – und so voller Fallstricke. Menschen ticken, wie sie ticken, und mögen, was sie mögen. Zum Glück verstehen wir heute vieles relativ genau und können daraus unsere Schlüsse ziehen. Wir können Stakeholder mappen und Zielgruppen an ihrem Smartphone erkennen, können die Aktivitäten und Interessen einzelner Menschen in einen größeren Zusammenhang stellen und daraus Charakterstudien bilden, die wir Persona nennen, um unsere Kommunikationsmaßnahmen zielgenau und im richtigen Moment auf diesen einzelnen Menschen abzustimmen.

Menschen kommunizieren für Menschen. Und auch in den Redaktionen zeigen wir uns individuell, mit Stärken und Schwächen, Vorlieben und Leidenschaften, haben genaue Rollen für exakt umschriebene Aufgaben – und müssen auch dort miteinander sprechen, um bessere Ergebnisse zu erzielen. Weniger Biene, mehr Biber, weniger Eichhörnchen, mehr Schmetterling. Weil die digitale Transformation vorerst weiter gehen wird und uns jeden Tag neue Aufgaben vor die Füße wirft.

Und Menschen kommunizieren als Menschen. Mit anderen Menschen. Mit allen Schwierigkeiten, denen wir begegnen müssen. Wir haben über freundliche und unterstützende Communitys gesprochen, die einen echten Wertbeitrag liefern. Wertbeiträge, die wir hie und da messen können, was das Hilfreiche ist an Digitaler Kommunikation. Wir haben über Krisen und Shitstorms gesprochen, was das Nervtötende ist an Digitaler Kommunikation. Die viel größeren, echten Probleme mit *Hate Speech* und *Cyberbullying*, *Cyber Grooming* und *Deep Fakes*, *Alternative Facts* und hetzerischer Lügenpropaganda bis hinauf in die Weltpolitik werden wir in diesem Buch allerdings nicht anfassen können. Das ist nicht sein Ziel. Schauen wir lieber auf die erreichbaren Ziele.

Literatur

Banholzer, V. M. (2020). Künstliche Intelligenz als Treiber der Veränderung in der Unternehmenskommunikation 4.0? KI-Anwendungen als Lösung für Probleme der Kontingenz und Komplexität. IKOM WP 1/2020.

Behrens, L., Moss, C., und Sadrowski, M. (2016). Der journalistische Newsroom als Blaupause für die Unternehmenskommunikation. In Moss, C., Herausgeber, Der Newsroom in der Unternehmenskommunikation. Wie sich Themen effizient steuern lassen, Seiten 19–34. Springer Fachmedien Wiesbaden, Wiesbaden.

Bruhn, M. (2019). Kommunikationspolitik. Vahlen, München, 9. Auflage.

Bruno, G. (2019). Digitaler Angriff auf die Reputation. Social Bots, Trolle & Co.: Reale Online-Gefahr in der crossmedialen Cyberwelt. In Professionelle Krisenkommunikation. Basiswissen, Impulse und Handlungsempfehlungen für die Praxis, Seiten 105–115. Springer Fachmedien Wiesbaden GmbH, Wiesbaden.

Bundesverwaltungsamt (2022). 4.19 Eisenhower Matrix. Onlineressource unter https://www.orghandbuch.de/Webs/OHB/DE/OrganisationshandbuchNEU/4_MethodenUnd-Techniken/Methoden_A_bis_Z/Eisenhower_Matrix/Eisenhower_Matrix_node.html, abgerufen am 3.1.2025.

defacto research & consulting GmbH und Otto-Friedrichs Universität Bamberg (2013). Net Promoter Score Ranking. Präsentation online abrufbar unter https://www.uni-bamberg.de/fileadmin/bwl-marketing/Download/20130418_Eigenstudie_Net_Promoter_Score_2013.pdf, abgerufen am 3.1.2025.

Duddeck, J. (2025). ”Wie steht's, Brudi?: Diese App soll Schiedsrichtern im Amateurbereich helfen. Onlineartikel im kicker unter https://www.kicker.de/wie-stehts-brudi-diese-app-soll-schiedsrichtern-im-amateurbereich-helfen-1078885/artikel, abgerufen am 26.1.2025.

Evertz, K. und Evertz, S. (2023). Social Media und Community Management – BVCM-Studie 2023. Onlineressource unter https://www.bvcm.org/studie/, abgerufen am 8.1.2025.

GIM Gesellschaft für Innovative Marktforschung (2022). Digital Media Types. Ausführlichere Typologie auf https://www.digital-media-types.de/de/typen.html.

Goleman, D. (1996). Emotional Intelligence: Why It Can Matter More Than IQ. Bloomsbury Publishing, London.

Haustein-Teßmer, O. (2024). Digitaler Erfolg im Lokaljournalismus. Leitfaden für Praxis und Ausbildung. Springer Fachmedien Wiesbaden GmbH, Wiesbaden.

Heine, C. (2022). Blogging für Profis: Sachinfo-Serviervorschläge. Content Hacks to go 2. Selbstverlag.

Häusel, H.-G. (2011). Die wissenschaftliche Fundierung des Limbic® Ansatzes. Online-Paper abrufbar unter https://www.haeusel.com/wp-content/uploads/2016/03/wiss_fundierung_limbic_ansatz.pdf, abgerufen am 15.1.2024.

Häusel, H.-G. (2019). Think Limbic! Die Macht des Unbewussten nutzen für Management und Verkauf. Haufe-Lexware GmbH, Freiburg, 6. Auflage.

Ille, H. (2024). Widersprüchliche KPI im Online-Marketing. Website. Online erhältlich unter https://t2informatik.de/blog/widerspruechliche-kpi-online-marketing/, abgerufen am 30.12.2024.

Kanning, U. P. (2021). Warum die Bedürfnispyramide nicht funktioniert. Onlineressource unter https://www.haufe.de/personal/hr-management/kolumne-warum-die-beduerfnispyramide-nicht-funktioniert_80_549052.html, abgerufen am 4.1.2025.

Kirf, B. (2018). Unternehmenskommunikation in Zeiten digitaler Transformation. In Kirf, B., Eicke, K.-N., und Schömburg, S., Herausgeber, Unternehmenskommunikation in Zeiten digitaler Transformation. Wie Unternehmen interne und externe Stakeholder heute und in Zukunft erreichen, Seiten 1–54. Springer Fachmedien Wiesbaden GmbH, Wiesbaden.

Krogerus, M. und Tschäppeler, R. (2023). The Decision Book. 50 Models for Strategic Thinking. Profile Books.

Lange, M. (2017). Die SCOM Präsentation "Content Maturity Matrix". Website. Online abrufbar unter https://scompler.com/cmm/, abgerufen am 29.12.2024.

Lange, M. (2019). Acht Content-Marketing-Kollegen, die alle anders ticken (und wie sie zu einem echten Team werden). Website. Onlineressource unter https://scompler.com/acht-content-marketing-typen/, abgerufen am 26.12.2024.

Lange, M. (2023). Das Delfin-Prinzip als Schlüssel für Content-Transformation. Website. Onlineressource unter https://scompler.com/delfin/, abgerufen am 26.12.2024.

Levine, R., Locke, C., Searls, D., und Weinberger, D. (1999). Das Cluetrain Manifesto. Website. Deutsche Fassung unter https://www.cluetrain.com/auf-deutsch.html, abgerufen am 12.1.2025.

Löffler, M. und van Tübbergen, C. (2023). Content 360 Grad. Das Praxishandbuch für Content-Strategie & Content-Marketing. Rheinwerk Verlag, Bonn.

Mast, C. (2019). Unternehmenskommunikation. UVK Verlag, München.

Meier, K. (2012). Unter Strom: Der Newsroom. Onlineressource unter https://www.bpb.de/themen/medien-journalismus/lokaljournalismus/151607/unter-strom-der-newsroom/, abgerufen am 26.12.2024.

Mollenkopf, A., Feuerstein, S., Eckert, M., Handel, M., und Winkler, V. (2024). Medien und Lebenswelten als strategisches Instrument: Die Digital Media Types. Media Perspektiven 4/2024, Seiten 1–11. https://www.ard-media.de/media-perspektiven/publikationsarchiv/2023/detailseite-2023/dmt-digital-media-typoes.

Moss, C. (2016). Themenorientierte Steuerung: Das Newsroom-Modell in der Unternehmenskommunikation. In Moss, C., Herausgeber, Der Newsroom in der Unternehmenskommunikation, Seiten 35–58. Springer Fachmedien Wiesbaden, Wiesbaden.

Pearson, V. und Culver, C. (2016). Writing a communications strategy. Onlineressource unter https://www.ox.ac.uk/sites/files/oxford/media_wysiwyg/Writing%20a%20communications%20strategy%20%2818.02.16%29.pdf, abgerufen am 23.12.2024.

Pein, V. (2020). Social Media Manager. Das Handbuch für Ausbildung und Beruf. Rheinwerk Verlag, 4. Auflage.

Pentland, A. (2012). The New Science of Building Great Teams. The chemistry of high-performing groups is no longer a mystery. Harvard Business Review, Seiten 2–11. Artikel in der Harvard Business Review erreichbar über https://globalioc.com/wp-content/uploads/2019/01/The-New-Science-of-Team-Building.pdf, abgerufen am 12.1.2025.

Pfannenberg, J., Tessmer, A., und Wecker, M. (2019). Die Kommunikationsstrategie entwickeln. 111 Tools ready-to-use. Schäfer-Poeschel Verlag für Wirtschaft, Steuern, Recht GmbH, Stuttgart.

Reichheld, F. (o. D.). Net Promoter Score®-Benchmarks. Onlineressource erreichbar unter https://delighted.com/de/nps-benchmarks, abgerufen am 3.1.2025.

Reitz, M. (2017). Das Denken Pierre Bourdieus im 21. Jahrhundert. Noch feinere Unterschiede? Hörfunkbeitrag des Deutschlandfunks. https://www.deutschlandfunk.de/das-denken-pierre-bourdieus-im-21-jahrhundert-noch-feinere-100.html, abgerufen am 15.1.2025.

Rogers, E. M., Singhal, A., und Quinlan, M. M. (2019). Diffusion of Innovations. In Stacks, D. W., Salwen, M. B., und Eichhorn, K. C., Herausgeber, An Integrated Approach to Communication Theory and Research. Routledge, New York, 3. Auflage.

Schindler, M. C. (2020). Die 4 Handlungsfelder des Newsrooms und alles, was Sie dazu wissen müssen. Onlineressource unter https://www.mcschindler.com/die-4-handlungsfelder-des-newsrooms-und-alles-was-sie-dazu-wissen-muessen/. Abgerufen am 26.12.2024.

Sinus Institut (2024). Sinus-Milieus® Deutschland. Onlineressource unter https://www.sinus-institut.de/sinus-milieus/sinus-milieus-deutschland, abgerufen am 22.12.2024.

Stegbauer, C. (2018). Shitstorms. Der Zusammenprall digitaler Kulturen. Springer Fachmedien GmbH, Wiesbaden.

Tinç, T. (2024). App für den Sport: Wie steht's Brudi? https://www.fr.de/frankfurt/app-fuer-den-sport-wie-steht-brudi-92418680.html.

Van Riet, J. und Kirsch, M. (2010). Konzeption und Nutzung des Net Promoter® Score. In Greve, G. und Benning-Rohnke, E., Herausgeber, Kundenorientierte Unternehmensführung: Konzept und Anwendung des Net Promoter® Score in der Praxis, Seiten 35–83. Gabler, Wiesbaden.

Winter, T. (2015). Maslow's Hierarchy: Separating Fact From Fiction. Onlineressource unter https://www.td.org/content/atd-blog/maslows-hierarchy-separating-fact-from-fiction, abgerufen am 4.1.2025.

Wirth, A. und Schulemann-Maier, G. (2024). Updated distribution of Zoropsis spinimana (Dufour, 1820; Araneae: Zoropsidae) in Germany and novel insights into its ecology based on a citizen science survey.

Zerfaß, A. und Volk, S. C. (2019). Toolbox Kommunikationsmanagement. Denkwerkzeuge und Methoden für die Steuerung der Unternehmenskommunikation. Springer Fachmedien GmbH.

ORIENTIERUNG

2

Zusammenfassung

Analysieren Sie, wo Sie stehen und leiten Sie daraus ab, wo Sie kommunikativ hin-
möchten. Vermutlich fragen Sie sich: Wozu?, und damit sind Sie auf dem richtigen
Weg. Finden Sie Ihre Core Story und die Botschaften und Themen, mit denen Sie
sie erzählen. Kleiden Sie die Themen dann in faszinierende eigene Storys oder lassen Sie sie von Influencer:innen verbreiten – mit klaren Zielgrößen, mit denen Sie
diese Ziele quantifizieren.

Was sind Objectives? Objectives sind die Ziele, die Ihnen Ihre *Richtung* vorgeben.
Was wollen Sie *wirklich* tun? Wo wollen Sie *wirklich* hin? Worauf legen Sie Ihren
Fokus, weil es für Sie eine echte Bedeutung hat? Und: Wollen Sie diese Ziele auch tatsächlich erreichen? Charlene Li und Josh Bernoff, Modelliererin und Modellierer des
POST-Modells, haben grundlegende Ziele für digitale Kommunikationsstrategien definiert, die Sie sich einmal anschauen können, falls Sie das erste Kapitel überblättert
haben sollten ... (Li und Bernoff 2011, S. 68 f):

- *Zuhören:* Die erste Regel, um Ihre Kommunikationsziele zu definieren: Hören Sie
  hin, hören Sie zu, hören Sie rein in Ihre Zielgruppen. Worüber sprechen sie, wenn
  sie über Sie sprechen? Sprechen sie überhaupt über Sie? Märkte sind Gespräche,
  und hin und wieder sind Sie der *talk of the town* auf dem Marktplatz. Ihr Redaktionsplan füllt sich fast von selbst, wenn Sie auf jede Frage oder jeden Hinweis aus der
  Community reagieren. (Okay, nicht jede natürlich – aber auf die relevanten und
  wichtigen).

© Der/die Autor(en), exklusiv lizenziert an Springer Fachmedien Wiesbaden   51
GmbH, ein Teil von Springer Nature 2025
H. Ille, *Digitale Kommunikationsstrategien*, Journalistische Praxis,
https://doi.org/10.1007/978-3-658-47712-7_2

- *Sprechen:* Und dann antworten Sie. Auch, wenn Sie niemand zuvor gefragt hat: Plappern Sie drauflos. Sie werden nur gehört, wenn Sie sich äußern. Günstiger, nahbarer und reziproker als eine Paid Ad-Kampagne ist es allemal. Oder schaltet Ihre Zielgruppe ebenfalls Ads, die Sie wegklicken? Erzählen Sie, was in Ihrer Organisation passiert, welche Ideen Sie umsetzen, welche Menschen für Sie arbeiten, wie Sie Probleme angehen und lösen. Erzählen Sie es nicht nur – halten Sie auch die Smartphone-Kamera drauf.
- *Motivieren:* Laden Sie Ihre Community mit Energie auf – inspirieren Sie sie, begeistern Sie sie, reißen Sie sie mit! (Ach, das ist Ihnen nicht zurückhaltend und business-like genug? Okay, dann inspirieren Sie eben nicht, reißen niemanden mit und begeistern eben nur in Schaltjahren. *Fair enough.* 46 Followern gefällt das …) Warum sollte Ihnen irgendjemand freiwillig folgen? Oder sich auf Ihre Kanäle verirren? Doch nur, weil sie ein Motiv haben, das zu tun. Geben Sie ihnen dieses Motiv – mit einem umfangreichen Angebot, das Ihre Follower einfach nicht ablehnen können.
- *Unterstützen:* Wenn Sie ins Netz gehen, was wollen Sie da? Einen Service nutzen? Etwas bestellen? Hilfe finden? Bewertungen anderer lesen? Tja, genau deswegen sind wir alle auch im Netz. Wissen Sie was? Wir machen ein Tauschgeschäft: Sie helfen mir bei meinen Fragen und ich helfe Ihnen bei Ihren. Abgemacht? Greifen Sie den Menschen mit kleinen Tools, großen How-to-Dokumenten und noch größerem Fan-Support unter die Arme. Kommunikation im Netz ist Kommunikation, die weiterhilft – helfen Sie also, wo Sie können.
- *Einbeziehen:* Diejenigen Fans, die Sie bis hierher an sich binden konnten, umarmen Sie jetzt – und beziehen Sie in die Unternehmenskommunikation mit ein. Ja, richtig gelesen, das ist die Idee von Bernoff und Li: Echte Fans sind Multiplikatoren, die *User Generated Content* produzieren. Warum nicht auch für Sie? Warum nicht mit Ihrer Organisation als Thema oder mit Ihnen zusammen? *Collabs* auf Instagram (Swat.io GmbH 2024) belegen Zusammenarbeit, Partnerschaft, Einverständnis. Das – nicht nur, aber auch – macht sie attraktiv. Ein Vernetzungs-Ziel jedenfalls, über das Sie nachdenken sollten in einem Netzwerk.

Nach den Menschen nun die Ziele. Notieren Sie sich also die ersten fünf der langen Liste an möglichen Zielen: Corporate Listening, Corporate Influencing, Community Energizing, Customer Supporting und User Embracing. Wenn Sie alle fünf Ziele noch nicht umgesetzt haben, müssen Sie weiterlesen – Strafe muss sein. „Objectives" beziehen sich auf die klar definierten Ziele, die Sie und Ihre Organisation mit Ihrer digitalen Kommunikationsstrategie erreichen möchten. Sie sind Leitfaden und Orientierung für alle Maßnahmen und Aktivitäten. Mehr noch: Sie basieren schlicht darauf. Objectives können vielfältig sein, etwa die *Steigerung der Markenbekanntheit*. Oder die *Verbesserung des Kundenengagements*. Die *Generierung von Leads* oder die *Förderung des Verkaufs*. Entscheidend ist, dass Sie diese Ziele spezifisch, messbar, erreichbar, relevant und zeitgebunden formulieren, damit Sie den Erfolg dieser Maßnahmen später bewerten können. Damit Sie über die Ziellinie sprinten können, muss jemand eine auf den Boden gemalt haben. Ein gutes Objective gibt also eine klare Richtung vor und stellt sicher, dass alle beteiligten Akteure auf dasselbe Ziel hinarbeiten.

Die Definition von Objectives beginnt mit einer umfassenden *Analyse der Zielgruppe*. Zum Glück haben Sie das in Kap. 1 schon erledigt … Das reicht aber logischerweise noch nicht. Sie müssen auch die *Marktbedingungen* untersuchen – wo stehen Sie und warum, und wo wollen Sie hin, wenn man Sie lässt? Sie schauen also nach außen. Gibt es Ziele, die Sie dort draußen erreichen wollen? Schauen Sie aber auch nach innen, in Ihr eigenes Unternehmen. Das hat meist eine *Unternehmensstrategie* und diese gibt bereits Ziele vor, wirtschaftliche, personelle, gesellschaftliche Ziele. Hören Sie auf Kundenfeedback und beobachten Sie den Wettbewerb. So selbstverständlich können Sie herausfinden, welche Ziele am dringendsten und erfolgversprechendsten für Sie sind.

Die Ziele sollten auf den **Bedürfnissen und Wünschen der Zielgruppe** basieren, aber auch eng mit Ihrer übergeordneten Markenstrategie verknüpft sein und auf den Werten Ihres Unternehmens basieren. Arbeiten Sie also eine detaillierte Strategie aus, mit Hingucker-Maßnahmen und nicht zu engen Zeitplänen. Denken Sie über Content Marketing, Social Media, Influencer-Kampagnen nach und, wenn Sie noch Budget für Hunger leidende Plattformen übrighaben, sogar gezielte Werbung. Monitoren sie alles: Klicks, Rückmeldungen, Empfehlungen, Kritik. Steuern Sie nach, wo nötig, und überprüfen Sie kontinuierlich, ob Sie auf dem Weg zu den Zielen auch wie geplant vorankommen.

Objectives bilden den Korridor für alle Ihre kommunikativen Aktivitäten. Sie leiten Ihre gesamte Organisation in eine gemeinsame Richtung. Eine Richtung mit Sinn. Ohne klare Ziele könnten Sie jede zufällige Maßnahme mit der gleichen Inbrunst verfolgen wie alle anderen zufälligen Maßnahmen auch. Es gäbe keinen Unterschied zwischen den einzelnen Maßnahmen, weil es kein Ziel gäbe, das ihnen die Richtung wiese. Es gäbe keinen Auftrag für sie, keine Abnehmer:innen und Adressaten, keine Botschaften. Sie wüssten nicht, wohin mit ihrer Maßnahme. Eine Maßnahme, die allerdings kein Maß nehmen kann, hat keinerlei Sinn. Sie verschwendet Zeit, Aufmerksamkeit und Ressourcen.

Tun Sie das nicht. Sondern beginnen Sie mit der einfachen Frage: Wo stehen wir und warum?

2.1   Von der Analyse zu den Zielen

In der Praxis analysieren Sie zuerst den *status quo*: Was haben Sie bereits erreicht, was haben Sie nicht erreicht – und warum konnten es andere auch nicht erreichen ... Die Analyse, die Sie durchführen, liefert Ihnen als Ergebnis Ihre wichtigsten Ziele: Sie haben zu wenig Reichweite in der für Sie wichtigen Altersgruppe der 14 bis 19 Jahre alten Jugendlichen? Schon wissen Sie, was Sie demnächst tun werden: „Mehr Reichweite in dieser Altersgruppe erzielen!" Schauen wir uns also kurz drei Analysewerkzeuge genauer an, die Ihnen helfen, Ziele zu finden und Strategien zu ersinnen.[1]

2.1.1   Analysemodelle

CATWOE-Analyse: Betrachten Sie das ganze System

Die CATWOE-Analyse wird häufig für die Einführung neuer digitaler Plattformen, Software oder Tools angewendet. Die sechs Buchstaben stehen für *Customers, Actors, Transformation Process, World View, Owner* und *Environmental Constraints* (siehe eigene Tab. 2.1).[2] Sie sehen schon: Unterschiedliche Blickwinkel vom Detail hin zum großen Ganzen – das ist die Stärke von CATWOE aus meiner Sicht. Mit dieser Me-

Tab. 2.1 Wichtige Fragen zur CATWOE-Analyse

Kategorie	Wichtige Frage
C – Kunden	Wer ist vom Problem oder der Lösung direkt betroffen, und wie verändert sich ihre Situation?
A – Akteure	Wer wird an der Umsetzung beteiligt sein, und welche Fähigkeiten oder Ressourcen bringen sie mit?
T – Transformation	Was genau soll sich verändern, und wie wird Input in Output umgewandelt?
W – Weltanschauung	Welche Perspektiven oder Annahmen bestimmen, wie wir das Problem und die Lösung wahrnehmen?
O – Eigentümer	Wer hat die Kontrolle oder Entscheidungsgewalt über das System oder die vorgeschlagene Lösung?
E – Umweltfaktoren	Welche äußeren Faktoren, wie Gesetze, Ressourcen oder kulturelle Bedingungen, müssen berücksichtigt werden?

---

[1] Die Kommunikationswissenschaftler Günter Bentele und Howard Nothhaft weisen darauf hin, dass sich Strategien „entgegen weit verbreiteter Auffassung" grundsätzlich nicht direkt aus der Analyse ableiten ließen: „strategische Entscheidungen geschehen stets unter Unsicherheit." Challenge accepted! (Nothhaft und Bentele 2020, S. 9).

[2] Die CATWOE-Analyse ist eine strukturierte Methode zur Untersuchung und Beschreibung von Systemen (Checkland und Scholes 1999).

thode können Sie verschiedene Aufgaben lösen: Ziele festlegen, laufende Projekte verbessern, die Ursache von Konflikten finden und die Bedürfnisse wichtiger Stakeholder identifizieren. Ein wirklich hilfreiches Werkzeug also, das sowohl personelle als auch systemische Fragen stellt.

CATWOE nimmt Sie und Ihr Team in der täglichen redaktionellen Arbeit in den Blick (Akteure), fragt nach den Interessen, Wünschen und Schwierigkeiten Ihrer Kundinnen und Kunden und schaut auf die Absichten und Aufträge Ihrer Vorgesetzten. Gleichzeitig durchleuchtet CATWOE den Einführungs- und laufenden Veränderungsprozess, setzt sich die Brillen verschiedener Weltanschauungen auf und lotet die Grenzen und Einschränkungen aus, auf die Sie unweigerlich stoßen werden. CATWOE betrachtet also nicht das Problem selbst, sondern blickt auf System, in dem es auftaucht.

Was soll sich verändern?

Veränderungspotenzial steckt selbst in vielen Contentstücken. Für Blogposts definiert die Bloggerin und Podcasterin Carola Heine das Transformationspotenzial der Information folgendermaßen (Heine 2022, S. 26):

• messbar Zeit und/oder Geld sparen
• Wettbewerbsvorteile erarbeiten
• Strafgelder/Probleme vermeiden
• vermarktbaren Wissensvorsprung haben
• innovative/neue Lösungen finden
• neue Geschäftsfelder entdecken
• weitere/globale Märkte erschließen
• Digitalisierungspotenzial erkennen
• interessant für Kooperationen werden
• interessant für Mitarbeiter:innen werden

PESTEL-Analyse: Schauen Sie auf externe Faktoren

Nach dem umfassenderen Blick auf das System schauen wir nun etwas detaillierter auf einzelne Aspekte, und dabei auch ein bisschen in die Zukunft. Das Akronym steht für die Analyse von politischen, wirtschaftlichen, soziokulturellen, technischen, ökologischen und rechtlichen Aspekten (und wenn Ihnen noch zwei, drei Aspekte mehr einfallen: PESTEL ist flexibel!).[3]

---

[3] Manchmal lesen Sie auch von der LEPEST- oder der STEP- oder der STEEP-Analyse – das ist in der Regel dieselbe Analyse, nur die Reihenfolge der Fragestellungen ist anders sortiert. Ich halte mich an die normative Begrifflichkeit des Bundesverwaltungsamts (Bundesverwaltungsamt o.D.). Nicht zu verwechseln mit dem Gründer des Pestel-Instituts Eduard Pestel (1914–1988), Mitglied des Club of Rome.

Tab. 2.2 Wichtige Fragen zur PESTEL-Analyse

Kategorie	Wichtige Frage
P – Politische Faktoren	Welche politischen Entwicklungen und Regelungen beeinflussen unsere Ziele und Entscheidungen?
E – Wirtschaftliche Faktoren	Wie wirken sich wirtschaftliche Trends, wie Konjunktur, Inflation oder Zinssätze, auf uns aus?
S – Soziokulturelle Faktoren	Welche gesellschaftlichen Werte und Trends sollten wir in unsere Strategie einbeziehen?
T – Technologische Faktoren	Welche technologischen Innovationen könnten uns Wettbewerbsvorteile verschaffen oder uns gefährden?
E – Umfeldbedingungen	Wie beeinflussen ökologische Faktoren (Klimawandel, Artensterben) unsere Geschäftstätigkeit?
L – Rechtliche Faktoren	Welche Gesetze, Vorschriften oder regulatorischen Anforderungen müssen wir beachten?

Wir stellen also, wie bei allen derartigen Analysen, einzelne spezifische Fragen: Wie würde sich beispielsweise ein Regierungswechsel auf unser Geschäftsmodell auswirken, was passiert, wenn sich die wirtschaftliche Lage schlagartig ändern würde, welchen Einfluss hätten neue Gesetze und Verordnungen – und was machen wir eigentlich mitten in einer technologischen Disruption? PESTEL schaut sich diese Faktoren einzeln an und sucht nach substanziellen Antworten (siehe Tab. 2.2). Machen Sie das einfach auch einmal! Und bauen Sie sich Ihr eigenes Modell: Suchen Sie sich Ihre eigenen Aspekte und stellen Sie viele Fragen – *smarte* Fragen!

Ziele sollen SMART sein

Die Ziele sollten SMART formuliert werden.[4]

- Specific
- Measurable
- Achievable/Attractive,
- Realistic,
- Time-bound

Beginnen wir hinten beim *T*: Wann möchten Sie Ihr Ziel erreicht haben? In zwei Wochen, in zwei Monaten, in zwei Jahren? Welche Zwischenschritte können Sie heute schon in Ihren Redaktionskalender eintragen? Gibt es *Milestones*, an denen Sie

---

[4] Die Definition geht auf den Ökonomen Peter F. Drucker zurück (Drucker 1995). Das deutsche Bundesverwaltungsamt erläutert die SMART-Methode in seinem Organisationshandbuch für alle Behörden (Bundesverwaltungsamt 2021). Smarte Ziele sind im ersten der sieben Barcelona-Prinzipien verankert. Smarte Sache, sie hier vorzustellen.

besonderen Content publizieren möchten, an dem Ihr Webinar stattfindet oder Sie Ihre Landingpage freischalten? Alle Maßnahmen laufen auf diese Zeitpunkte zu – daher setzen Sie sie fest. Das R steht bekanntermaßen für realistisch und ist vermutlich das schwierigste zu treffende Ziel: Wie viel Response ist realistisch? Wie viele Interaktionen sind machbar? Wie viele Follower können wir nach allem, was wir heute wissen, nächsten Monat einsammeln? Suchen Sie sich ein attraktives Ziel *(A)* – dann macht es Ihnen auch mehr Spaß, ihm mit dem Maßband *M* hinterherzujagen. Denn Spaß sollte Ihnen Digitale Kommunikation immer machen. Sie können nun also Ihr spezifisches Ziel *S* auf ein Post-it schreiben und auf Ihr Studio Display kleben: „Wir möchten bis in 6 Monaten (T) unseren Reach in der Altersgruppe der 14 bis 29 Jahre alten Instagram-User aus dem nördlichen Schwarzwald (M) durch tägliche Storys aus der Region (A) mit Bildungscontent in Esperanto (S) verhundertfachen (M).“ Tja, zwar ein sehr spezifisches Ziel, aber am R müssen Sie nochmal arbeiten.

Lassen Sie sich SMARTe Ziele von der KI geben

Du bist Social Media Managerin in einem städtischen Kulturamt und planst die Kommunikationskampagne für die neue Kunstausstellung im Rathaus. Welche SMARTen Ziele willst Du erreichen und warum? ◄

2.1.2 Strategische Ziele

Strategische Ziele bestimmen langfristig die Gesamtrichtung Ihrer digitalen Kommunikationsstrategie. Sie sind oft nicht direkt messbar, dennoch klar definiert und eng mit der Vision und der Mission Ihrer Organisation verbunden. Dabei unterstützen sie die wirtschaftlichen, gesellschaftlichen und politischen Ziele des Unternehmens, die in der Unternehmensstrategie festgelegt worden sind. Sie sollten einen Beitrag zur unternehmerischen Wertschöpfung leisten und in die Gesamtkommunikation des Unternehmens integriert sein (Ruisinger 2020, S. 227 f) – am besten: Sie entwickeln auf der strategischen Ebene eine integrierte Kommunikationsstrategie für alle Kanäle.

Beantworten Sie die Frage nach dem Wozu?. Wozu möchten Sie überhaupt auf digitalen Kanälen kommunizieren – was sind der Grund, der Zweck und der tiefere strategische Sinn dahinter? Diese Fragen beantworten Sie logischerweise auf der strategischen Ebene. *Produktbekanntheit, Markenimage, Kundenbindung, Thought Leadership, Reputationssicherung* – alles das sind strategische Ziele, die Sie gemeinsam mit der Unternehmensführung in einem Workshop festzurren.

- Erhöhung der Markenbekanntheit auf internationalen Märkten
- Positionierung als Meinungsführer im Bereich nachhaltiger Technologien
- Aufbau einer starken Community von treuen Kunden und Fans ◄

Wie viele Menschen sprechen über Sie? Einige dieser strategischen Ziele sind trotzdem sehr genau messbar. Besonders für Kommunikationsverantwortliche ist die stabile Erhöhung der *Share of Voice* ein lohnendes strategisches Ziel – und das lässt sich relativ einfach messen. Die Frage dazu ist: Wie sprechen Menschen im Netz über Ihre Organisation, und das möglichst anerkennend? Wie oft bekommen Ihre Marktbegleiter und Mitbewerber im Vergleich die Wange getätschelt? Wie hoch ist bei allen Gesprächen über Ihre Branche im Netz Ihr Anteil – und steigert dies beständig Ihre Reputation? Wenn es um langfristige Themen wie Thought Leadership, Markenwahrnehmung oder Marktführerschaft geht, wird der SoV zur strategischen Messzahl.

$$SoV = \frac{Summe\ eigener\ Mentions}{Summe\ aller\ relevanten\ Mentions\ aller\ Wettbewerber} \times 100$$

Werden Sie doch einfach Thought Leader. Sie setzen unter jedes Posting eine kleine Auswahl der immergleichen Hashtags, die auf Ihren Slogan, Ihren Claim oder ein bestimmtes Produkt verweisen? Und ihre Mitbewerber tun es Ihnen gleich? Klasse, dann ist der Share of Voice-Vergleich ziemlich einfach: Sie setzen jedes Mal, wenn irgendwo im Netz einer Ihrer Hashtags auftaucht, einen Strich in ihrer digitalen Strichliste. Gerne verwenden Kundinnen und Kunden Ihre Hashtags, Blogger:innen und Wissenschaftler:innen, eventuell werden Sie von der Finanzverwaltung lobend erwähnt. Zählen Sie alle zusammen. Dann addieren Sie alle Hashtags Ihrer Mitbewerber und dividieren die kleinere durch die größere Summe. Ihre Hashtags werden beispielsweise 300-mal verwendet, die anderen marktrelevanten Hashtags insgesamt 500-mal erwähnt: SoV = 300 ÷ 500 * 100 = 60. Sie verfügen also über 60 % Share of Voice und sind damit – weil absolute Mehrheit – unangefochten *Thought Leader* (Hoffmann 2023). Sie wissen das, weil es die Share of Voice-Analyse Ihnen gesagt hat: Ihr Impact in Ihrer Branche ist bedeutend, Ihr Unternehmen ist bekannter als andere Unternehmen, und Sie geben Menschen deutlich mehr Anlass, sich über Sie und Ihre Werte und Produkte zu unterhalten. (Ein Beispiel finden Sie in der eigenen Abb. 2.1 zum Share of Voice europäischer Fluggesellschaften.)[5]

---

[5] Beispielgrafik zur Share of Voice europäischer Luftfahrtunternehmen innerhalb eines Jahres, erhoben von Global Data für den Zeitraum 16. Mai 2022 bis 15. Mai 2023. (Global Data 2023).

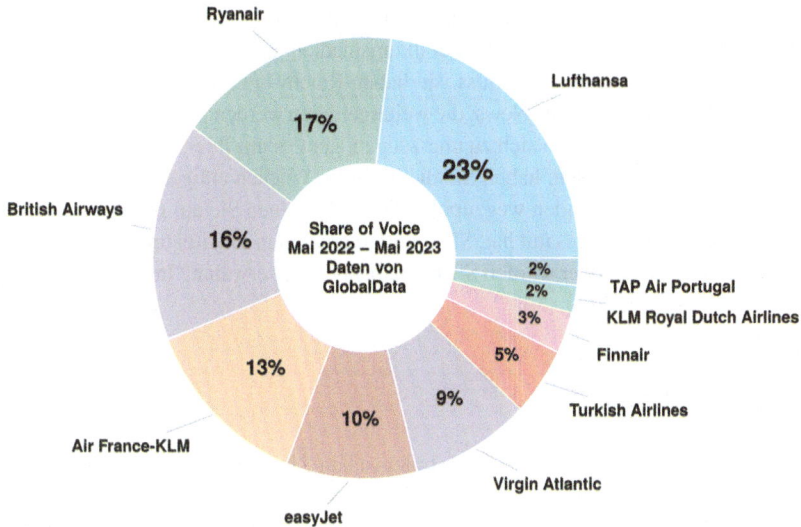

Abb. 2.1 Share of Voice europäischer Fluggesellschaften (Eigene Visualisierung)

Hashtags sind selbstverständlich nur ein Beispiel: *Alle Erwähnungen* Ihres Markennamens oder von Produkten, Slogans, etc. zählen in Ihren SoV hinein.

Kontext is king! Wie immer und überall bei allen Messungen, die Sie vornehmen: Sie müssen die Zahlen analysieren, einschätzen, in einen Zusammenhang stellen. Die reine Zahl sagt Ihnen nicht alles – denn Sie wissen ja selbst: Wenn über Sie im Hausflur geredet wird, ist das meistens nicht allzu positiv … So ist es nicht anders beim SoV. Wichtig ist auch, wie und worüber die Menschen über Sie sprechen: Loben sie Sie oder äußern sie sich eher verächtlich? Wie ist also das *Sentiment*: positiv, neutral oder negativ? Inmitten einer Krise steigt Ihr SoV beachtlich an – da hilft es manchmal, wenn Sie Ihr alteingesessenes Unternehmen umbenennen und ihm einen dieser modernen Kunstnamen geben, die sich niemand merken kann. Ich zeige Studierenden gerne einen Screenshot mit den SoVs großer Marken – eine frisch umgetaufte taucht dabei fast nicht auf. Kaum jemand kannte ihren neuen Namen, also sprachen nur sehr wenige über sie. Kaum *Mentions* bedeutet kaum Kritik: Alles richtig gemacht …

Eine Daumenregel: Je kleiner die Branche und je weniger Mentions insgesamt, desto höher der SoV. Je „geschwätziger" die Branche, desto kleiner ist auch Ihr SoV.

Welche Menschen genau erwähnen Sie? Logischerweise ist es ein Unterschied, ob Ihnen der SPIEGEL ein großes wohlwollendes Interview gibt (anstatt umgekehrt), oder ob Sie von ein paar anonymen Trollen sinnbefreit beschimpft werden. Berücksichtigen Sie also unbedingt auch, woher und von wem die Erwähnungen stammen: Fachzeitschriften, große Publikumsmedien, anerkannte Influencer:innen und Prominente; sie haben Einfluss, sie haben Reichweite, ihre Kommentare und Erwähnungen sind ihrerseits News, die weitergetragen werden. Schaffen Sie es also, solche Meinungsführer von sich zu überzeugen, geht es mit Ihrer Reputation voran. Äußern diese sich kritisch, haben Sie die nächsten Wochen einiges zu tun, um den angerichteten Imageschaden wegzupolieren. Und schauen Sie auf den Stellenwert, den die Erwähnung insgesamt hat: Steht Ihr Unternehmen im Titel und in den vielen Teasern zum Artikel, oder werden Sie nur nebenbei kurz erwähnt? Interpretieren Sie Ihren SoV also sorgfältig.

2.1.3 Taktische Ziele

Taktische Ziele konkretisieren Ihre strategischen Ziele. Sie gelten mittelfristig – beispielsweise für einzelne Kampagnen – und sind in der Regel genau messbar. Auf der taktischen Ebene entwickeln Sie Ihre zielgruppenspezifischen Botschaften und wählen die passenden digitalen Kanäle aus, auf denen Sie Ihre Zielgruppen zurecht vermuten. Ihre Storys und Erzählstränge und alle weiteren Fragen zur Content-Strategie klären Sie auf der taktischen Ebene: Welche konkreten Beispielgeschichten erzählen Sie wann und wie lange auf welchen Kanälen? Welche weiteren digitalen Plattformen könnten für Sie relevant werden und warum? Welche kanalspezifischen Strategien möchten Sie taktisch umsetzen? Welche *Key Performance Indicators (KPI)* legen Sie als Messwertlieferanten an und welche Monitoring- und Analysetools implementieren Sie für Ihr Team?

Beispiele für quantitative taktische Ziele

- Steigerung der Social-Media-Reichweite um 50 % innerhalb eines Jahres
- Generierung von 500 qualifizierten Leads durch eine Content-Marketing-Kampagne
- Suchmaschinenoptimierung, um für zehn neue Keywords auf der ersten Seite von Google zu ranken ◄

Vielleicht möchten Sie ja folgendes erreichen: „Steigerung der organischen Sichtbarkeit der Website im Suchmaschinenranking um 15 % innerhalb der nächsten sechs Monate durch zielgruppenrelevante Inhalte." Dann haben Sie sich ein inspirierendes Ziel gesetzt: Es regt Ihr Team dazu an, kreativ zu werden und die Zielgruppe besser zu versorgen – und das ist immer ein schönes Ziel. Zudem unterstützt es Ihre strategischen Objectives *Markenbekanntheit* und *Lead-Generierung*, weil sich der Website-Traffic durch die besseren Inhalte erhöht und damit mehr Leads erreicht werden können. Wie messen Sie nun, ob Sie ihre organische Sichtbarkeit tatsächlich erhöht haben? Dafür gibt es mehrere Möglichkeiten, aber den schnellsten Überblick liefert Ihnen der *Sichtbarkeitsindex* (Visibility Score), der mehrere andere KPI kombiniert. Keine Angst, Sie müssen diesen Index nicht selber messen: SEO-Tools wie *SISTRIX*, *SEMrush* oder *Ahrefs* machen das für Sie. Oder Ihnen sind die *Kosten pro Klick* (CPC) auf eine Anzeige zu hoch und sie möchten ihren Preis mittelfristig senken? Zwanzig Prozent innerhalb eines Quartals wäre ein guter Wert, den Sie anstreben wollen: Dazu optimieren Sie Ihre Anzeigentexte und verfolgen die Preisentwicklung. Stellen Sie danach fest, dass der CPC auf Instagram signifikant höher ist als auf Google Ads, dann schichten Sie ihre Werbegelder taktisch um.

2.1.4 Operative Ziele

Operative Ziele sind kurzfristige, spezifische Maßnahmen. Sie sind detailliert, handlungsorientiert und eng mit konkreten Aufgaben verbunden. Sie können von Ihrem Team grundsätzlich täglich umgesetzt werden: Postings formulieren, Storys für Instagram gestalten, Reels drehen und schneiden und fertige Inhalte für einzelne Plattformen modifizieren und aktualisieren – den Redaktionsplan umsetzen also. Welches Mitglied ihres *Content Command Centers* dabei welche Aufgabe konkret umsetzt, ist in Ihrem *Rollenkonzept* hinterlegt: Definieren Sie Rollen und Zuständigkeiten, legen Sie Vertretungsregeln und Eskalationsstufen fest. (Schindler 2022) Der Dienstplan und die Kostenplanung für einzelne Grafiken und Lizenzen, Ads oder Freelancer-Honorare gehören ebenfalls auf diese tagesbezogene Ebene. Daher entscheiden Sie hier direkt, ob eine Maßnahme von Ihrem Team selbst oder von einer externen Agentur umgesetzt werden soll. Sie messen, ob und wie Sie die operativen Ziele erreicht haben, und speisen diese Ergebnisse in die routinemäßige Überprüfung der strategischen und taktischen Ziele ein.

Beispiele für operative Ziele

- Veröffentlichen von drei Blogartikeln pro Woche zu relevanten Themen
- Durchführung einer wöchentlichen Social-Media-Kampagne mit zehn geplanten Posts
- Einrichtung eines Retargeting-Systems für Besucher der Unternehmenswebsite innerhalb von 30 Tagen ◄

Messen Sie beispielsweise die Conversion Rate. Sie kommunizieren und möchten damit etwas erreichen. Das muss kein Kauf sein – auch die Downloads Ihres eBooks oder die Zahl an Teilnehmer:innen in Ihrer Skool-Community sind *Conversions*. Jedes Ziel, dass Sie zuvor definiert haben, kann eine Conversion sein – es muss nur erreicht werden. Werfen Sie dazu regelmäßig ein Auge auf die Zahlen. Wenn tausend Menschen Ihre Plattformen im letzten Quartal besucht haben und 50 haben in dieser Zeit das eBook heruntergeladen, ist die Conversion-Rate in diesem Fall 5 %. Wenn von diesen 1000 Besucherinnen und Besuchern zudem 100 in Ihre Community aufgenommen werden wollten, haben Sie hier 10 % konvertiert – es kommt trivialerweise immer darauf an, was Sie betrachten …

$$Conversion\ Rate = \frac{Anzahl\ an\ Conversions}{Unique\ Visitors} \times 100$$

Teilen Sie. Die Mathematik hinter den Zielen ist in der Regel eine simple Division. Sie können nun Zielwerte definieren, etwa: 75-mal soll Ihr Whitepaper pro Quartal heruntergeladen werden, also 25-mal pro Monat. Das wären 50 % mehr als im Beispiel – also müssen Sie beginnen, Ihr Whitepaper zu promoten. Die Sinnhaftigkeit weiterer KPI rechnen wir in Abschn. 2.4.1 genauer durch.

Drei Fragen, drei Ebenen
Why, how, what. Strategische Ziele sind auf der „Wozu"-Ebene positioniert und richten sich auf den *Purpose* der Organisation. (Treckmann 2025) Taktische Ziele beschreiben, „wie" die Ziele konkret umgesetzt werden sollten – mit welchen Tools, in welchem Zeitraum, in welcher Dramaturgie und Orchestrierung. Operative Ziele schließlich beantworten das „Was": Das Posting, der Newsletter, das Reel – alles detaillierte Maßnahmen, die Sie im Alltagsgeschäft umsetzen. Strategische Ziele geben die Richtung vor, taktische Ziele übersetzen diese in messbare Ergebnisse, und operative Ziele setzen die notwendigen Schritte um. Definieren Sie dies in Ihrer Organisation und grenzen Sie die drei Ebenen klar voneinander ab (wie Sie das schnell machen können, zeigt Ihnen Tab. 2.3).

Tab. 2.3 Strategische, taktische und operative Ziele

Merkmal	Strategisch	Taktisch	Operativ
Zeithorizont	Langfristig (1–5 Jahre)	Mittelfristig (6–18 Monate)	Kurzfristig (Tage bis Monate)
Fokus	Vision und Mission	Kampagnen und Maßnahmen	Aufgaben und Prozesse
Messbarkeit	Indirekt	Direkt (über KPI)	Präzise und spezifisch
Beispiel	Markenbekanntheit steigern	Reichweite um 20 % erhöhen	Tägliches Posten auf Social Media

2.2 Botschaften finden

Golden Circle: Wozu gibt es uns überhaupt?
Was, wie, warum? Das sind doch genau die drei Fragen, die Simon Sinek im *Golden Circle* adressiert.[6] Ihr erstes strategisches Ziel könnte sein, das WOZU Ihres Unternehmens zu finden und für Ihre Kommunikation festzulegen. Warum gibt es Ihre Organisation? Fragen Sie sich: Wofür stehen wir? Wie möchten wir in der Öffentlichkeit wahrgenommen werden? Erfüllt unsere Organisation ein besonderes Bedürfnis der Menschen; welches könnte das sein? Wie können wir es kommunikativ verpacken? Haben unsere Angebote und Produkte einen besonderen Nutzen – praktisch oder emotional? Wo haben wir das schon beweisen können? Wo werden unsere Produkte überall eingesetzt, wer ruft unsere Dienstleistungen wann warum ab? Ist die Qualität unserer Arbeit einzigartig? Bieten wir *wirklich* ungewöhnlichen Service an? Ist der Beweggrund, warum wir tun, was wir tun, einzigartig und für Menschen von Bedeutung?
Wenn Sie nicht wissen, warum Sie etwas tun, wie wollen Sie andere davon überzeugen? fragt Simon Sinek. Kennen Sie also Ihr „Wozu"!

- Ihr „Wozu" bestimmt Ihre Kommunikation. Es ist Ihre Botschaft, mit der Sie möglichst viele Menschen überzeugen wollen. Übersetzt in „wofür" macht es Ihre Kommunikation erst relevant. Es arbeitet heraus, was Sie für die Gesellschaft bewegen, wie Sie die Welt ein bisschen besser machen, was wir alle davon haben, dass es Sie und Ihre Organisation gibt. Das „Warum" macht Ihre Kommunikation erst attraktiv. Bestimmen Sie Ihr „Why" so genau wie möglich. Wenn es fehlt oder nicht überzeugt, bleibt Ihre Kampagne letztlich dünn und belanglos.
- Mit Ihrem „Wie" unterscheiden Sie sich von Ihren Mitbewerbern – wenn alle Ihre Marktbegleiter auf Tiktok tanzen oder sich bei „75hard" messen (Ihring 2025), schreiben Sie distinguierte Artikel auf Medium.com? Wenn Ihre Konkurrentinnen noch lange überlegen, ob X noch die richtige Plattform für sie ist, haben Sie längst eine WhatsApp-Community Group mit 10.000 Mitgliedern (wie das geht, haben Sie ja eben auf Medium geschrieben (Redmond 2024))? Das „Wie" ist die taktische und damit die besonders kreative Ebene, auf der Sie überraschen können. Nein, überraschen sollten.
- Das „Was" schließlich ist Ihr Alltagsgeschäft. Das kennen Sie hoffentlich besser als ich, daher: Ende der Liste, weiter im Text.

---

[6] Simon Sinek ist Hochschullehrer und Unternehmensberater und gehört zu den bedeutendsten Sprechern bei TED-Talks. Er hat einen Gedanken populär gemacht, der Erkenntnisse der Hirnforschung in die Kommunikation einspeist und in ein einfaches Schaubild übersetzt. Sein Konzept wird mittlerweile auch kritisch gesehen, weil es oft übertrieben und falsch angewendet wird. (Sinek 2009).

Finden Sie Ihr „Wozu?" nicht nur einmalig für Ihre grundsätzliche Kommunikationsstrategie auf der strategischen Ebene, sondern auch kampagnenbezogen auf der taktischen und für letztlich jede einzelne Maßnahme auf der operativen Ebene.

Nehmen Sie sich 30 Minuten Zeit

„**Inneres Why**": Woran „glauben" Sie? Was ist Ihre Motivation? Worin sehen Sie Sinn? Warum machen Sie das gerne, was Sie machen?

„**Äußeres Why**": Womit möchten Sie die Welt ein kleines bisschen verändern? Wie möchten Sie unsere Gesellschaft voranbringen? Warum wird unsere Welt hinterher nicht mehr die gleiche sein wie zuvor? ◄

Die Core Story finden

Das Why bringen Sie nun in eine griffige Formulierung, Ihre Kernbotschaft oder auch Core Story. Führen Sie begleitend auch gerne eine weitere Analyse durch: Durchleuchten Sie zuerst die Stärken und Chancen sowie die Schwächen und Gefahren und entwickeln Sie daraus vier Teilstrategien (die eigene Abb. 2.2 hilft Ihnen, diese Teilstrategien aus der SWOT-Matrix abzuleiten). Analysieren Sie dann, wer Ihre Dialog-

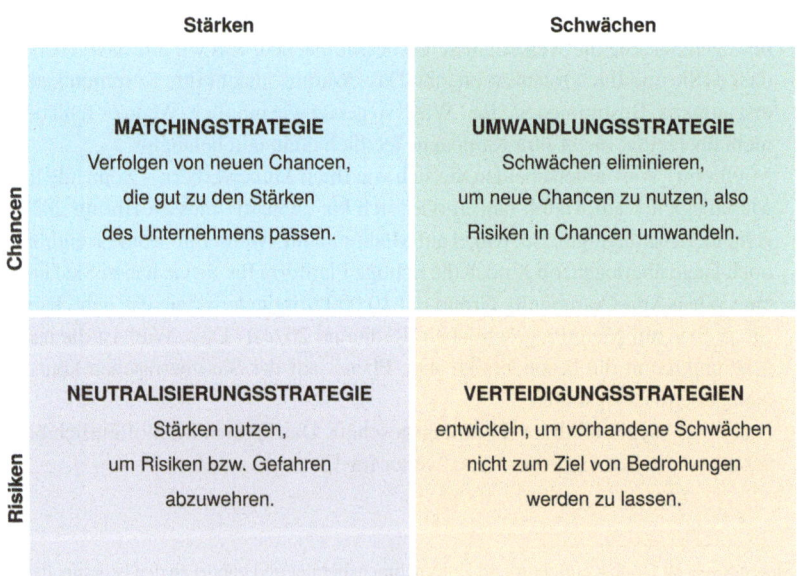

Abb. 2.2   SWOT-Matrix. (Eigene Darstellung)

und Anspruchsgruppen sind, was diese von Ihnen in welchem Umfang erwarten und wo Sie sie wie erreichen können. Aus diesen Ergebnissen bilden Sie dann Teilbotschaften: Wer will was wann wo von Ihnen lesen, hören und sehen? Versuchen Sie zum Schluss, aus diesen Teilbotschaften eine gemeinsame Botschaft zu extrahieren.

SWOT-Matrix: Leiten Sie vier Strategien ab
Die Heroine der Analysemodelle ist sicherlich die SWOT-Analyse (Puyt et al. 2023), mit der Sie die Stärken und Schwächen Ihrer Organisation auflisten und gegen die Chancen und Risiken des Marktes oder der Gesellschaft – Ihres Umfelds also – halten können. Das Besondere an SWOT: Sie können mit einem kleinen grafischen Kniff eine *SWOT-Matrix* erstellen, die Ihnen vier Strategieansätze liefert. Das Besondere an der SWOT-Matrix: Sie ist einfach und vielseitig. Es ist faszinierend, wie diese simple Denkhilfe mit ein bisschen sortiertem Brainstorming die Augen über Chancen und etwaige Risiken einer Organisation oder einer Kampagne öffnet – und Sie blitzschnell gezielte Strategien daraus folgern können. Ein unverzichtbares Werkzeug für die digitale Kommunikation![7]

Wie optimieren Sie Ihre Kommunikation? Aus Spaß an der Freude können Sie die SWOT-Matrix einmal sachgrundlos auf Ihre aktuelle digitale Kommunikation anwenden – passt das alles, was Sie tun? Dräuen Herausforderungen am Horizont, die Sie im Alltag noch gar nicht wahrgenommen haben? Sind die Plattformen noch die richtigen, oder sollten das gute alte Unternehmensblog und Ihre Angebote im Fediverse plötzlich mehr Gewicht gewinnen? Wie gut ist Ihre Kommunikation auf mobilen Plattformen? Wie sehr bedroht Generative KI Ihre Position im Unternehmen? Und wo matchen Ihre Stärken die Chancen? Einmal ein paar Minuten hingesetzt, und Ihre Ziele werden deutlich fassbarer. Vier Teilstrategien können Sie aus der SWOT-Matrix ableiten: Matching-, Umwandlungs-, Neutralisierungs- und Verteidigungsstrategie; damit können Sie einerseits Ihre Stärken ausspielen und werden gleichzeitig nicht Opfer Ihrer Schwächen.

Sichern Sie sich ab. Bei der Matchingstrategie setzen Sie die Stärken Ihrer Organisation ein, um neue Chancen im Markt zu ergreifen: Bauen sie Ihre starken Social-Media-Präsenzen weiter aus und erreichen Sie damit noch mehr Menschen. Oder setzen Sie auf Ihr kreatives Potenzial und bespielen eine neue Plattform ungewöhnlich; so werden Sie schnell zu einer beachteten Größe auf der Plattform, der Menschen gerne folgen – gerade ist die Plattform-Ökonomie im Umbruch, was wirklich viele neue Chancen eröffnet. (Kramer 2024) Bei der Umwandlungsstrategie beseitigen Sie Schwächen, weil Sie neue Chancen nutzen können – etwa, indem Sie ganz klassisch

---

[7] Eine umfassende Übersicht in die SWOT-Analyse hat die SRH The Mobile University zusammengestellt: https://www.mobile-university.de/studium/swot-analyse.

Ihre Website-Usability aufmöbeln und die Nutzererfahrung optimieren (wer braucht heute noch Websites von 2010?). Oder Sie setzen Chatbots für Ihren Support ein, wenn Ihnen für persönliche Antworten die Zeit und das Personal fehlt – besser ein freundlicher Bot als gar keine Antwort! Mit einer Neutralisierungsstrategie drücken Sie mit Ihrer Stärke eventuelle Risiken weg. Beispielsweise können Sie negative On-line-Bewertungen neutralisieren, wenn Sie begeisterte Kunden bitten, ebenfalls eine Bewertung abzugeben – zehnmal 5 Sterne zählen mehr als fünfzigmal 1 Stern. Oder Sie waren immer schon Top in SEO: Dann werden Sie das vorerst auch bleiben, weil auch Perplexity und die anderen Findemaschinen Ihren optimalen Content weiterhin berücksichtigen und ausspielen werden. Wenn allerdings Ihre Schwächen auf Risiken treffen, dann heißt es für Sie: Obacht! Die Medien schreiben kritisch über sie? Dann verteidigen Sie sich mit guten Gegenbeispielen. Produzieren Sie dann vermehrt Er-klär- und Hilfe-Content, lassen Sie Mitarbeitende und zufriedene Kunden zu Wort kommen, geben Sie Ihr Smartphone und Ihren Account für eine Woche Ihrer Auszu-bildenden und zeigen Sie mit Follow-me-arounds Ihre leicht vertrockneten Büro-pflanzen. Jedenfalls: Kennen Sie Ihre Risiken und minimieren Sie sie – und denken Sie über eine so nicht erwartete Verteidigungsstrategie nach.

Die passenden Content-Arten hängen direkt von der Strategie ab. Für eine Matchingstrategie eignen sich Inhalte, die die vorhandenen Stärken des Unter-nehmens weiter ausbauen, etwa Erfolgsgeschichten, Testimonials und Influencer-Kooperationen. Bei der Umwandlungsstrategie legen Sie Ihr Augenmerk auf Content, der Vertrauen aufbaut und die Schwächen adressiert, wie Tutorials oder FAQs. Die Neutralisierungsstrategie können Sie durch Content unterstützen, der die Stärken Ihres Unternehmens unterstreicht und gleichzeitig Risiken neutralisiert, z. B. durch positive Fallstudien oder Krisenkommunikation. Verteidigungsstrategien hingegen benötigen häufig präventiven Content wie regelmäßige, beruhigende Updates oder Krisenmanagement-Inhalte, um etwaige Bedrohungen zu vermeiden. ◄
Nehmen Sie die vier Strategien mit in das Kap. 3.

2.2.1   Core Story

Ihre Core Story steuert Ihre Kommunikation. Jede Organisation verfolgt einen Zweck. Wenn eine Organisation Inhalte erstellt, um diesen Zweck in der Öffentlich-keit transparent zu erläutern und zu positionieren, dann kann sie diese Inhalte entlang eines *Redaktionellen Leitbildes* fokussieren. Warum erstellt sie die Inhalte, wen möchte sie damit erreichen, und warum wartet das Publikum sehnsüchtig auf den neu-esten Post? Das Redaktionelle Leitbild ist Ihre *Core Story*. Sie fasst die Vision, die Mission sowie die Werte Ihrer Organisation zusammen und ist der rote Faden, dem alle Kommunikationsmaßnahmen folgen sollen. Die **Vision** ist ein Zukunftsbild, das die langfristigen Ziele und Bestrebungen Ihrer Organisation möglichst inspirierend darstellt. Sie beantwortet die Frage: „Was wollen wir erreichen?" und dient als motivierender Leitstern für alle Stakeholder. Die **Mission** hingegen definiert den gegenwärtigen Zweck und die Aufgabe Ihrer Organisation. Sie erklärt, was Sie tun und für wen – und wie es Mehrwert schafft. Die Mission beantwortet die Frage: „Warum existieren wir?" und bildet die Grundlage für Ihre tägliche Arbeit. Für die digitale Kommunikation übersetzen Sie Mission und Vision in unterschiedlichste Inhalte, Geschichten und Formate. Im Community Management leben Sie die Werte des Unternehmens (die selbstredend sehr sympathische Werte sind!). Lassen Sie Vision, Mission und Ihre Werte adäquat in Ihrer Kommunikation durchscheinen, um Ihre Organisation beispielsweise als attraktive Arbeitgeberin zu positionieren. Das wäre ein sinnvolles strategisches Kommunikationsziel.

Erstrebenswertestes Ziel: die richtigen Botschaften finden
Diese strategischen Ziele verstecken sich in Ihrer Kernbotschaft. Doch wie können Sie aus einer einzigen Core Story eine Kommunikationsstrategie für mehrere Monate oder gar Jahre entwickeln, ohne dass es auf Ihren Plattformen sehr schnell sehr langweilig werden würde? Dazu reichern Sie die Kernbotschaft mit weiteren Aspekten an – mit Nebenbotschaften, die direkt aus der Kernbotschaft hervorgehen.

Aus eins mach vier. Das Botschaftendreieck (siehe Abb. 2.3 links und Zerfaß und Volk (2019), S. 157 f) vervierfacht beispielsweise Ihre Kernbotschaft.[8] Mit dem *Message Triangle* können Sie die Tragfähigkeit Ihrer Core Story mit drei unterschiedlichen Fragestellungen nochmals eingehender prüfen:

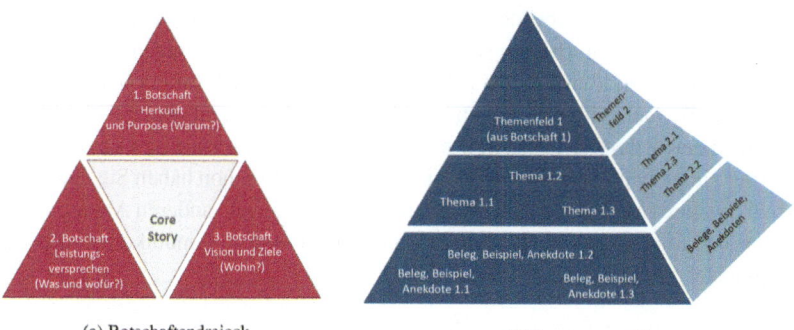

(a) Botschaftendreieck

(b) Themenpyramide

Abb. 2.3 Botschaftendreieck und Themenpyramide nach Zerfaß und Volk (2019), S. 157 und 153, modifizierte Darstellung mit freundlicher Genehmigung der Urheber:innen

---

[8] Beide Grafiken nach Ansgar Zerfaß und Sophia Charlotte Volk. (Zerfaß und Volk 2019, S. 153/154 und 157/158).

• Warum gibt es uns überhaupt?
• Welchen Nutzen können wir unseren Stakeholdern liefern?
• Wohin entwickeln wir uns künftig?

Fragen, die den Kern einer Organisation betreffen – und damit grundlegend strategische Fragen, die die allermeisten Stakeholder implizit beantwortet haben möchten. Strategische Kommunikation erzählt also nicht irgendwelche zufällig trendigen Geschichten, von denen es unzählige gibt. Sondern beantwortet ganz konkrete Fragen, die die Kundinnen und Kunden umtreiben. Die einen Sachverhalt aufklären oder eine Kernbotschaft präziser vorstellbar machen. Mit unseren Kommunikationsmaßnahmen geben wir unseren Stakeholdern also passgenaue Antworten auf alle Fragen, die sich direkt aus der Kernbotschaft stellen.

Hochklappen und freuen! Wenn wir diese zweidimensionalen Dreiecke nun entlang der Kanten der Kernbotschaft aufklappen und etwas dreidimensionaler betrachten, entsteht daraus eine Themenpyramide (siehe Abb. 2.3 rechts und Zerfaß und Volk (2019), S. 153 ff) mit einer klaren hierarchischen Struktur. Aus der Frage nach dem Hintergrund der Organisation oder des Unternehmens entfaltet sich beispielsweise unser erstes strategisches Thema. Aus dem Leistungsversprechen ein zweites, die Vision ist ein weiteres. Diese Strategischen Themen, die sich direkt aus der Kernbotschaft ableiten, können wir nun in mehreren Unterthemen weiter ausleuchten – ebenfalls mit Botschaften, die die Fragen nach Herkunft, Leistungsversprechen und Vision dieser Unterthemen stellen und sie mit anschaulichen Anwendungsbeispielen belegen. Ihre Kommunikation überlässt nichts dem Zufall! Jede Kommunikationsmaßnahme ergibt sich logisch aus der Kernbotschaft, direkt oder indirekt über die Unterthemen, die ebenfalls logisch aus den Strategischen Themen folgen. Im *Themenhaus* (siehe eigene Abb. 2.4 in Anlehnung an Zerfaß und Volk (2019), S. 95 ff)[9] können Sie schließlich alle strategischen Themen mit ihren Neben- und Unterbotschaften, alle Fokus- und Querschnittsthemen Ihrer Organisation unter einem gemeinsamen Dach versammeln und auf ein gemeinsames Wertefundament stellen. Und schon haben Sie die halbe Miete für Ihre Integrierte Digitale Kommunikation, die alle anderen Abteilungen, Teams und Silos Ihrer Organisation auf eine gemeinsame kommunikative Adresse verpflichtet.

---

[9] Siehe (Zerfaß und Volk 2019, S. 95 f). Hier eigene Darstellung.

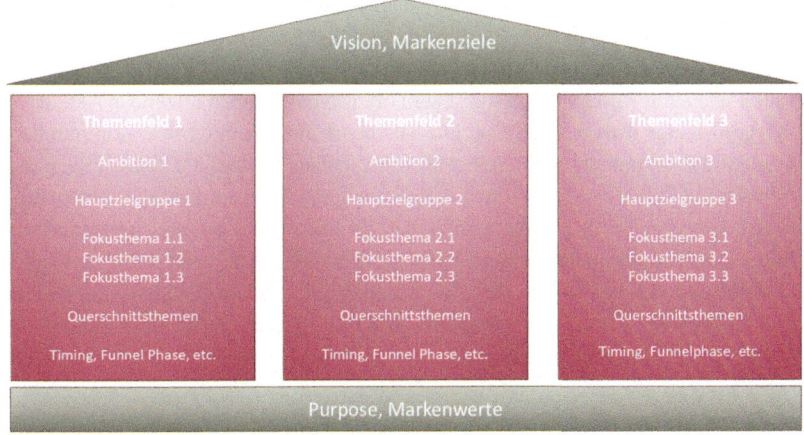

Abb. 2.4 Themenhaus oder Zielhaus der Kommunikation in Anlehnung an Zerfaß und Volk (2019), S. 97, modifizierte Darstellung mit freundlicher Genehmigung der Urheber:innen

Die Core Story leitet Ihre Kommunikation!

Wenn Sie mit der führenden Planungssoftware für strategische digitale Kommunikation Scompler arbeiten, erkennen Sie die Herkunft der Themenarchitektur aus den bisherigen Modellen. Die Core Story, die die Themenfelder mit ihren Themen dirigiert, ist der entscheidende strategische Hebel für die redaktionelle Substanz und Wiedererkennung Ihrer Kommunikation. Die Core Story unterscheidet Ihre Organisation von allen anderen – und die Themen kommunizieren diese Einzigartigkeit. Entwickeln Sie die Core Story also sehr sorgfältig. ◄

2.2.2 Themen setzen

Eigene Themen setzen. Sie haben eine klare Core Story und kennen Ihre wichtigsten Handlungsfelder genau? Dann gehen Sie *deduktiv* vor und erzeugen innerhalb dieses inhaltlichen Rahmens Ihre aus Ihrer Expertensicht wichtigsten Einzelthemen. Das ist das empfohlene Vorgehen, weil Sie die Hoheit über Ihr Narrativ behalten und *Ihre* Themen und Botschaften in der Öffentlichkeit positionieren, also *auf die Agenda setzen* können. Ihr nächstes taktisches Ziel. Oder Sie reagieren auf externe Entwicklungen? Auch diese können Sie in einer Themenstruktur erfassen. Dann steuern Sie Ihren unerwarteten Beitrag zu aktuellen Trends bei oder erläutern Ihren Standpunkt bei branchenbezogenen Debatten. Je konsequenter Sie diese eher zufällig aufkeimenden Aktualitäten in Ihre Themenstruktur integrieren, desto systematischer und schneller können sie auf neue Entwicklungen mit Ihrer eigenen souveränen Kommunikation reagieren – und werden selbst zum offensiven, Themen setzenden Akteur! **Organisierter durch die Krise.** Die Themenstruktur bereitet Ihre Kommunikation auf alle Eventualitäten vor: Selbst unvorhersehbare Krisenfälle können Sie paradoxerweise vorbereiten, da sie einen definierten Ort haben, an dem alle Informationen zusammenlaufen. Sie können schneller, profunder und präziser antworten, da alle Ressourcen dafür in ihrer Themenstruktur liegen. Was Sie veröffentlichen wollen und wann, wie viel davon für welche Zielgruppen auf welchen Kanälen – das sollten Sie nicht vom Zufall und der Tageslage abhängig machen. Sondern in Ihrer Zielplanung vorausschauend fixieren.

2.2.3   Storys finden

Ziel der Kommunikation ist es, Menschen mit Inhalten zu überzeugen. Posten Sie also gerne und reichlich, *the more the merrier*. Ihre Postings transportieren Ihre Inhalte in Form kleiner Geschichten zu Ihrem Publikum. Also sollten Sie spätestens jetzt definieren, was Sie unter überzeugenden Geschichten verstehen und wie Sie sie umsetzen möchten. Dazu ist es wichtig, dass Sie den Unterschied zwischen einem eher abstrakten kategorischen Thema und einer konkreten anschaulichen Story im Team klar definiert haben. Im redaktionellen Alltag verwässern die Begriffe und verschwimmen die trennscharfen Grenzen zu oft – je klarer die beiden unterschiedlichen Ziele abgesteckt sind, desto klarer und friktionsfreier später ihre operative Umsetzung. **Themen sind statisch.** Ein strategisches Thema im Unternehmen ist deswegen ein strategisches Thema, weil es eng mit der Unternehmensgeschichte verwoben ist und aus der Tiefe der Gründungsgeschichte heraufscheint. Diese Themen repräsentieren das Wesen Ihrer Organisation – und das ändert sich nicht von heute auf morgen. Die Themen sind tatsächliche ideelle Anker in einem sehr dynamischen, fast zu hektischen Alltag. Sie geben Ideen für viele kleine und größere Geschichten, bieten viele Blickwinkel, Anekdoten und Spezifika über einen langen Zeitraum an – und transportieren letztlich das, was die Organisation, ihre Mitarbeitenden und Führungsfiguren ausmacht und was ihre Kunden und Partner schätzen. Daher sage ich: Themen sind statisch.
Finden Sie also die richtigen Themen in den relevanten Handlungsfeldern ihrer Organisation. Definieren wir aber zuvor, welche Arten von Themen es überhaupt gibt (unterstützend können Sie die eigene Visualisierung in Abb. 2.5 studieren):

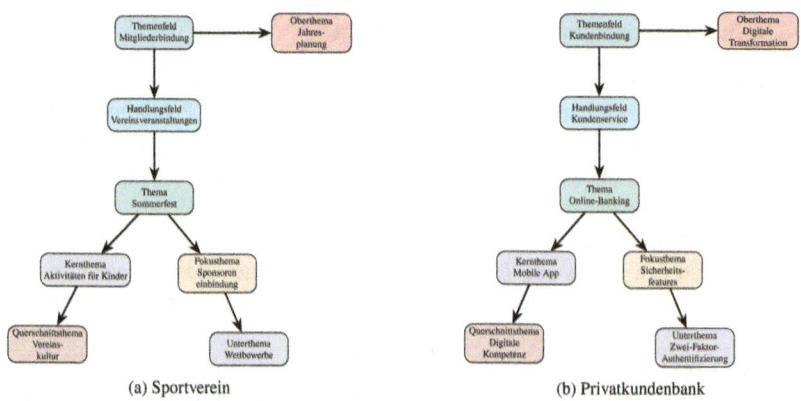

(a) Sportverein   (b) Privatkundenbank

Abb. 2.5 Vergleich von Themenhierarchien (Eigene Visualisierung)

- Ein **Themenfeld** versammelt verwandte Themen auf einer übergeordneten Ebene (Kategorie). Themenfelder sind neutrale allgemeine Cluster zusammenhängender Themen.
- In einem **Handlungsfeld** werden konkrete Maßnahmen, Projekte oder Kommunikationsaktivitäten umgesetzt, die auf strategischen Prioritäten gründen. Handlungsfelder fokussieren auf operative Ziele und konkrete Aktivitäten.
- Ein **Thema** ist ein spezifischer Aspekt innerhalb eines Themenfelds, der innerhalb des Themenfeldes klar abgrenzbar und ansonsten eigenständig ist.
- Ein **Kernthema** ist ein zentraler Aspekt, der für eine Organisation, Marke oder Kampagne besonders relevant ist und langfristig kommuniziert wird.
- Ein **Fokusthema** ist ein temporär oder situativ besonders hervorgehobenes Thema, das im Mittelpunkt von Kampagnen oder Diskussionen steht. Im Gegensatz zu Kernthemen, die Ihre Organisation ausmachen, können sich Fokusthemen mittelfristig ändern.
- Ein **Querschnittsthema** betrifft mehrere Themenfelder oder Handlungsbereiche und schafft Verbindungen zwischen ihnen.
- Ein **Unterthema** ist ein spezifischer Aspekt eines größeren Themas, oft sehr konkret. Vertieft ein Thema im Detail.
- Ein **Oberthema** ist ein übergeordnetes, zusammenfassendes Thema, das mehrere Einzelthemen integriert.

Nicht jede Arbeitsgruppe ist ein Themenfeld

Digitalisierung mag zwar ein drängendes Change-Projekt in Ihrem Unternehmen sein – es ist ein Querschnittsthema und nichts, weswegen Ihr Publikum Ihnen bei TikTok folgt. *Transformation* auch nicht – es sei denn, Ihr Unternehmen verkauft Transformation als wichtige Dienstleistung. Diese Querschnittsthemen, die alle Unternehmen mehr oder weniger auf Trab halten, können Sie als zusätzlichen Blickwinkel mitkommunizieren. Ihr Publikum aber folgt Ihnen wegen Ihrer Core Story und den daraus abgeleiteten einzigartigen Themenfeldern – erzählen Sie von diesen Themen, die direkt aus Ihrer DNA entstammen ... ◄

Storys sind dynamisch. Storys beleuchten beispielhaft einen der vielen Aspekte, die in einem Thema stecken. Sie suchen eine überzeugende Antwort auf eine knifflige Alltagsfrage, zeigen einen raffinierten Lösungsansatz für ein nervendes Problem, porträtieren einen Menschen mit einer besonderen Fähigkeit oder nehmen ihr Publikum mit auf eine Entdeckungsreise zu sonst verschlossenen Orten und im Verborgenen ablaufenden Prozessen. (Und selbstverständlich zu unendlich viel mehr – denn die Fülle an Storys ist buchstäblich unendlich.)

Erzielen Sie SMARTe Geschichten. Die konkreten Anekdoten, Alltagsbeispiele und anfassbaren Aspekte, die sie in eine attraktive Geschichte gießen, sollten immer SMART sein. Fragen Sie sich also bei jeder einzelnen Kommunikationsmaßnahme: Ist das Beispiel spezifisch genug? Ist es detailliert und einzigartig, beleuchtet es seinen erkenntnisleitenden Aspekt präzise und umfassend? Stecken in der Geschichte Faktoren, die messbar sind oder wären? Gibt es einen klaren Zeitbezug? Ist die Geschichte grundsätzlich attraktiv, und mit welchem Aufwand können Sie sie umsetzen? Finden Sie den perfekten Veröffentlichungszeitpunkt – und wie lange wollen Sie die Geschichte mit Beiträgen über die Kanäle aktiv laufen lassen?

Machen Sie sich klar, was eine Story ist. In der Praxis sehen wir häufig, dass die ungeklärte Definition der Laufzeit einer Story zu Schwierigkeiten im operativen Tagesgeschäft führt.

Wie Sie Storys nicht planen sollten!

Konkretes (Negativ-)Beispiel, das so ähnlich häufiger vorkommt: Unser 100-jähriges Firmenjubiläum steht an, und wir möchten darüber auf mehreren Kanälen einladen, einen Rückblick mit Highlights geben und hinterher über die Jubiläumsfeier berichten. Die erste Save-the-date-E-Mail geht schon ein halbes Jahr vor dem Event raus, den historischen Rückblick möchten wir in zehn Beiträge aufsplitten – einen für jedes Jahrzehnt –, wir posten selbstverständlich live vom Event und stellen eine Woche danach eine Bildergalerie online; ein halbes Jahr später ist auch unser Film dazu endlich fertig geschnitten. Die dynamische Story läuft also ein ganzes Jahr lang. . . Wir haben einen Kategorienfehler begangen: Unser Firmenjubiläum ist gar keine spezifische und attraktive Story aus dem Alltag, sondern ein übergeordnetes statisches Thema mit der genannten Laufzeit von einem Jahr – was wir in der Digitalen Kommunikation durchaus als langfristig benennen können. Die einzelnen Aspekte sind die Storys: Die Einladung sechs Monate vorher ist eine kleine, jeder einzelne der zehn Rückblicke ist eine eigene größere, die Feier selbst die reichweitenstärkste mit der Live-Coverage auf Instagram, TikTok und WhatsApp sowie der Bildergalerie hinterher, und wenn der Film dann endlich aus der Post-Production kommt, ist er seine eigene Story mit ganz eigener Sichtbarkeit. Jede dieser Storys sollte für sich genommen SMART sein. ◄

2.3 Customer Journey

Ein wirklich augenfälliger strategischer Unterschied zwischen analoger und digitaler Kommunikation ist – der richtige Zeitpunkt. Mit analogen Mitteln ist es extrem aufwändig, im richtigen Moment mit der richtigen Botschaft und Lösung vor der Haustür genau derjenigen Person zu stehen, die dies in genau diesem Augenblick benötigt. Vermutlich ist ein Lottogewinn mathematisch wahrscheinlicher. Mit digitaler Technik, ein bisschen KI und vor allem: tiefem Nachdenken ist es heutzutage also wichtige Pflicht, den richtigen Moment zu erwischen – wir haben GPS-Uhren und sind always-on. Klar, dass wir wissen können, wer sich wann wo befindet und dabei nahe liegende Fragen hat, die wir sekundengenau beantworten können. Sie haben also ein weiteres strategisches Ziel, das es so wirklich nur im Digitalen gibt: Den richtigen Moment planen!

2.3.1 Der passende Moment

Einmal durch den Filter. Die digitale Customer Journey beschreibt den gesamten Prozess, den Ihre Kundinnen und Kunden durchlaufen: von dem flüchtigen Moment, an dem Sie Ihr Produkt oder Ihre Dienstleistung zum ersten Mal wahrgenommen haben, bis schließlich zum Kauf – und wenn das Zeugs kaputt ist und repariert werden muss, auch darüber hinaus. Die Berührungspunkte zwischen Ihnen und Ihren Kunden vermehren sich von Jahr zu Jahr: Suchmaschinen und Chat-Bots, Empfehlungen auf Threema und BlueSky, Requester auf dem Smartphone und dem Navigationssystem im Auto, Pop-ups im SmartTV und personalisierte

E-Mails auf ihren digitalen Bilderrahmen. „Die Digitalisierung führt zu einer Explosion der Touchpoints", warnt der Erfinder des Mörketings, Olaf Mörk, der sich mit situativem Content Marketing beschäftigt: „Daher hat nur ein höchst relevanter Content bei einem Touchpoint etwas zu suchen. […] Nicht die Masse an bespielten Touchpoints zählt, sondern deren relevante Qualität für die Zielpersonen." (Mörk 2021, S. 30) Also: Der richtige Content für den richtigen Moment.

Die Funnelstrategie

Eine zentrale Struktur, die oft in diesem Zusammenhang verwendet wird, ist der Funnel, von dem es viele gibt – AIDA, Sales- und Marketing-Funnel mit unterschiedlich vielen Phasen. (Colicev et al. 2019) Letztlich kommen alle auf einen gemeinsamen Trichter: Die Leute oben einfangen, in der Mitte missionieren und unten als überzeugte Jünger wieder rausfallen lassen – das sind die drei Phasen ToFu (Top of the Funnel), MoFu (Middle of the Funnel) und BoFu (Bottom of the Funnel – siehe auch eigene Abb. 2.6). Wenn Sie am Ausgang noch eine Kasse aufstellen, können Sie noch eine lukrative vierte Phase an Ihren Funnel dranhängen …

Top of the Funnel: Hier machen Sie auf sich und Ihre Organisation aufmerksam: Sie haben einen großartigen Blogbeitrag geschrieben, auf Twitch gestreamt oder haben es in ein Featured Snippet geschafft. Sie wollen (noch) nichts verkaufen, sie wollen *Hallo* sagen. Für Stadtverwaltungen beispielsweise wären Inhalte der ToFu-Phase ein Hebel, um auf die vielen, vielen Dienstleistungen und Events hinzuweisen,

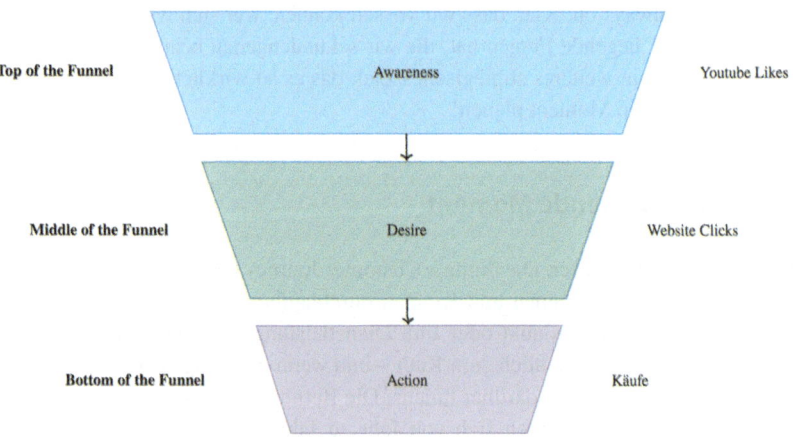

Abb. 2.6 Funnel-Phasen (Eigene Darstellung)

ohne gleich ins Detail zu gehen. Wenn eine Hauptverkehrsstraße für viele Monate gesperrt werden muss, weil sie saniert wird, dann würde ToFu-Content die Vision zeigen: Nach den Sperrungen ist die Straße grüner, ruhiger, sicherer und hat mehr Auf-
enthaltsqualität, was die Anwohner:innen freut und den Einzelhandel belebt. To-
Fu-Content zeigt, *wofür* Sie etwas machen. *Middle of the Funnel* ist die Phase tief
drin im Trichter. Hier vertiefen Sie das Interesse Ihres Publikums und wecken Wünsche auf mehr. Schreiben Sie für Ihre Zielgruppe ein nützliches Whitepaper, organisieren Sie ein besonderes Webinar oder geben Sie durch konkrete Anschauungsbei-
spiele Orientierung. Eine Stadtverwaltung könnte hier beispielsweise über die verschiedenen Gewerke informieren, die bei der Straßensanierung zusammenarbeiten:
Glasfaser wird in jedes Haus gelegt, um künftig unterbrechungsfrei streamen zu können, die neue Kanalisation gewinnt Wärme aus dem Abwasser zurück und die
Straßenbahn hält jetzt direkt vor der Schule – die Kinder müssen nicht mehr über die
gefährliche Straße rennen. Wenn Sie nun sagen: Wow, so eine Straßensanierung
kaufe ich mir auch!, dann sind Sie bereits in den *Bottom of the Funnel* gerutscht. Hier
soll Ihr Publikum eine Entscheidung treffen – Anmelden, Mitmachen, Abonnieren,
Kaufen. Unterstützen Sie es durch Rabatte, Case Studies und direkte Kontakt-
möglichkeiten. Hier haben auch die KPI wie die Klickrate (CTR) und die Conversion-Rate ihren Platz: Sie helfen Ihnen dabei, die Effektivität Ihrer Funnel-Phasen zu
messen. Erklären Sie hier die Details: Wie genau ist die Verkehrsführung während
der Sanierung, welche Abschnitte werden in welchen Zeiträumen gesperrt, welche
Parkplätze fallen weg, welche Ladengeschäfte sind dennoch zugänglich? Rutschen
Sie runter auf die konkrete Alltagsebene.

AIDA: Für die emotionalen Momente
AIDA funktioniert ähnlich. Modelle wie das AIDA-Prinzip (Attention, Interest,
Desire, Action) bieten Ihnen weitere Perspektiven auf die *Customer Journey.* Mit
AIDA können Sie besonders gut solche Kampagnen gestalten, die eine emotionale
Bindung zu Ihren (potenziellen) Kundinnen und Kunden schaffen sollen. Ein Bei-
spiel: Eine Nutzerin entdeckt durch eine auffällige Anzeige (Attention) ein neues
Smartphone. Durch informative Produktseiten und großartige Videos wird ihr Inte-
resse geweckt (Interest),[10] und durch Bewertungen oder Influencer-Empfehlungen
entsteht der Wunsch, das Gerät zu besitzen (Desire). Schließlich wird durch einen
gezielten Call-to-Action, etwa „Jetzt kaufen und 10 % Rabatt erhalten", die Hand-

---

[10] Nicht nur die Userin, auch eine (digital generierte) Springspinne hat sich in ein Smartphone verliebt. Das emotionale Video dazu wurde mit drei Goldenen Löwen in Cannes aus-
gezeichnet. (Berchermeier 2022).

lung ausgelöst (Action). Hier könnten Sie KPI wie die *Verweildauer* auf der Webseite, die *Interaktionsrate* mit Inhalten und die *Anzahl der Bestellungen* zur Bewertung der Kampagne heranziehen.

Moderne digitale Customer Journeys gehen jedoch oft über die klassische Funnel-Logik hinaus. Dank personalisierter Daten und Künstlicher Intelligenz können Sie den gesamten Prozess dynamischer gestalten. Beispielsweise könnten Sie durch Retargeting Anzeigen für User schalten, die ein Produkt in den Warenkorb gelegt, aber nicht gekauft haben. Auch *Post-Purchase-Phasen* spielen eine immer größere Rolle – etwa Kundenbindungsmaßnahmen mit Follow-up-E-Mails, Treueprogramme oder personalisierte Produktempfehlungen, die langfristige Beziehungen fördern sollen. KPI wie der *Customer Lifetime Value (CLV)* oder die Wiederkaufrate *(Repeat Purchase Rate)* helfen Ihnen dabei, den Erfolg dieser Maßnahmen zu messen. Sie kennen alle diesen Online-Buchhändler, der Kundinnen und Kunden basierend auf ihrem bisherigen Kaufverhalten neue Titel vorschlägt und dabei gezielte Rabattaktionen einsetzt, um sie zu einer weiteren Bestellung zu animieren. . .

2.3.2 Influencer gewinnen

Personal Jesus. Gehen Sie also über die Funnel-Logik hinaus und buchen Sie sich Ihren eigenen charismatischen Influencer (m/w/d). Oder halten Sie das für einen vorübergehenden, leicht fragwürdigen Instagram- und YouTube-Trend? Sind Influencer:innen nur sinnvoll im Beauty- und Wellness-Business aufgehoben, aber eine Stadtverwaltung weiß nix mit ihnen anzufangen? Vielleicht hilft Ihnen die Wissenschaft weiter: Ein Team um die Professorin Chen Lou von der Nanyang Technological University Singapur hat 142 wissenschaftliche Artikel über Sinn und Unsinn von Influencer:innen systematisch durchforstet und herausgefunden, dass "not only do most researchers recognize the strategic commercial value of influencers, there is also a consensus that influencers are capable of producing positive results in non-commercial partnerships. This suggests that both governmental authorities and non-governmental organizations can consider using influencer marketing to disseminate important messages effectively in this digital climate." (Lou et al. 2022, S. 71) Influencing funktioniert also, vor allem in Brasilien, Indien und China – nicht gerade die kleinsten Länder, Deutschland hängt hier deutlich hinterher. Aber auch bei uns sagt ein Fünftel der befragten 18 bis 64 Jahre alten Menschen, dass sie schon einmal ein Produkt gekauft haben, weil eine Influencerin oder ein Influencer es empfohlen haben. (Buchholz 2023)

80/20-Regel einmal anders: Während also 20 % der deutschen Konsumentinnen und Konsumenten sich von Influencer:innen beeinflussen lassen, setzen weit über 80 % der deutschen Marketingabteilungen bereits auf den positiven Einfluss von Influencer:innen. Das hat eine große Umfrage im Sommer 2024 in fünf europäischen Ländern herausgefunden.[11] Sie setzen vor allem auf Micro-Influencer mit 10.000 bis 100.000 Followerinnen und Followern. 78 % der befragten Unternehmen bevorzugen diese Gruppe, die zwar groß genug für ausreichend Reichweite ist, aber auch klein genug, um mit ihren Fans intensiver interagieren zu können – Celebrity-Influencer wie Cristiano Ronaldo mit knapp 650 Mio. Fans auf Instagram tun dies nicht, weil sie es rein physisch nicht schaffen können.[12] Noch engerer Kontakt zur Community, noch höherer Kümmerfaktor, weil sie viel näher an ihren wenigen Fans dran sind: Nano-Influencer zwischen 1000 und 10.000 Followern haben ein höheres Überzeugungs- und Empfehlungspotenzial und damit – mehr Einfluss. 41 % der deutschen Marken setzen im Sommer 2024 daher auf Nano-Influencer.

Wenden Sie sich an Ihren lokalen Influencer. Medienarbeit und Influencer-Marketing bieten uns vergleichbar positive Effekte. Unsere kaum besuchten eigenen Plattformen wie Website, Newsletter und Smartphone-App sowie unsere nur zurückhaltend gelikten Social-Kanäle haben neben ihrer überschaubaren Sichtbarkeit ein drängenderes Problem: Sie sind *zu wenig glaubwürdig*. Ein Problem, das große Konzerne gut kennen: Warum sollte das Publikum den Beteuerungen auf den eigenen Plattformen vertrauen? Wir brauchen eine vertrauenswürdige Prüfinstanz mit hoher Reputation und höherer Reichweite. Das sind Medienunternehmen und das sind Influencer:innen.[13] Wir borgen uns also deren Reputation und Glaubwürdigkeit aus und erhöhen mal eben unsere Sichtbarkeit um ein Vielfaches zu – je nach Verhandlungsgeschick – tragbaren Kosten. Aber sputen Sie sich, denn die Preise steigen! Bis zum Ende des Jahrzehnts könnte das Werbevolumen im Influencer-Marketing in Deutschland bei knapp einer Milliarde Euro liegen.[14]

Reichweite kann trügerisch sein
Hohe Follower-Zahlen bedeuten nicht zwangsläufig große Reichweite. Manche als Influencer:in wahrgenommene Person mit hunderttausend Follower:innen erreicht mit ihren Postings nur fünftausend im Schnitt, eine andere hat bei dreißigtausend Follo-

---

[11] Es sind laut der Studie „The State of Influencer Marketing in Europe 2024" von Kolsquare in Zusammenarbeit mit Newton X 385 sogar 87 %. Zusammenfassung bei (meedia.de 2024).

[12] Aber folgen können Sie ihm trotzdem: https://www.instagram.com/cristiano.

[13] Die Sparkassen Finanzgruppe antwortet mit einem Influencerpaar auf den ultrakonservativen Tradwife-Trend auf TikTok, um auf die Rollenverteilung im Haushalt und Berufsleben und ihre Auswirkungen auf die Altersvorsorge hinzuweisen. https://www.youtube.com/watch?v=OQOi-SUe2BWE. Die Episode ist Teil einer größeren Aufklärungsserie unter dem Titel *Mehr als Geld – by Sparkasse* https://www.youtube.com/@MehralsGeld.

[14] Influencer-Werbung wird im Jahr 2029 ein Marktvolumen von 960,40 Mio. € erreichen, ein erwartetes jährlichen Umsatzwachstum von 7,53 % (Statista 2025).

Tab. 2.4 Übersicht der Influencer-Typen nach Follower-Anzahl

Influencer-Typ	Follower-Anzahl	Beschreibung
Nano-Influencer	1.000 – 10.000	Sehr kleine Anhängerschaft, aber sehr enger Kontakt zu ihr. Erscheinen sehr glaubwürdig und engagieren sich für ihre Fans.
Micro-Influencer	10.000 – 100.000	Teilen ihr Expertenwissen, womit sie organisch wachsen. Inhalte erzeugen hohes Engagement, wodurch der ROI positiv wird.
Macro-Influencer	100.000 – 1.000.000	Betreiben einzigartige Accounts auf dem Kanal, auf dem sie als „Urgesteine" gelten. Beschränken sich auf ein bis zwei Themen.
Mega-Influencer	über 1.000.000	Haben beinahe Prominenten-Status und schaffen bemerkenswerte Reichweiten – klar, bei mehreren Millionen Followern.

wer:innen eine Reichweite von zwanzigtausend (Tab. 2.4 hilft Ihnen, die einzelnen Influencer-Typen nach ihrer Followeranzahl zu kategorisieren). Berechnen Sie die Engagement Rate: Wichtiger als die Reichweite ist die Interaktionsrate.[15] Diese ist der gewichtete Quotient aus allen Social Signals im Verhältnis zur Followerzahl. Gewichtet deshalb, weil ein schüchternes Like weniger zählt als ein Kommentar oder gar ein Share. Wie Sie die Gewichtung für Ihr Reporting vornehmen, legen Sie in Ihrer Organisation individuell fest. In unserem Beispiel zählen wir ein Like einfach, einen Kommentar sowie einen Videoaufruf doppelt und ein Share dreifach. Die Engagement Rate können Sie dann beispielsweise folgendermaßen berechnen:

$$ER = \frac{\left(Likes\right) + \left(Kommentare \times 2\right) + \left(Videos \times 2\right) + \left(Shares \times 3\right)}{Anzahl\ der\ Follower} \times 100$$

Die Interaktionsraten von Influencern liegen für gewöhnlich zwischen zwei und fünf Prozent. Micro-Influencer erzielen sehr gute Werte über zehn Prozent. **Analysieren Sie die Interaktionsrate!** 5 Videoaufrufe, 25 Likes, 12 Kommentare und 6 Shares auf einem Kanal, dem 1500 User folgen, ergibt eine Engagement Rate von 5,1 %. Die Interaktionsrate zeigt, wie rege die Follower:innen auf die Posts der Influencer:innen tatsächlich reagieren. Je höher die Interaktionsrate, desto größer ist auch die Wahrscheinlichkeit eines hohen ROI (Return on Investment). Besonders

---

[15] Hier hat sich in über einem Jahrzehnt nichts signifikant verändert – die Interaktionsrate bleibt die wohl wichtigste Kennzahl im Digitalen. (Aßmann und Pleil 2014, S. 588).

Tab. 2.5 Qualitative und quantitative Kennzahlen für Influencer:innen-Marketing

Qualitative Kennzahlen	Quantitative Kennzahlen
Glaubwürdigkeit	Reichweite und Engagement
Wahrgenommener Coolnessfaktor	Share of Voice (SoV)
Aktivierungsstärke	Conversion Rate
Bindung der Follower:innen	Marketing ROI (Return on Investment)
Konsumverhalten der Follower:innen	Click Through Rate (CTR)
Einstellungen der Follower:innen	Loyalität und Dauer der Partnerschaft
Themeninteressen der Follower:innen	Content Qualität
Markenbekanntheit	Cost per Engagement (CPE)

bei Influencer:innen kann diese Metrik daher entscheidend sein (welche qualitativen und quantitativen Kennzahlen Sie sich für die Auswahl und Evaluation Ihrer persönlichen Influencerin und Ihres persönlichen Influencers einmal anschauen könnten, sagt Ihnen Tab. 2.5).

Je größer die Followerschar, desto geringer die Interaktionsrate
Das liegt an zwei schlichten Tatsachen, die sich gegenseitig bedingen: Je größer ein Account ist, desto weniger Zeit und Aufmerksamkeit wird die prominente Person für die Reaktion auf einzelne Liebesbezeugungen einer- und Provokationen andererseits aufwenden. Der Account ist schlicht zu groß für individuelle Beziehungspflege. Das führt quantitativ zu weniger Follow-Up-Interaktion und damit auch zu weniger sekundärer Sichtbarkeit der Influencer:in im Netzwerk der einzelnen Fans – was in einer Rückkopplungsschleife zu wiederum weniger Interaktion führt. Eine geringe Interaktionsrate gibt dem Algorithmus andererseits das emotionslose Signal, dass es um die Beziehung zwischen Influencer und Followerschaft nicht allzu gut bestellt sein kann – Postings der Influencer spielt der Algorithmus nun seltener aus im Feed, die Interaktionsrate geht weiter zurück. Je größer die Influencer:innen, desto geringer ihre prozentuale Reichweite. Kontraintuitiv, aber dennoch logisch. Und mathematisch nicht anders möglich. (Ille 2020)

Rechnen Sie nach! Schauen wir uns die prozentuale Reichweite in Abb. 2.7 (die beiden Tortengrafiken) genauer an. Wir folgen im linken Diagramm vier Personen: Influencerin A setzt vier Postings ab, die Marke B drei, Politiker C postet zweimal und meine Tante D einmal. Macht zehn Postings und gibt der Influencerin eine prozentuale Sichtbarkeit in meinem Feed von 40 %. Nun verdoppeln wir die Zahl der Personen, denen wir folgen – die Postings aber verzehnfachen sich insgesamt. Influencerin A setzt jetzt im gleichen Zeitraum 20 Postings ab, eine Kollegin von ihr 18. Alle posten deutlich mehr und müssen deutlich mehr Aufwand betreiben. Dennoch geht die prozentuale Sichtbarkeit zurück: Marke B hat statt drei nun 16 Postings ge-

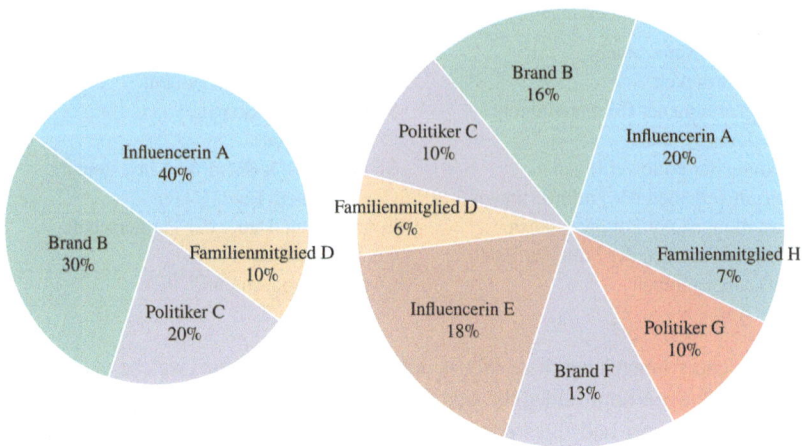

Abb. 2.7 Vergleich der Posting-Anteile (Eigene Darstellung)

plant, produziert und abgesetzt, aber ihr Anteil im Feed sinkt von 30 auf nur noch 16 %. Influencerin A hat ihren Output ebenfalls verfünffacht, damit sich ihr Anteil im Feed halbiert. Mathematik kann grausam sein.

Corporate Influencer: Lassen Sie Ihre Mitarbeitenden für Sie strahlen
Influencen Sie selbst! Während Sie über die vielen Promi-Influencer:innen täglich in Ihren Feeds stolpern, können Sie sich natürlich auch fragen: Können wir das nicht selber machen? Einige Unternehmen und zunehmend auch Behörden machen das so und nutzen eine zurückhaltendere Form der öffentlichen Sichtbarkeit: *Corporate Influencer*, oder wenn die Besoldung nach TVöD erfolgt, Amtfluencer.[16] Die Strategie ist einfach: Ihre eigenen Mitarbeitenden sind Ihre besten Botschafterinnen und Botschafter. Diese haben Insights, die (außer Ihnen) niemand sonst hat, sie können Hintergründe und Zusammenhänge erläutern, die für die Öffentlichkeit neu und im Zweifel sogar spannend sind, sie öffnen virtuell die Türen und Fenster der Organisation und sorgen für die notwendige Bedingung guter PR: Transparenz. Und vor allem haben sie Herzblut und ein Strahlen in den Augen, das anziehend wirkt und grundsätzliche Zweifel an der Organisation temporär hinwegwischen kann. „PR-Doktor" Kerstin Hoffmann hat eine Corporate Influencerin interviewt: Magda-

---

[16] Mit diesem Begriff bezichtigen sich postende Behördenangestellte oder verbeamtete Influencer vor allem auf LinkedIn. Wie digitale Kommunikation, namentlich Social Media-Kommunikation, in Behörden funktionieren kann, haben Christiane Germann und Wolfgang Ainetter als Referentenentwurf formuliert. (Germann und Ainetter 2021).

lena Rogl. Sie sagt: „Ich glaube […], dass ein Unternehmen immer an Sympathie gewinnt, wenn man sieht, wie sich Mitarbeiterinnen und Mitarbeiter für Themen und Projekte begeistern." (Hoffmann 2020, S. 104)

Kerstin Hoffmann zählt zudem mehrere Strategien auf, wie Sie Ihre Mitarbeitenden einsetzen können: als Rockstars oder als Leuchttürme (Hoffmann 2020), aber auch als ganz normale Nachbarn und Bekannte, die unaufgeregt von ihrer täglichen Arbeit erzählen. Die Ziele hat Magdalena Rogl genannt: Sichtbarkeit und Engagement, Positionierung als unerwartet sympathisches Unternehmen mit begeisterten Menschen auf der payroll, die jeden Tag an großartigen Projekten arbeiten dürfen – Bäm! Mehr motivierendes Marketing geht fast kaum …

2.4 Messen und Evaluieren

Im Digitalen ist es vermutlich so leicht wie nirgendwo sonst, Interaktionen, Reaktionen, Reichweiten und Wahrnehmungen zu messen – und daraus die richtigen Schlüsse zu ziehen. (Hoffmann 2015, S. 212) Wir können (fast) alles messen, aber wie helfen uns die gemessenen Werte wirklich weiter? Was messen wir wie warum? Welche *Key Performance Indicators* sind sinnvoll – und wie helfen sie uns, unsere Kommunikation zielgerichteter und ressourcenschonender auszugestalten?

2.4.1 KPI definieren

Zuerst einmal: Ein KPI ist kein Ziel, obwohl wir in diesem Kapitel darüber fachsimpeln. Ein KPI ist ein Messwert. Eine Zahl oder ein Quotient, der Ihnen eine quantitative Lageeinschätzung ermöglicht. Aber er ist kein eigenes Ziel. Wenn Ihr Ziel lautet: 10 % mehr Reichweite auf *Reddit* in der Altersgruppe der 60- bis 75-jährigen Kernphysikerinnen in den kommenden drei Monaten, ist dies Ihr Zielwert. Der KPI sagt Ihnen, inwieweit sie diesen Zielwert erreicht oder nicht erreicht haben. Er ist ein Indikator für einen wichtigen Leistungswert. Und: Sie müssen ihn in ein Verhältnis zu anderen Werten setzen, damit er Aussagekraft bekommt. Schauen wir uns sinnvolle KPI an.

- **Auf Social Media-Plattformen** sind *Impressions* und *Reichweite* wichtig: Wie häufig wurde Ihr Beitrag im Newsfeed Ihrer Abonnentinnen und Abonnenten angezeigt? Oft bekommen User denselben Beitrag mehrfach zu sehen – Impressionen müssen also in der Regel immer ein wenig höher sein als die Reichweite, die Ihnen sagt, wie viele Personen Ihren Beitrag gesehen haben (könnten – auch hier gibt es Unschärfen).

- **Bei Webseiten** sind Visits, Clicks und Click-Through-Rate interessante KPI, schon allein deshalb, weil die Analyticstools sie sehr genau messen können. Die Kennzahlen lassen aber auch indirekt auf die Relevanz Ihrer Inhalte schließen.
- Auf Social Media Plattformen sind zudem Follower, Likes, Mentions und Shares wichtig, da sie indirekt eine Aussage darüber erlauben, wie attraktiv Sie und Ihre Inhalte für eine Reihe Menschen sind.
- **Bei E-Mails** ist die Öffnungsrate ein guter KPI, der logischerweise aber nichts darüber aussagt, ob der Inhalt tatsächlich gelesen worden ist.
- **Für Werbeschaltungen** ist der ROAS interessant: Eine ganz einfache Division der beiden Zahlen: Was haben Sie verdient geteilt durch die Kosten der Werbung dafür – was ist also der Return On Ad Spend?

KPI, die Sie aus der CX-Pyramide ableiten können

Stufe 1: Grundlegende Informationen bereitstellen

- *Website-Ladegeschwindigkeit*: Gibt an, wie schnell die Informationen auf dem Endgerät der User angezeigt werden – und damit zugänglich sind.
- *Verweildauer* auf Informationsseiten: Gibt Ihnen einen Fingerzeig, ob Ihre Interessenten die bereitgestellten Inhalte tatsächlich lesen und als hilfreich empfinden.
- Anteil der *erfolgreichen Suchanfragen*: Misst, wie gut Kunden relevante Informationen finden können (etwa in einer FAQ-Sektion).
- *Bounce Rate* (Absprungrate): Gibt Hinweise darauf, ob die Website oder App ansprechend genug ist, um Kunden zu halten.

Diese Indikatoren helfen Ihnen dabei, die Effizienz und Zugänglichkeit grundlegender Informationen zu messen (im nächsten Kapitel lernen Sie Hygiene- und Search-Content kennen – die KPI dazu kennen Sie jetzt schon). Finden User mit wenig Aufwand die Antworten, die sie benötigen? Können Sie Frust verhindern, der durch fehlende oder falsche Inhalte entstehen könnte?

Stufe 2: Probleme auf Anfrage lösen

- Erstlösungsquote *(First Call Resolution)*: Anteil der Kundenprobleme, die beim ersten Kontakt gelöst werden.
- *Durchschnittliche Antwortzeit*: Zeit, die benötigt wird, um eine Kundenanfrage zu bearbeiten (z. B. per E-Mail, Chat oder Social Media).
- *Kundenzufriedenheit* (CSAT): Bewertet, wie zufrieden Kunden mit der Lösung eines Problems sind.
- *Tickets pro Kontaktkanal*: Gibt Einblicke, welche Kanäle am häufigsten für Problemlösungen genutzt werden.

Diese KPI messen, wie schnell und kompetent Sie reagieren und wie effektiv Ihre Prozesse sind. Sind die Werte eher schlecht, müssen Sie sich auf die Suche machen: Wo sind Schwachstellen in Ihrer Servicekette, wo fehlt Entscheidungskompetenz, oder ist der Service insgesamt dauerhaft überfordert?

Stufe 3: Bedürfnisse auf Anfrage erfüllen

- *Conversion Rate* auf individuellen Angeboten: Misst, wie oft Kunden spezifische Empfehlungen oder Lösungen annehmen.
- *Net Promoter Score (NPS)*: Zeigt, wie wahrscheinlich es ist, dass Kunden Ihr Unternehmen nach einer Interaktion weiterempfehlen.
- Anzahl *wiederkehrender Kunden*: Gibt Hinweise darauf, ob User nach erfüllten Bedürfnissen erneut auf Ihre Dienste zugreifen.
- *Umsatz pro Kontakt*: Erfasst, wie viel Umsatz durch individuelle Kundenbedürfnisse generiert wird.

Diese Indikatoren zeigen Ihnen, ob Sie die Kundenbedürfnisse effektiv erfüllen und ob dies zu langfristigen Beziehungen und mehr Umsatz beiträgt.

Stufe 4: Bedürfnisse proaktiv erfüllen

- Anzahl personalisierter Empfehlungen: Misst, wie häufig personalisierte Vorschläge gemacht werden (z. B. via E-Mail oder App).
- Umsatzsteigerung durch proaktive Kommunikation: Zeigt, welchen Einfluss proaktive Maßnahmen auf den Umsatz haben.
- *Click-Through-Rate (CTR)* auf personalisierte Inhalte: Bewertet die Relevanz der proaktiven Angebote.
- Kundenzufriedenheit mit proaktiven Maßnahmen: Gibt an, wie gut proaktive Lösungen bei den Kunden ankommen.

Mit diesen Messwerten bewerten Sie, ob Sie die Bedürfnisse Ihrer Kunden im Voraus erkennen und aktiv darauf eingehen können. Dies trägt zu einer stärkeren Kundenbindung und einem positiven Markenimage bei.

Stufe 5: Kunden besser, sicherer oder mächtiger machen

- *Customer Lifetime Value (CLV)*: Gibt an, wie viel Wert eine Kundin und ein Kunde während der gesamten Kundenbeziehung für das Unternehmen erzeugt.
- Anzahl weiterführender Empfehlungen: Misst, wie oft Kunden aktiv andere zu Ihrem Angebot leiten.
- *Engagement-Rate* bei Schulungen oder Mehrwert-Inhalten: Zeigt, wie intensiv Kunden Angebote wie Webinare, Tutorials oder Blogs nutzen.
- Kundenzufriedenheit mit Weiterbildungsangeboten: Bewertet die Wahrnehmung von Maßnahmen, die die Kundinnen und Kunden stärken.

Tragen Ihre Bemühungen Früchte, die Kund:innen langfristig erfolgreicher und kompetenter zu machen? Ein höherer CLV und gesteigertes Engagement weisen darauf hin, dass Kunden nicht nur zufriedener, sondern auch loyaler sind. ◄

Kreieren Sie eigene KPI. Sie verstehen schnell die Methodik hinter den Quotienten. Entwickeln Sie also gerne eigene KPI; wichtig ist, dass Ihnen die Zahlen auch wirklich weiterhelfen bei Ihrer strategischen, taktischen und operativen Planung. KPI um der KPI willen sind banalerweise sinnlos. Leider gibt es sie aber.

Fragwürdige KPI
Hinterfragen Sie Ihre KPI. Nicht alles, was Google Analytics misst, ist auch ein KPI. Einige Messwerte sind in der Tat widersprüchlich.[17] Die Bounce-Rate und die Verweildauer sind eher fragwürdige Kennzahlen. Die Bounce-Rate misst, ob eine Person auf einer Plattform geklickt hat oder nicht – ganz grob erläutert. Hohe Bounce-Rate = schlecht, so die landläufige Interpretation. Wenn User ihre Antworten sofort ohne zu klicken erhalten, weil die Seite eine vorbildliche Usability hat und die Inhalte extrem gut aufbereitet wurden, dann springen die User informiert und glücklich weg. Super experience, aber hohe Bounce-Rate; ein paradoxer KPI. Gleiches gilt für die Verweildauer: User, die sofort alles finden und nach wenigen Sekunden glücklich weiterswipen, drücken die Verweildauer nach unten – auch das ist paradox.

Beispielberechnungen für einen Newsletter

Da die Liste der KPI, ihrer Erläuterungen und Berechnungsformeln zu lang werden würde, führen wir hier beispielhaft nur die wichtigsten Kennzahlen für Ihre beliebten Newsletter auf:

* **Zustellrate:** Bei wie vielen Ihrer Empfängerinnen und Empfänger kommt Ihre E-Mail an? Die Zustellrate können Sie einfach berechnen, indem Sie die E-Mail-Bounces von den Gesamtzahl Ihrer versandten Newsletter subtrahieren. Das Ergebnis teilen Sie durch die Anzahl der verschickten Newsletter und nehmen den Quotienten mal 100.
* **Bounce Rate:** Wie viele Newsletter erreichen Ihre Abonnenten nicht – weil die Mailadresse nicht mehr funktioniert oder der Mailserver die E-Mail ablehnt oder aus anderen Gründen? Die Bounce-Rate ist sozusagen der Kehrwert der Zustellrate.

---

[17] Ich habe dazu schon auf dem Blog von t2informatik ausführlich geschimpft. (Ille 2024).

- **Öffnungsrate:** Wie viel Prozent der Abonnentinnen und Abonnenten haben die E-Mail mit Ihren Newsletter-Inhalten tatsächlich angeklickt? Dazu teilen Sie die Anzahl der geöffneten durch die Gesamtzahl Ihrer verschickten Newsletter und – Sie kennen das schon – errechnen daraus die Prozentzahl.
- **Klickrate:** Wie viele Abonnentinnen und Abonnenten folgen eingebauten Links und Call-To-Actions? Hier findet die höhere Mathematik im Nenner statt: Sie teilen die Klicks durch die Anzahl der Empfänger, von denen Sie zuvor die Bounces abgezogen haben.
- **Abmelderate:** Wie häufig melden sich Abonnentinnen und Abonnenten von Ihrem Newsletter ab? Dazu nehmen Sie die Formel von der Klickrate eben und ersetzen einfach die Zahl der Klicks durch die Zahl der Abmeldungen – gleiche Formel, anderer Wert im Zähler. ◀

2.4.2 Monitoring und Listening

Wir müssen systematisch, interessiert und vor allem regelmäßig ins Netz hineinhören. Dann können wir herausfiltern, was andere über uns sagen:

- wie sie unsere Produkte und Services finden,
- welchen Trends unsere Zielgruppe derzeit folgt,
- was die Branche bewegt und
- was die Mitbewerber sagen.

Dieses permanente Verfolgen aller Gespräche und Kommentare, von Kritik und Lob ist *Corporate Listening* und *Monitoring*. Daraus können ebenfalls unmittelbar Ziele herausgelesen werden: Wird über das Unternehmen oder über einzelne Produkte oder Marken gut und viel, schlecht und viel oder insgesamt enttäuschend wenig gesprochen? Wer führt die Thought-Leader-Liste an, wessen SoV ist am höchsten? Wir müssen das wissen, müssen in die Communitys „reinhören" und den Trends den Puls fühlen. Das geht selbstredend nur automatisiert mit speziell für Monitoring oder Listening programmierte Tools.

Definieren Sie die Anforderungen an das Tool. Wenn Sie ein Monitoring-Tool auswählen, können Ihnen folgende Fragen bei der Entscheidungsfindung helfen:

- Welche Ziele möchten Sie mit Hilfe des Monitorings realisieren?
- Welche Kennzahlen, Daten und Informationen möchten Sie ermitteln?
- Welche konkreten Plattformen möchten Sie durchsuchen lassen?
- Welche Anforderungen haben Sie an ein Dashboard und an das Reporting?

- Wie hoch ist das Budget, das Sie dafür zur Verfügung haben?
- Wie viele Mitarbeiter werden später mit dem Programm arbeiten? Wie hoch werden dann die Kosten dafür sein?

Professionelle Monitoringtools wie Brandwatch, Talkwalker oder Salesforce sind in der Regel sehr teuer. Sie können aber auch günstiger fahren mit Tools wie *socialmention.com, mention.com* oder der Listening- Funktion der *Hootsuite*. Ein einfacher Google-Alert ist zwar besser als nichts, aber ein bisschen informativer dürfte Ihr Listening durchaus sein. Hängen Sie einen oder mehrere Displays in Ihren Redaktionsraum und lassen Sie dort ausschließlich ein Monitoring-Programm laufen. Monitoring ist nur in Echtzeit sinnvoll – Sie müssen Entwicklungen aus dem Augenwinkel wahrnehmen können, wenn Sie kurz den Blick heben, und bei jedem Gang zur Kaffeemaschine sinnbildlich über den Bildschirm stolpern. Programmieren Sie auch die wichtigsten Schwellenwerte ein und lassen Sie sich eine simple SMS schicken (oder natürlich auch technisch anspruchsvollere Varianten wie RCS oder ein Alert über eine App); wenn der Shitstorm startet, sollten Sie das möglichst schnell mitbekommen.

2.5   ORIENTIERUNG

Messen Sie noch oder leben Sie schon? Schauen Sie gerne auf Zahlen? Oder eher nicht? Das ist in vielem eine Glaubensfrage. Ich messe nicht so gerne, stecke die Zeit und Energie lieber in frischen neuen Content. Weil ich mir einbilde, dass ich durch die tägliche Beschäftigung mit der Community, mit ihren Fragen, ihrer Kritik, ihrem Lob und ihren Empfehlungen eigentlich ganz gut Bescheid weiß darüber, was passiert. Qualitativ. Wenn die Abonnent:innen schimpfen, bekomme ich es direkt mit – nicht indirekt über eine Messung, die ich mir drei Tage später anschaue und dann feststelle, dass irgendwas mit unseren Zahlen nicht stimmt … Wenn Kundinnen und Kunden in Massen zur Konkurrenz überlaufen – das merke ich auch ohne KPI. Wenn Kundinnen und Kunden bei den Mitbewerbern flüchten und bei uns unterschlüpfen, zeigt sich das qualitativ auf unseren Plattformen. Der Kult um die KPI, die die Zielerreichung messen sollen, ist aus meiner Sicht oft übertrieben. Oft hängen sie zusammen – wenn die *Churn-Rate* steigt, sinkt parallel auch die Kundenzufriedenheit. Betrachten Sie die KPI also als das, was sie sind: Messfühler mit Messfehlern. Die Miniformeln sind zu einfach, um komplexe Zusammenhänge abzubilden. Manchmal erzeugen sie Zahlen, die Sie in falscher Sicherheit wiegen. Oft sind sie sogar widersprüchlich. Sie messen zu häufig nicht das Richtige, und viel zu oft werden sie direkt als Ziel genannt. Direkte Ziele jedoch sind sie nicht.

Ziele sind strategischer Art und nicht immer direkt messbar. Markenbekannt-heit – was genau ist das? Eine lose Bekanntschaft oder enge Liebe? Marktführer und *Thought Leader* zu sein – reicht ein winziger Vorsprung aus oder möchten Sie einen signifikanten Abstand zwischen sich und Ihre Marktbegleiter:innen legen? Für die rein quantitative Social Media-Reichweite können Sie sich in Zeiten von *Bots, Fa-ke-Followern*, abgeschafften Faktenchecks und Algorithmen, die substanzielle Bei-träge weniger weit ausspielen als Ihr *Selfie* mit einem banalen Kalenderspruch, leider auch nichts mehr kaufen – im Gegenteil: Sie müssen für Reichweite *bezahlen*. Trotz-dem ist Substanz das Einzige, was Ihnen und uns weiterhilft. Suchen Sie Ihren ein-zigartigen Kern, der Sie unterscheidbar macht von allen anderen. Erzählen Sie, was Sie unterscheidet, zeigen Sie Ihrem Publikum, was Sie besonders gut können, und passen Sie den richtigen Moment ab, in dem Ihre Zielgruppe hören will, was Sie zu sagen haben. Das ist strategisch.

Schauen wir also auf Ihre Strategieentwicklung.

Literatur

Aßmann, S. und Pleil, T. (2014). Social Media Monitoring: Grundlagen und Zielsetzungen. In Zerfaß, A. und Piwinger, M., Herausgeber, Handbuch Unternehmenskommunikation, Seiten 585–604. Springer Fachmedien Wiesbaden.

Berchermeier, E. (2022). Onlineartikel in Absatzwirtschaft unter https://www.absatzwirt-schaft.de/wie-samsung-die-spinne-sam-zum-werbeliebling-macht-239751/, abgerufen am 11.1.2025.

Buchholz, K. (2023). The Influence of Influencers. Onlineressource inkl. Infografik unter https://www.statista.com/chart/24933/share-of-respondents-saying-they-purchased-something-because-of-influencers/, abgerufen am 18.1.2025.

Bundesverwaltungsamt (2021). SMART-Regel / SMART-Methode. Onlineressource unter https://www.orghandbuch.de/Webs/OHB/DE/OrganisationshandbuchNEU/4_Metho-denUndTechniken/Methoden_A_bis_Z/SMART_Regel_Methode/SMART_Regel_Me-thode_node.html, abgerufen am 3.1.2025.

Bundesverwaltungsamt (o.D.). PESTEL-Methode / PESTLE-Technik / PESTEL-Analyse. Onlineressource unter https://www.orghandbuch.de/Webs/OHB/DE/Organisationshand-buchNEU/4_MethodenUndTechniken/Methoden_A_bis_Z/PESTEL_Methode/PES-TEL_Methode_node.html.

Checkland, P. und Scholes, J. (1999). Soft Systems Methodology in Action. Wiley.

Colicev, A., Kumar, A., und O'Connor, P. (2019). Modeling the relationship between firm and user generated content and the stages of the marketing funnel. International Journal of Research in Marketing, 36(1):100–116.

Drucker, P. F. (1995). People and Performance: The Best of Peter Drucker on Management. Butterworth-Heinemann.

Germann, C. und Ainetter, W. (2021). Social Media für Behörden. Wie Bürgerkommunikation heute funktioniert. Rheinwerk Verlag, Bonn.

Global Data (2023). Lufthansa tops list of 10 most mentioned European airlines on social media over last one year, reveals GlobalData. Zahlen von Global Data, gemessen für den Zeitraum 16. Mai 2022 bis 15 Mai 2023, sie sollen aber nur als Anschauungsbeispiel dienen. Onlineressource unter https://www.globaldata.com/media/business-fundamentals/lufthansa-tops-list-10-mentioned-european-airlines-social-media-last-one-year-reveals-globaldata/, abgerufen am 10.1.2025.

Heine, C. (2022). Blogging für Profis: Sachinfo-Serviervorschläge. Content Hacks to go 2. Selbstverlag.

Hoffmann, K. (2015). Web oder stirb! Erfolgreiche Unternehmenskommunikation in Zeiten des digitalen Wandels. Haufe-Lexware GmbH & Co. KG, Freiburg.

Hoffmann, K. (2020). Markenbotschafter – Erfolg mit Corporate Influencern. Überblick, Strategie, Praxis, Tools. Haufe-Lexware GmbH & Co. KG, Freiburg.

Hoffmann, K. (2023). Neustart in der Kommunikation: Der umfassende Strategie- und Ziele-Check. Website. Onlineressource unter https://www.kerstin-hoffmann.de/pr-doktor/erfolgreiche-kommunikation-strategie-ziele/, abgerufen am 17.1.2025.

Ihring, S. (2025). ''75Hard'' bis ''Mouth Tapes'' – Nein, man muss nicht jeden Trend ausprobieren. Onlineartikel bei der Welt unter https://www.welt.de/iconist/fitness/article255081260/Social-Media-75Hard-bis-Mouth-Tapes-Nein-man-muss-nicht-jeden-TikTok-Trend-ausprobieren.html, abgerufen am 18.01.2025.

Ille, H. (2020). Das Dilemma der Reichweite. Website. Onlineressource unter https://haraldille.de/das-dilemma-der-reichweite/, abgerufen am 25.12.2024.

Ille, H. (2024). Widersprüchliche KPI im Online-Marketing. Website. Online erhältlich unter https://t2informatik.de/blog/widerspruechliche-kpi-online-marketing/, abgerufen am 30.12.2024.

Kramer, K. (2024). Twitter ist tot, X ist ein Zombie, und nun? Frankfurter Allgemeine Zeitung, Seite 13. FAZ vom 31.12.2024.

Li, C. und Bernoff, J. (2011). Groundswell: Winning in a World Transformed by Social Technologies. Harvard Business Press, Boston, 10. Auflage.

Lou, C., Chee, T., und Zhou, X. (2022). Reviewing the Commercial and Social Impact of Social Media Influencers. The Dynamics of Influencer Marketing. In Àlvarez Monzoncillo, J. M., Herausgeber, The Dynamics of Influencer Marketing. A Multidisciplinary Approach, Seiten 60–79. Routledge.

meedia.de (2024). Befragung von Marketern aus fünf europäischen Ländern. Studie: Deutschland ist Spitzenreiter im Influencer Marketing. Onlineressource von meedia unter Anmerkung 2.1 https://meedia.de/news/beitrag/17930-studie-deutschland-ist-spitzenreiter-im-influencer-marketing.html, abgerufen am 18.1.2025.

Mörk, O. (2021). Situative Content-Marketing-Strategie. Erfolgsformel für B2B und B2C – Strategie, Umsetzung, Praxisbeispiele. Springer Fachmedien GmbH, Wiesbaden.

Nothhaft, H. und Bentele, G. (2020). Konzeption von Kommunikationsprogrammen in der Unternehmenskommunikation. In Zerfaß, A., Herausgeber, Handbuch Unternehmenskommunikation. Springer Fachmedien Wiesbaden GmbH.

Puyt, R. W., Lie, F. B., und Wilderom, C. P. (2023). The origins of SWOT analysis. Long Range Planning, 56(3):102304.

Redmond, S. (2024). Panicked Excuses For When You're Asked To Join A Local Community WhatsApp Group. Blogbeitrag auf medium.com unter https://medium.com/slackjaw/panicked-excuses-for-when-youre-asked-to-join-a-local-community-whatsapp-group-4979201d73cf, abgerufen am 18.1.2025.

Ruisinger, D. (2020). Die digitale Kommunikationsstrategie. Schäffer-Pöschel Verlag, Stuttgart, 2. Auflage.

Schindler, M.-C. (2022). Corporate Newsroom: der Umgang mit Positionen und Rollen zwischen Hierarchie und rollenbasierter Organisation. Onlineressource auf https://www.mcschindler.com/corporate-newsroom-der-umgang-mit-positionen-und-rollen-zwischen-hierarchie-und-rollenbasierter-organisation/, abgerufen am 1.1.2025.

Sinek, S. (2009). Start with why – how great leaders inspire action. TED-Talk abspielbar unter https://youtu.be/u4ZoJKF_VuA, abgerufen am 4.1.2025.

Statista (2025). Influencer-Werbung - Deutschland. Onlineressource unter https://de.statista.com/outlook/amo/werbung/influencer-werbung/deutschland, abgerufen am 18.1.2025.

Swat.io GmbH (2024). Instagram Collab Posts: Mehr Reichweite durch gemeinsame Beiträge. Blogbeitrag von Swat.io unter https://swat.io/de/verwalten/instagram-collab-posts/, abgerufen am 17.1.2025.

Treckmann, C. (2025). Marken: Ist Purpose tot? Onlineressource der w&v unter https://www.wuv.de/Themen/Agentur/Marken-Ist-Purpose-tot, abgerufen am 18.1.2025.

Zerfaß, A. und Volk, S. C. (2019). Toolbox Kommunikationsmanagement. Denkwerkzeuge und Methoden für die Steuerung der Unternehmenskommunikation. Springer Fachmedien GmbH.

STRATEGIE 3

Zusammenfassung

Google möchte Helpful Content, aber was ist guter Content überhaupt? Wie sind Inhalte in größere Prozesse eingebettet, und welcher Beitrag hat welche kommunikative Funktion? In diesem dritten Kapitel schauen wir uns mehrere Strategie-Modelle an, sprechen über den Nutzen und den Wertbeitrag von Content und wie Sie Themen für Ihr Unternehmen so bewerten können, dass sie möglichst effektiv sind.

3.1 Was ist Strategie?

Springen wir dreißig Jahre zurück. 1996. Das Web ist ein Start-up und lässt im Minutentakt Webpages aufploppen. Die *New York Times* ist mit ihrem Auftritt dabei, die *Craigslist* zieht auf eine eigene Domain um, *Expedia* hebt ab. *Hotmail* ermöglicht endlich E-Mails über den Browser, *Macromedia Flash* macht Webseiten endlich interaktiver und die *Cascading Style Sheets* (CSS) endlich hübscher. (Hofmann, o.D.) Alexa, die drei Jahre später von Amazon gekauft wird, beginnt schon 1996, das noch junge und kaum 2,5 Terabyte große Internet zu archivieren.[1] Ein Jahr, das das Web spürbar voranbringt und professionalisiert.

What is Strategy? Und Michael E. Porter von der Harvard Business School[2] veröffentlicht in jenem Jahr seinen berühmten Aufsatz über Strategie. Eine klare Strategie

---

[1] Mit dem heutigen Smart Speaker von Amazon hat diese Alexa nichts zu tun.

[2] Michael E. Porter ist der Autor des Fünf-Kräfte-Modells, das Marktstrukturen und externe Einflüsse zu analysieren hilft, um Wettbewerbsvorteile durch strategische Entscheidungen zu sichern. (Porter 2011a).

© Der/die Autor(en), exklusiv lizenziert an Springer Fachmedien Wiesbaden   91
GmbH, ein Teil von Springer Nature 2025
H. Ille, *Digitale Kommunikationsstrategien*, Journalistische Praxis,
https://doi.org/10.1007/978-3-658-47712-7_3

- schaffe einen einzigartigen Wert für die Kunden,
- baue nachhaltige Wettbewerbsvorteile auf,
- sichere langfristig die Rentabilität des Unternehmens und
- ermögliche es, sich von Wettbewerbern zu differenzieren.

So weit, so selbsterklärend – und lange her. **Strategie vs. Operative Effektivität.** Der strategisch neue Dreh an Porters Aufsatz damals: Es geht nicht darum, effizienter als die Konkurrenz zu sein. Schneller mit einem neuen Produkt auf den Markt zu kommen, weniger Ausschuss zu produzieren, höhere Qualität zu liefern – solche Dinge. Es geht nicht darum, *operativ effektiver* zu sein als die anderen und ähnliche Tätigkeiten besser auszuführen als die „Konkurrenten" (Porter 2011b, S. 2): „In contrast, strategic positioning means performing *different* activities from rivals' or performing similar activities in *different* ways" (Porter 2011b, S. 2) (Hervorhebungen im Original). In trötfähiges Deutsch des Jahres 2025 übersetzt: Dinge nicht besser machen, sondern lieber anders. Und lieber gleich ganz andere Dinge machen – das ist noch besser.

Neues macht den Unterschied. Das Internet damals war ein solches Anderes und die speziellen Beispiele waren eben das: speziell und besonders. Das Web war kein besserer Videotext und viel mehr als ein schnellerer Distributionsweg für die Tageszeitung. Es war eine neue Idee, eine kreative Manege mit wagemutigen Akrobaten und neuartigen Kunststücken. Was Porter forderte, haben viele Innovatoren und Early Adopters damals getan: Sie haben Neues entstehen lassen. (Kolo 2019, S. 312)

Disruption als Ziel. In der Digitalisierung geht es ebenfalls nicht darum, etwas einfach nur besser, schneller oder günstiger zu machen. Sondern eben, Dinge neu zu denken.

- Steve Jobs' angewidertes „Yuck!" (deutsch: „Igitt!") zum Stylus ist die kürzeste mir bekannte öffentliche Vorlesung dazu: Niemand braucht einen taktil filigraneren *Stylus* – wir haben doch natürlicherweise unsere zehn Finger, um einen Touchscreen zu bedienen! (superapple4ever 2010)[3]
- Wir brauchen auch keine besseren Straßenkarten, wir brauchen Stauprognosen in Echtzeit über unsere dauerfunkenden Smartphones auf der linken Spur.
- Wir brauchen keine digitalisierten Prozesse, wenn KI diese Prozesse wie ein Frosch einfach überspringt.

---

[3] Originalton Steve Jobs ab Minute 33,05: „Who wants a stylus? You have to get them, and put them away, and you lose them. Yuck! Nobody wants a stylus. So let's not use a stylus. We're going to use the best pointing device in the world. We're going to use a pointing device that we're all born with. We're born with ten of them. We're gonna use our fingers. We're going to touch this with our fingers."

Anders formulieren. In der Kommunikation wissen wir das schon immer. Nichts ist so alt und langweilig wie die Zeitung von gestern, und mittlerweile sieht selbst die druckfrischeste Zeitung wie ein aussterbendes Relikt aus – die *taz* liegt nirgendwo mehr im Briefkasten, andere werden folgen zu fehlen. (Das tut mir selbst im Herzen weh!) Kommunikation ist Veränderung. Nichts nervt Kommunikationsprofis so sehr wie die 300. Phrasenwiederholung in den Pressemitteilungen des örtlichen E-Werks. Nichts ist so langweilig wie die Formulierung des Mitbewerbers, die einem selbst erst hinterher eingefallen ist. Wir möchten Abwechslung, weil die Kundschaft Abwechslung liebt. **Innovation ist Selbstverständnis.** Kommunikatorinnen und Kommunikatoren verstehen Porter intuitiv, oder? Wir stehen unter der Innovationsforderung: Kommunikation muss attraktiv sein, und attraktiv wird sie nicht, wenn sie so aussieht wie die unserer fünf Konkurrenten auch. Wir müssen Dinge anders machen, anders erklären, immer neue Aufhänger und Narrative finden, am besten jeden Tag. Eine Kampagne ist nur dann erfolgreich, wenn sie nie dagewesen, und ein Werbespot, wenn er einzigartig ist.

Die soziale Medienlandschaft befindet sich an einem Wendepunkt: Menschen suchen zunehmend nach Authentizität, Leichtigkeit und echten Verbindungen, während Bedenken über deren Auswirkungen zunehmen. Das meint die Agenturgruppe *We are Social* in ihrem Bericht **Think Forward** vom November 2024. Sie identifiziert *The Liveable Web*, ein menschlicheres und nachhaltigeres Netz durch folgende Aspekte: Rückbesinnung auf natürliche Ausdrucksformen *(Primal Renaissance)*, entspannte digitale Räume *(Low-stakes Social)*, nachhaltiger Konsum *(Intentional Consumerism)*, kulturelle Tiefen *(Modern Mythmaking)* und intime Gemeinschaften *(New Intimacies)*. Marken können durch diese Trends kreativer, relevanter und menschlicher kommunizieren, meint die Agentur. (We Are Social Singapore 2024)

Weniger vom Gleichen. Unternehmenskommunikation funktioniert also, wenn sie überraschend, unerwartet, kreativ und neuartig ist. Knapp hundert Millionen Fotos und Videos *am Tag* wurden dem Autor Neil Schaffer zufolge im Jahr 2024 auf Instagram geteilt – das sind knapp 66.000 jede Minute (Schaffer 2025). Wenn Sie eher in Quartalszahlen denken, dann summiert sich das auf 8,7 Mrd. in drei Monaten. Das ist respektabel und stellt die nahe liegende Frage: Sind da auch die zwei lustigen Fotos von unserem Betriebsausflug dabei? In derselben Minute wurden zusätzlich 210 Mio. Snaps erstellt (Heitman 2023) und (https://truelist.co/blog/snapchat-statistics/) – Ihre beiden Gruppenbilder beim Fassanstich, als der Betriebsrat dem Finanzvorstand einen eingeschenkt hat, sind den meisten Usern wohl leider durchgerutscht. Die relative Chance, dass Ihre Fotos tatsächlich „sichtbar"

werden, liegt bei wenigen Promille und wird auf den meisten Kanälen von den
allermeisten Menschen überhaupt nicht wahrgenommen. Sie brauchen also einen
anderen Ansatz, um aufzufallen in diesem wogenden Meer von Botschaften.

Integrierte Kommunikation
Was ist Integrierte Kommunikation? Daher müssen wir uns anschauen, was Digitale Kommunikation systematisch und konkret ist und was sie eben nicht ist. Manchmal ist sie eine komplett eigenständige Einheit; in den meisten Fällen aber eine kom-
plementäre oder reaktive Erweiterung der analogen Kommunikation. Wer analog
kommuniziert, kann im Digitalen nicht völlig widersprüchlich argumentieren. Eine
Botschaft einer Organisation muss überall konsistent sein, wenn sie glaubhaft sein
will: auf einem Flyer neben der Kasse der örtlichen Bäckerei genauso wie auf der
Bühne eines Großevents, in einem Interview des CEO mit dem Handelsblatt genauso
wie in einem *LinkedIn*-Posting oder auf *Discord*. Für die ganzheitliche Betrachtung
von Kommunikation hat sich der Begriff der *Integrierten Kommunikation* etabliert.
„Integrierte Kommunikation ist ein strategischer und operativer Prozess der Analyse,
Planung, Durchführung und Kontrolle, der darauf ausgerichtet ist, aus den differen-
zierten Quellen der internen und externen Kommunikation von Unternehmen eine
Einheit herzustellen, um ein für die Zielgruppen der Kommunikation konsistentes
Erscheinungsbild des Unternehmens bzw. eines Bezugsobjektes der Kommunikation
zu vermitteln", so der Wirtschaftswissenschaftler Manfred Bruhn. (Bruhn 2019, S. 78)
    Wer A sagt im Analogen, muss auch A im Digitalen sagen. So könnte man diese
Definition von Manfred Bruhn zusammenfassen. Kommunikation muss aus einem
Guss erfolgen oder zumindest den Eindruck von Einheitlichkeit und Widerspruchsfrei-
heit erwecken. Nur so entsteht Konsistenz und damit eine Marke, die die Rezipienten
für glaubwürdig halten können. Integrierte Kommunikation bindet dazu alle Beteiligte
auf allen Kanälen, alle Quellen und alle Botschaften, Themen und Maßnahmen ein und
richtet sie auf ein gemeinsames Ziel aus. Die Kommunikationswissenschaftlerin Claudia Mast wird hierzu noch konkreter und nennt die Kanäle, Quellen, Akteure und Anspruchsgruppen *Umwelten*: „Integrierte Unternehmenskommunikation umfasst das
Management der Kommunikationsprozesse eines Unternehmens mit seinen internen
und externen Umwelten und zielt darauf ab, bei den Zielgruppen ein inhaltlich, formal
und zeitlich einheitliches Erscheinungsbild des Unternehmens zu erzeugen. Durch
konsistente, integrierte Kommunikation kann sich ein Unternehmen strategisch positionieren und dies letztlich als Wettbewerbsvorteil im Kommunikationswettbewerb nutzen." (Mast 2019, S. 39)
    Digitale Kommunikationsstrategie ist ein Steuerungsprozess, der langfristige
strategische Ziele und kurzfristige kreative Umsetzung vereint. Dieser Prozess ist
systematisch und beginnt mit einer Analyse des Ist-Zustands. Daraus können mögliche vorteilhafte Positionierungen abgeleitet werden, die dann durch effektive Maß-

nahmen erzeugt werden sollen. Wenn Sie den Erfolg der Maßnahmen messen, können Sie die einzelnen Prozesse steuern. „Warum machen wir, was wir machen, und was machen wir wann wie für wen?" Das müssen Sie sich zum Glück nicht vollständig selbst aus den Fingern saugen – einige Modelle dazu existieren bereits.

Aufgabe Unternehmenskommunikation

Denkt, arbeitet und kommuniziert Ihre Unternehmenskommunikation schon integriert? Stellen Sie sich folgende Fragen dazu:

- Was bedeutet ein inhaltlich, formal und zeitlich einheitliches Erscheinungsbild konkret für die Kommunikation Ihrer Organisation?
- Wo machen Sie in Ihrer Organisation einen Unterschied zwischen dem integrierten strategischen Prozess und dem individuellen Abarbeiten der täglichen Kommunikationsaufträge?
- Wie könnte künftig ein integrierter Prozess aussehen? Sammeln Sie Aspekte, Beispiele und Kriterien. ◄

3.2 Welches Modell für welche Fragestellung?

Wie viele Strategie-Modelle gibt es eigentlich? Diese Frage kann ich genauso fehlerlos und vollständig beantworten wie die Frage danach, wie viele Frankfurter-Soße-Rezepte es weltweit gibt. Aber folgende zehn Modelle sind zumindest einigermaßen bekannt und akzeptiert.

Content Strategy Quad: Content-Strategin Kristina Halvorson hat dieses Modell entwickelt. Sie betrachtet zweimal zwei Kernbereiche: Die Inhalte aus Anbieter- und aus Empfängersicht sowie die Strukturen und Prozesse, die Sie benötigen, damit die Digitale Kommunikation überhaupt funktionieren kann. Das Content-Strategy-Quadrat hilft Ihnen vor allem bei der *Erstellung* von Content. (Abschn. 3.2.1)

3H-Modell (Hero, Hub, Hygiene): Dieses Modell von Google teilt Content in drei Content-Arten ein: Hero-Content für großangelegte Kampagnen, Hub-Content für regelmäßig erzeugte themenbasierte Inhalte sowie grundlegende, alltägliche Inhalte, die Google Hygiene-Content nennt. Das 3H-Modell betrachtet den *emotionalen Nutzen* von Content. (Abschn. 3.3.1)

SCOM-Framework: Das Modell von Mirko Lange erweitert das 3H-Modell und gibt Ihnen mit dem Content-Radar ein Werkzeug mit, mit dem Sie für jeden Beitrag dessen individuellen Grad der Bedürfnisbefriedigung visualisieren können. Zudem bietet Lange einen strategischen Prozessrahmen für die Ideenfindung an – von der Idee zur Story statt zum Kanal. Das SCOM-Framework betrachtet also die Erfüllung der *Contentbedürfnisse* im situativen Einzelfall. (Abschn. 3.4)

PESO-Modell (Paid, Earned, Shared, Owned): Kategorisiert die Vertriebs-kanäle von Content in vier Quadranten nach ihrer formalen vermutlichen *Glaubwü-rdigkeit*. (Abschn. 3.2.1)

Content Marketing Cycle: Der Content Marketing Cycle zerlegt den iterativen Strategie- und Umsetzungsprozess in sieben Phasen, die jede für sich durch eigene KPI und Datenanalyse permanent und live *optimiert* werden können. (Abschn. 3.2.1)

COPE-Modell (Create Once, Publish Everywhere): Fokussiert auf die *effizi-ente Erstellung und Verteilung* von Content über multiple Kanäle und ist ein effizi-entes Modell, um mit wenig Aufwand und wenig Ausgangscontent eine möglichst effektive Streuung der Inhalte zu erreichen. (Abschn. 3.2.2)

Content Lifecycle Model: Beschreibt den *Lebenszyklus* von Content von der Planung über die Pflege bis zur Archivierung – und ist vor allem ein operatives Mo-dell für effektives Content Management. (Abschn. 3.2.2)

RACE-Modell (Reach, Act, Convert, Engage): Ein Framework für digitales Marketing, das Sie auch auf Ihre Content-Strategie anwenden können. Es betrach-tet die *Customer Journey* und hilft dabei, neugewonnene Kunden langfristig zu hal-ten. (Abschn. 3.2.2)

Content Pillar Model: Organisiert Content um zentrale Themenbereiche herum und sorgt so für die „Authoritativeness", die Google so mag. Besonders ge-eignet also, um sich suchmaschinenfreundlich als Expertin oder Experte zu posi-tionieren. (Abschn. 3.2.2)

POST-Modell: Da Sie mitten im Buchstaben *S* des POST-Modells stecken, ist die Erläuterung sehr kurz: Ihre Strategie betrachtet zuerst die Zielgruppen und Akteure, dann die Ziele. Es widmet sich – Timing ist alles! – genau jetzt in diesem Moment strategischen Fragen und schaut dann, welche Technik dafür geeignet ist (Tab. 3.1).

3.2.1 Holistische Modelle

Content Strategy Quad: Das Framework für alles

> Imagine a world where content is beautiful. It's clear, consistent, useful, and usable. You know where it lives and exactly what it says. Your users are delighted. Your busi-ness reaps the benefits. Your process is efficient. And you're happy.[4]

---

[4] Das Zitat findet sich leider nur noch auf medium.com im Interview von Stefanie Püschel mit Kristina Halvorson und kann nicht mehr verifiziert werden. Dennoch sehr inspirierende Sätze. (Püschel 2025).

Tab. 3.1 Strategieaspekte und die zugehörigen Modelle

Strategieaspekt	Zugehörige Modelle
Nutzen für die User	3H-Modell, CSQ, SCOM
Glaubwürdigkeit der Quelle	PESO, Content Pillar Model
Lebenszyklus des Contents	Content Lifecycle Model, CSQ
Distribution	COPE, PESO, RACE
Strategieentwicklung	SCOM, CSQ, Content Marketing Cycle, POST
Kampagnenentwicklung	Content Marketing Cycle, RACE, 3H

Kristina Halvorsons Content Strategy Quad ist ein Modell, mit dem Sie Ihre Content-Strategien zuerst entwickeln und dann Schritt für Schritt verbessern können (siehe Braintraffic 2018). Dazu hat Halvorson zwei Dimensionen identifiziert, die sie jeweils *Design* nennt: Die Contentgestaltung und die Systemgestaltung. Beide teilt sie nochmals auf, womit ein Quadrat aus Quadraten entsteht (Sie können es sich besser vorstellen, wenn Sie Abb. 3.1 studieren). Die redaktionelle Ausrichtung der Inhalte und die Optimierung der Nutzererfahrung oben, die Modellierung der Struktur und die Ausgestaltung der Prozesse unten. Sie merken schon an der Aufzählung: Das POST-Modell ist nicht allzu weit davon entfernt; es ist sinnvoll, die Absicht der Absender und die Empfangsbereitschaft der Empfängerinnen und Empfänger getrennt zu betrachten, um sie besser zusammenführen zu können. Und es ist ebenso naheliegend, technische und organisatorische Strukturen zu schaffen, die robust sind und die Content-Produktion in gleichbleibender Menge unterstützen, sowie Prozesse, die gleichbleibende Qualität ermöglichen (welche Fragen Sie dazu beantworten müssen, sehen Sie in Tab. 3.2, die die Fragen aus dem Blogbeitrag Kristina Halversons ins Deutsche überträgt, siehe Braintraffic 2018). Also ein Modell, das mit seinen Boxen eher *statisch* erscheint im Vergleich beispielsweise zum Content Marketing Cycle, der seinen eigenen Prozess *dynamisch* mit jedem neuen Durchlauf optimiert.

Schönheit durch Perfektion. Aber genau diese austarierte und aufeinander abgestimmte Statik der einzelnen Aspekte ist für mich der Grundgedanke hinter dem Modell: Wenn sie alle berücksichtigt werden und professionell umgesetzt sind, dann entsteht so etwas wie Schönheit, die nicht weiter verbessert werden muss oder kann. Das Schöne an dem Modell ist, dass Kristina Halvorson eine Art Fragebogen mitliefert, die Sie sich 1:1 genauso auch für Ihre individuelle Kommunikationsstrategie stellen können. Finden wir also gemeinsam heraus, wie Sie Schönheit auf Knopfdruck produzieren können.

Editorial Design

Systems Design

Abb. 3.1 Content Strategy Quad nach Kristina Halvorson, Braintraffic (2018), modifizierte Darstellung mit freundlicher Genehmigung der Urheberin

Tab. 3.2 Fragen, die den CSQ operationalisierbar machen (Eigene Darstellung), ins Deutsche übertragen aus dem Originalblogbeitrag von Braintraffic (2018)

Editorial Design	Experience Design	Structure Design	Process Design
Was ist Ihr redaktionelles Leitbild?	Was sind die Bedürfnisse und Vorlieben Ihrer Nutzer?	Wie organisieren Sie Ihren Content, damit andere ihn finden?	Wie werden Ihre Inhalte ihren Lebenszyklus durchlaufen?
Wer sind Ihre Dialoggruppen?	Wie sieht Ihr Inhalts-Ökosystem aus?	Welche Schlagworte sind für Ihre User am intuitivsten?	Welche Tools nutzen Sie für Erstellung, Bereitstellung und Pflege von Inhalten?

(Fortsetzung)

Tab. 3.2 (Fortsetzung)

Editorial Design	Experience Design	Structure Design	Process Design
Wie sieht Ihre Sichtweise aus, was ist Ihr Blickwinkel?	Wie sehen Ihre Customer Journeys aus?	Wie können Sie Ihre Inhalte kategorisieren?	Wer ist für den Content verantwortlich und rechenschaftspflichtig? Wer hat das Recht, Nein zu sagen?
Wie reden Sie mit Ihren Dialoggruppen?	Welche Formate sollen Ihre Inhalte haben?	Wie werden Sie Ihre Inhalte strukturieren, um sie wiederverwenden zu können?	Wie und wann pflegen Sie Ihre bestehenden Inhalte?
Welche Marken- und Sprachstandards müssen Sie einhalten?	Wie werden Designmuster Ihre Inhalte auf dem Smartphone und darüber hinaus beeinflussen?	Was sind Ihre Anforderungen an Personalisierung, dynamische Bereitstellung, KI?	Welche Standards und Messgrößen werden Sie verwenden, die Qualität und Leistung Ihrer Inhalte zu messen?

Editorial Design umfasst die Definition von Zielen, die Identifizierung der Zielgruppen und die Festlegung des passenden Tons für die Inhalte. *Erfahrungsdesign* priorisiert das Verständnis der Nutzerbedürfnisse und -präferenzen, kartiert den Nutzerweg und stellt sicher, dass Inhalte auf verschiedenen Geräten zugänglich und ansprechend sind.

Structure Design legt den Fokus auf die Struktur und Organisation von Inhalten, um sicherzustellen, dass sie auffindbar, wiederverwendbar und anpassungsfähig sind. *Process Design* konzentriert sich darauf, effiziente Workflows und klare Verantwortlichkeiten für die Erstellung, Verwaltung und Pflege von Inhalten zu etablieren.

PESO-Modell: Wie glaubwürdig ist unsere Kommunikation?
Glaubwürdigkeit durch Dritte. Das PESO-Modell (Abb. 3.2)[5] betrachtet die *Distribution* von Content: Wo erscheinen Ihre Inhalte? Posten Sie für Ihre Organisation auf Ihrem eigenen Blog oder auf Ihren eigenen Social-Media-Kanälen? Oder

---

[5] Das PESO-Modell ist eine Erweiterung des PEO-Modells von Daniel Goodall um den wichtigen Bereich „Social". Mehr zum PESO-Modell unter anderem bei Auler, F., Huberty, D. (2019). Das PESO-Modell der Content Distribution – welche Medien und Kanäle gibt es zur Verbreitung?. In: Content Distribution. Springer Gabler, Wiesbaden, S. 29–119. https://doi.org/ 10.1007/978-3-658-25459-9_4. Mirko Lange hat ebenfalls eine Variante des PESO-Modells erstellt, das er bspw. in der t3n vorstellt: Lange, M. (2016), Teil 3 unserer Serie „Strategisches Content-Marketing": Inhalte richtig promoten, Onlineressource erreichbar unter https://t3n.de/ magazin/teil-3-unserer-serie-strategisches-content-marketing-240112/, abgerufen am 8.2.2025.

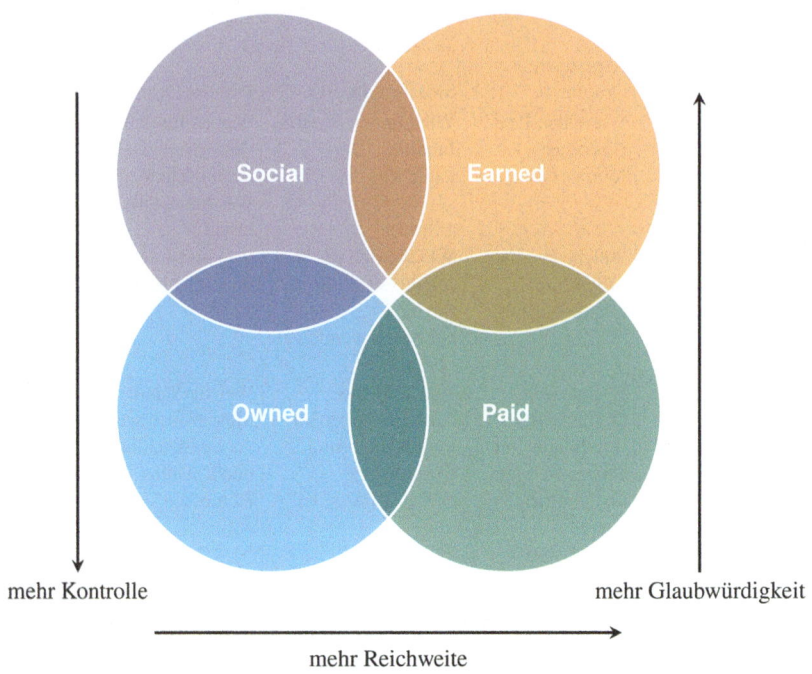

mehr Kontrolle   mehr Glaubwürdigkeit

mehr Reichweite

Abb. 3.2 PESO-Modell (Eigene Darstellung)

schreibt SPIEGEL Online – hoffentlich tendenziell positiv – über Sie? Stehen die
bahnbrechenden Unternehmens-News in Ihrem eigens verfassten und selbst verschickten Newsletter – oder berichtet die Tagesschau eventuell in ihrem TikTok-
Kanal darüber? Klar, welchen Nachrichten wir alle mehr vertrauen und vertrauen
können: Der journalistische Filter, der redaktionelle Auswahl- und Prüfprozess
unterwirft unseren Content logischerweise einer professionellen Qualitätsprüfung.
Wenn viele User auf Social Media positiv über Sie sprechen, ist das ebenfalls ein
Filter, der Ihre inhaltliche Qualität belegt und auf Ihre Reputation als Organisation
wirkt. Auf welchem Weg also werden Sie und Ihre Inhalte wahrgenommen?

Paid Content: Möchten Sie garantierte Sichtbarkeit haben, müssen Sie leider
dafür *bezahlen* – Sie bekommen dafür volle Kontrolle über den Inhalt und hohe
Reichweite, wenngleich Ihre Glaubwürdigkeit etwas leidet: Wer traut schon offen-
sichtlicher Eigenwerbung? Was Sie allerdings nicht von den vielen Möglichkeiten
abhalten sollte, digital sichtbar zu werden: über Suchmaschinenwerbung (SEA)
und Display-Anzeigen, Social Media Ads bei Meta (relativ günstig) und LinkedIn

(sehr teuer!), durch Native Advertising, Sponsoring und Retargeting. Sie erhalten dafür schnell hohe Reichweiten mit messbarem ROI in präzise ausgewählten Zielgruppen. Für Unternehmen und Organisationen mittlerweile die beinahe einzige Möglichkeit, überhaupt noch ausgespielt zu werden.

> Paid Content gibt Ihnen die größtmögliche Kontrolle: Sie erhalten, wofür Sie bezahlen. Organisch lässt sich ohnehin kaum noch Reichweite aufbauen. Allerdings traut kaum jemand wirklich Werbeaussagen.

Earned Content: Berichtet ein journalistisches Leitmedium wohlwollend über Ihr Unternehmen, dann ist das der Ritterschlag für Ihre Kommunikationsanstrengungen und kommt einer verdienten Auszeichnung gleich. Einer Auszeichnung, die Sie nur deshalb erhalten haben, weil Sie sich die Berichterstattung durch die exzellente Arbeit zuvor buchstäblich *verdient* haben. Sie profitieren von der außerordentlichen Reichweite des Mediums und seiner Reputation. Zudem werden andere reichweitenstarke Medien, Influencer und Multiplikatoren ebenfalls auf Sie aufmerksam, und Sie erhalten gegebenenfalls weitere wohlwollende Berichterstattung. Sie müssen dafür keinerlei relevante Kosten stemmen, haben allerdings auch keine Kontrolle über die Inhalte und Bewertungen der Berichterstattung selbst.

> Earned Content verdient sich die höchste Glaubwürdigkeit. Als positiver Nebeneffekt ist auch die Reichweite von Earned Content sehr hoch.

Social Content: Alle Gespräche, die andere über Sie und Sie mit ihnen hauptsächlich auf *Social-Media-Plattformen führen*; alle Kommentare, Likes und Dislikes, die Sie betreffen sowie User Generated Content über Sie. Also eben nicht im redaktionellen Teil des Spiegel. Das Sentiment von Social Content können Sie positiv beeinflussen, wenn Sie regelmäßig auf relevanten Plattformen posten, Ihr Community Management ernst nehmen und Engagement bei anderen Kreatoren zeigen. Setzen Sie dies strategisch und mit regelmäßigem substanziellem Content um, können Sie sich zum Thought Leader hocharbeiten – und wenn Sie eng mit der Community zusammenarbeiten, hilft Ihnen positiver Social Content in Krisen ungemein. Owned- und Paid-Content versagen dagegen in solchen Shitstorm-Situationen: beiden Formen fehlt die Glaubwürdigkeit, die erst durch die positive Qualitätsbewertung der Community entsteht.

Social Content hat in der Nische zwar wenig Reichweite, und wir haben kaum Kontrolle darüber, aber die Glaubwürdigkeit ist hoch. Je mehr wir uns selbst engagieren, desto mehr Kontrolle können wir aufbauen und nötigenfalls zurückgewinnen.

Owned Content: Auf Ihren eigenen Kanälen können Sie – innerhalb aller rechtlichen, finanziellen, ethisch-moralischen und technischen Grenzen selbstverständlich – tun und lassen, was Sie wollen. Und zwar ebenfalls buchstäblich: Sie können experimentieren und kreativ werden, müssen grundsätzlich nicht auf KPI achten (obwohl ich das dringend empfehle!) und haben ebenfalls keine relevanten Kosten, dafür volle Kontrolle über jedes Komma. Allerdings sind sowohl Ihre Glaubwürdigkeit als auch Ihre Reichweiten in der Regel kaum der Rede wert – wer verirrt sich schon auf eine Business-Website, wenn es dafür keinen sehr konkreten Grund gibt?

Owned Content gibt uns maximale kreative Freiheit. Wir können unsere Botschaften ungefiltert in die Öffentlichkeit spülen zu irrelevanten Kosten. Allerdings sind Reichweite und das Vertrauen der User in die Objektivität der Inhalte naheliegenderweise gering.

Tipp: So machen Sie Leitmedien auf sich aufmerksam

Zuerst müssen Sie die für Ihre Branche relevanten Medien und Plattformen identifizieren, die Ihre Zielgruppen regelmäßig nutzen. Analysieren Sie, welche Themen, Formate und Erzählweisen dort besonders gut ankommen, und entwickeln Sie Inhalte, die eine unternehmensinterne Lösung für ein Problem erläutern oder neue Zusammenhänge aufdröseln. Sie haben eine wissenschaftliche Studie beauftragt oder eine Case Study erstellt: Liefern Sie Nutzen! Nutzen, die Sie in eine attraktive Geschichte kleiden: „Wie unser Jahrespraktikant einen Millionenauftrag an Land ziehen konnte" oder die mit digitalen Funktionen spielt: „So digital ist Deutschland: Vergleichen Sie Ihre Bandbreite mit der in Ihrer Nachbarstadt." Nutzen Sie die Möglichkeiten, mit Daten Geschichten zu erzählen. Bauen Sie ein Netzwerk aus Journalist:innen, Blogger:innen oder Influencer:innen aus Ihrer Branche auf. Persönliche Ansprache und individuelle Angebote – etwa exklusive Einblicke, Interviews oder Gastbeiträge – erhöhen Ihre Chance auf Berichterstattung – eine Garantie dafür gibt es allerdings nicht, ein Recht darauf schon gar nicht. Nutzen Sie Pressemitteilungen strategisch: Stellen Sie gut recherchierte Informationen zusammen, die nur Sie haben können, und geben Sie diese an Ihre Zielmedien weiter. Taggen Sie relevante Medienvertreter – und starten Sie eine Hashtag-Kampagne. ◄

Content Marketing Cycle: Schritt für Schritt zur Verbesserung

In sieben Phasen zum Kommunikationskonzept: Der Content Marketing Cycle (Abb. 3.3) ist für mich einer der Fahrpläne für ein Kommunikationskonzept: Zuerst analysieren Sie den *status quo*, leiten daraus dann Ihre Ziele und Ihre Strategie ab, die sie dann in Maßnahmen gießen. Präsentieren Sie Ihren Content und kuratieren Sie gerne auch fremderleuts Inhalte, verschicken und publizieren sie ihn und schauen nach, was er Ihnen gebracht hat. Die Evaluations-Phase deckt eventuell auf, dass Sie Ihre Zielgruppe mit den geplanten Maßnahmen nicht wie in den Zie-

Abb. 3.3 Content Marketing Cycle (Eigene Darstellung)

len vorgegeben erreicht haben – also analysieren Sie, woran es gelegen haben mag
und passen Sie Ihre Ziele, Ihre Strategie und Ihren Content entsprechend an.[6]
Füllen Sie die Phasen mit anderen Modellen. Gehen wir die einzelnen Phasen
kurz durch: In der *Analyse-Phase* verschaffen Sie sich einen Überblick über den Stand
der Dinge: Ich nutze in dieser Phase gerne die CATWOE- (Abschn. 2.1.1) und die
PESTEL-Analyse (Abschn. 2.1.1) in Kombination, weil ich daraus schnell Ziele ableiten kann, die SWOT-Matrix (Abschn. 2.2) liefert zusätzlich vier Strategieansätze.
Dann definiere ich die *smarten Ziele für die Zielgruppen* und gehe damit in die
Strategiephase hauptsächlich mit FISH-Modell und Content Radar (Unterabschnitt
3.4.3). Die einzelnen Maßnahmen der *Produktionsphase* leiten sich aus der Strategie
direkt ab. Wie ich den Content dann individuell und effizient (COPE-Modell,
Abschn. 3.2.2) auf den einzelnen Plattformen präsentiere und in welchen Zusammen-
hang ich ihn zu kuratiertem Content bringe, ist Aufgabe der *Präsentationsphase*. Fol-
gen Distribution und Evaluation – hier spielen die KPI (Unterabschnitt 2.4.1) und ihre
Messung die entscheidende Rolle. Sie sehen: (Fast) alles drin in diesem Modell …
Daten halten den Cycle am Laufen. Die Idee hinter dem Content Marketing
Cycle ist die permanente Optimierung jeder dieser Phasen – und dazu benötigen Sie
für jede Phase Daten. Daten, die nicht nur den Erfolg messen, die haben Sie bereits.
Es geht um interne und externe Daten, die es Ihnen erlauben, schnell auf Veränderungen im Nutzerverhalten oder auf Markttrends zu reagieren. Der Cycle führt zu
einer ständigen Verbesserung, bei der Sie in jeder Runde mehr über die Zielgruppe
und die besten Content-Formen und -Strategien lernen. Er teilt Ihre Kampagne in sinnvolle Etappen – also können Sie die einzelnen Abschnitte auch gesondert optimieren.

3.2.2 Lineare Modelle

COPE-Modell: Ein Inhalt für alle Kanäle

Optimieren Sie Ihre Content-Produktion. Einmal erstellt, überall verwendbar –
so könnten Sie das COPE-Modell übersetzen (Create Once, Publish Everywhere).
Mit dieser Methode sparen Sie Zeit, Ressourcen und Kosten, Konsistenz und
Qualität der Inhalte bleiben aber gewährleistet. Sie erstellen einen einzigen hoch-
wertigen Inhalt und passen ihn dann für verschiedene Formate und Plattformen an.
Beispielsweise haben Sie einen umfangreichen Blogartikel geschrieben, den Sie

---

[6] Im Gespräch mit Podcast-Host Kevin Gründling gebe ich eine kleine Übersicht über die sieben Phasen des Content Marketing Cycles als Strategiemodell. (Gründling 2022) Wie sich
das Modell auch als Framework für die Erstellung von Kommunikationskonzepten eignet,
habe ich im Blog von t2infomatik.de aufgeschrieben. (Ille 2024).

nun als Grundlage für verschiedene Social-Media-Posts nehmen, daraus Videos und Infografiken erstellen und Newsletter-Inhalte extrahieren können. Das Modell sorgt dafür, dass Ihr Content skalierbar ist und Sie mit einer Story unterschiedliche Zielgruppen auf unterschiedlichen Kanälen erreichen können. Effizient, oder?

- **Effizienzsteigerung:** Es reduziert den Aufwand für die Content-Produktion, da ein einzelnes Content Piece mehrfach genutzt wird.
- **Konsistenz:** Die zentrale Botschaft bleibt über alle Kanäle hinweg einheitlich, was das Markenimage stärkt.
- **Flexibilität:** Inhalte können an verschiedene Plattformen und Zielgruppen angepasst werden, um maximale Reichweite und Engagement zu erzielen.
- **Nachhaltigkeit:** Durch die Wiederverwendung bleibt der Content länger relevant, was den ROI der Inhalte erhöht.

Das COPE-Modell hilft Ihnen, pragmatisch und ressourcenschonend vorzugehen. Es harmoniert mit dem Content Pillar Model oder dem RACE-Modell (Abb. 3.5), da es den Fokus auf die Effizienz und Skalierbarkeit der Content-Nutzung legt. Besonders für kleine Teams oder Unternehmen mit begrenztem Budget und Ressourcen eine essenzielle Methode.

Content Pillar Model: Konzentration und Fokussierung

Inhalte für zentrale Themen. Das Content Pillar Model organisiert Ihre Inhalte um zentrale Themenbereiche oder „Säulen" herum. Damit fokussieren Sie sich auf wenige *entscheidende Themen* und produzieren dazu nur diejenigen Inhalte, mit denen Sie die Bedürfnisse Ihrer Zielgruppe und die Ziele Ihrer Marke miteinander verschränken können. Mit diesem Modell verbessern Sie Ihre Organisation und langfristige Planung von Inhalten; die Kohärenz über verschiedene digitale Kanäle hinweg auch.

Ein wesentliches Merkmal des Content Pillar Models ist seine Struktur mit Hauptsäulen (Pillars) und dazugehörigen Unterthemen (Cluster). Das sorgt dafür, dass Ihre Inhalte in den Suchmaschinen gut gerankt werden: Sie bauen so thematische Autorität auf und können ein breites Spektrum an Keywords abdecken. Zusätzlich verbessert das Modell die Benutzerfreundlichkeit, weil die intuitive Navigation klar macht, welche Inhalte es gibt und wo sie zu finden sind. Unternehmen können ihre Markenpositionierung stärken, indem sie Expertise zu relevanten Themen demonstrieren. Das Modell ist vielseitig einsetzbar – von Content Marketing und SEO-Strategien bis hin zu Social Media und E-Mail-Kampagnen.

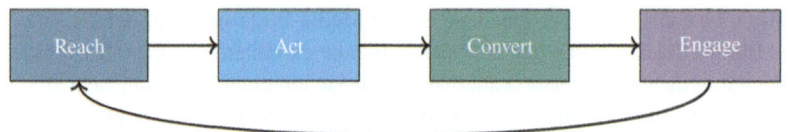

Abb. 3.4 RACE-Modell. (Eigene Darstellung)

RACE-Modell: Wie halten Sie Ihre Kunden langfristig?

Kundinnen und Kunden langfristig binden: Mit dem RACE-Modell (Abb. 3.4) betrachten Sie die *gesamte Customer Journey*, die Ihre Kundinnen und Kunden durchlaufen – von der ersten Kontaktaufnahme bis zur langfristigen Kundenbindung, und integrieren dabei alle relevanten digitalen Touchpoints. Wenn Sie das AIDA-Modell aus der Content-Erstellung mögen, werden Sie sich auch mit RACE anfreunden können: Sie versuchen im ersten Schritt, die Aufmerksamkeit der potenziellen Kundinnen und Kunden zu erreichen, machen ihnen dann durch Interaktionen Lust auf mehr, erzeugen einen Besitzwunsch und binden sie schließlich langfristig an sich.

REACH: Im ersten Schritt erhöhen Sie Ihre Markenbekanntheit und leiten mehr Besucherinnen und Besucher auf Ihre Plattformen. Generieren Sie dazu *Traffic* auf vielen Onlinemedien; Besucherinnen und Besucher werden auf Sie aufmerksam und besuchen ihre digitalen Präsenzen. Steigern Sie die Reichweite kontinuierlich, indem Sie mehrere Interaktionen über verschiedene Kanäle schaffen.

ACT steht für Interaktion, mit der Sie Website-Besucher oder Nutzer in sozialen Medien zu Interaktionen bewegen, um Leads zu generieren. Sie möchten, dass potenzielle Kunden einen weiteren Schritt ausführen, nachdem sie Ihre Website besucht oder auf Ihrer Social-Media-Präsenz ein Like abgegeben haben? Leads zu generieren ist der wohl lukrativste Grund, diese Interaktionen anzustoßen. Aber auch, wer mehr über Ihr Unternehmen oder Ihre Angebote erfahren möchte, neue Produkte sucht oder Ihre detailreichen Beiträge lesen möchte: Definieren Sie, was die User tun sollen und hinterlegen Sie das als zentrale Ziele in Ihrem Funnel-Analyse-Tool, etwa in Google Analytics. Beispiele für Ziele könnten sein: „Produkt angesehen", „In den Warenkorb gelegt", „Als Mitglied registriert" oder „Für einen Newsletter angemeldet". Sie können auch ganz *oldschool* zu sozialen Interaktionen aufrufen, etwa Inhalte zu teilen oder Kundenbewertungen zu hinterlassen. Die genauen Ziele und Messinstrumente müssen Sie individuell für Ihre Organisation definieren.

CONVERT: In der dritten Phase *konvertieren* sie Interessenten in zahlende Kunden – sowohl online als auch offline. Versuchen Sie es zumindest. Bringen Sie Ihr Publikum dazu, den entscheidenden nächsten Schritt zu machen und zu kaufen, sich anzumelden, ein PDF herunterzuladen oder was auch immer Sie von Ihren Kundinnen und Kunden möchten.

ENGAGE: Binden Sie Ihre Kundinnen und Kunden an sich – und zwar möglichst langfristig. Dazu bauen Sie eine dauerhafte Beziehung zu Käuferinnen und Käufern auf, die zum ersten Mal bei Ihnen eingekauft haben, und bemühen Sie sich um Ihre Bestandskunden mit Rabatten, Gutscheinen oder anderen Interaktionen. Senden Sie E-Mails, posten Sie auf sozialen Medien, gratulieren Sie zum Geburtstag – Ihre Fantasie darf keine Grenzen kennen …

- **Content-Marketing:** Strukturierte Erstellung und Distribution von Inhalten.
- **Social Media Marketing:** Optimierung von Kampagnen entlang der Customer Journey.
- **E-Commerce:** Verbesserung der Conversion Rates und Kundenbindung.
- **Suchmaschinenmarketing (SEO/SEA):** Steigerung der Sichtbarkeit und Nutzerführung.

Mit dem RACE-Modell strukturieren Sie Ihre Kommunikations- und Marketingmaßnahmen: Es hilft Ihnen, die Customer Journey in übersichtliche Schritte zu unterteilen und jede Phase zu bewerten. Dabei legen Sie Ihren Fokus auf Ihre Kundinnen und Kunden und adressieren in jeder einzelnen Phase deren Bedürfnisse. Sie können durch die Betrachtung der einzelnen Phasen Schwachstellen in Ihrem Marketingprozess erkennen und beheben. Und: Es lässt sich für verschiedene Branchen und Geschäftsmodelle anpassen.

Content Lifecycle Model: Langfristig Erfolg durch Optimierung

Das Content Lifecycle Model betrachtet die Lebensdauer von Inhalten: Sie entstehen eventuell *adhoc* aufgrund schneller Trends, werden dann unter Zeitdruck oberflächlich produziert – Schnelligkeit schlägt Sorgfalt – und bleiben dann eine Weile auf Ihren Startseiten: Sie positionieren sich als Trendsetter. Nach ein paar Tagen oder Wochen verstetigt sich der Trend, im Unternehmen entstehen Use Cases dazu, die Branche nimmt sich des Trends an – und der schnell geschriebene Artikel wirkt plötzlich dünn, alt und schal. Sie müssen ihn dringend überarbeiten, mit Substanz auffüllen, veraltete Aspekte durch zukunftsfähigere ersetzen. Sie müssen Ihren Content *pflegen*. Nach der erstmaligen Veröffentlichung ist der Lebenszyklus eines Inhalts nicht abgeschlossen. In der Pflegephase (manche nenne sie auch Wartungsphase) überprüfen Sie Ihre Inhalte regelmäßig sowohl strategisch-inhaltlich: „Passt das Thema grundsätzlich noch zu unserer Strategie?" als auch performance-analytisch: „Wie hoch ist der SEO-Wert des Inhalts?", also: Bringt er auch leicht veraltet noch Traffic, Sichtbarkeit und Conversions? Dann halten Sie ihn entweder aktuell und prominent auf der Seite sichtbar. Oder Sie lassen ihn online, aber in einer Art Archiv, damit er erreichbar bleibt, aber etwas ausgelagert wird aus ihrem aktuellen Auftritt. Ein solchermaßen archivierter Beitrag kann Ideen stiften, die Sie wieder in den Planungsprozess einspeisen können.

Altes pflegen statt Neues produzieren

Es ist aus strategischen Gründen in vielen Fällen sinnvoller, alte Inhalte zu aktualisieren als sie durch neue zu ersetzen. Suchmaschinenoptimierung (SEO): Wenn Sie einen alten Websitetext aktualisieren, behält die Seite ihren bisherigen Ranking-Wert bei, den sie in Suchmaschinen aufgebaut hat. Alte Seiten haben oft bereits Backlinks, gute Rankings und eine Historie, die von Suchmaschinen positiv bewertet wird. Eine komplette Löschung und der Start mit einer neuen Seite setzen diesen Wert zurück. Mit Updates und neuen Keywords können Sie das Ranking weiter verbessern, ohne den SEO-Wert zu verlieren.

- Kontinuität für Nutzer: Nutzer, die eine Seite kennen und schätzen, erwarten, dass sie weiterhin verfügbar ist – besonders, wenn diese Inhalte bereits in Social Media, Foren oder durch andere Links geteilt wurden. Oder die hier in der Literaturliste angegeben sind …
- Ressourcenschonung: Es ist einfacher und weniger zeitintensiv, wenn Sie einen bestehenden Inhalt ein wenig auffrischen. Nehmen Sie die bestehenden Inhalte als Grundlage und passen Sie sie an und erweitern Sie sie.
- Langfristige Nutzerbindung: Aktualisierte Texte zeigen den Usern und der Suchmaschine (!), dass Sie sich um Ihre Inhalte kümmern und sie aktuell halten. Dies stärkt das Vertrauen der Besucher in die Zuverlässigkeit und Relevanz Ihrer Marke. ◄

Wann ist ein neuer Text sinnvoll: Wenn der alte Text thematisch nicht mehr relevant ist oder sich die Ausrichtung des Unternehmens geändert hat. Wenn die Inhalte völlig überholt sind und ein Update mehr Aufwand wäre als eine komplette Neuerstellung. Wenn der Text in seiner bisherigen Form keine SEO-Wirkung zeigt (z. B. keine Rankings, keine Backlinks).

Es geht also um Content und um Themenmanagement.

3.3   Welcher Content für welche Absicht?

„Was ist eigentlich der Inhalt von Content?" Eine von Mirko Langes Lieblingsfragen. Halten wir theatralisch ein Glas Marmelade vor unsere Nase. Ist das klebrige Glas der Content – oder die schmackhaftere Konfitüre darin? Sind die frischen Erdbeeren, der raffinierte Zucker und das produktionstechnisch wichtige Pektin der Content, der die Marmelade erst entstehen lässt? Oder ist es der Belag auf dem Brötchen, das wir uns erwartungsfroh zum Mund führen? Wenn es uns nicht zuvor runtergefallen und – pflatsch! – auf der dafür vorgesehenen Marmeladenseite gelandet ist. *Was genau ist also Content?*

Strategisch betrachtet gibt es *den* Content nicht. Ein YouTube Short erfüllt eine andere kommunikative Funktion als ein Fachbuch. Ein Reel erreicht andere Nutzerinnen und Nutzer als ein medium-Artikel. Eine Instagram-Story kann eine viel emotionalere Beziehung zu uns Usern aufbauen als eine Linksammlung.

Jeder Content unterscheidet sich in seinem Inhalt. Aber auch in seiner Zusammensetzung, seinem Zweck, seiner Verpackung, dem Transport zu seiner Zielgruppe, dem Lieferzeitpunkt und den Emotionen, die der Content auslöst sowie den Wirkungen, die er nach sich zieht.

Backen wir uns also ein Content-Beispiel. Stellen wir uns Content als ein Paket kurz vor Weihnachten vor. Oma Gaby aus Frankfurt am Main hat verschiedene Plätzchen gebacken und in kleine Tüten verpackt: Die Klassiker, die ihre Enkel Noel und Finn in Hamburg sicherlich in wenigen Tagen weggemampft haben werden: Vanillekipferln, Kokosmakronen, Frankfurter Bethmännchen. Die Plätzchen sind *der Content, um den es geht, die Substanz, das Produkt.*

Richtig verpackt und rechtzeitig verschickt. Gaby packt die Tüten mit den Plätzchensorten in einen Karton, legt eine Weihnachtskarte dazu und bringt die Plätzchenpackung zur Post – zwei Wochen vor Heiligabend. Das Päckchen müsste morgen, spätestens übermorgen in Hamburg sein; nichts geht über gutes Timing! Der Karton ist *die Verpackung, das Format,* die Post der *Distributionsweg, die Art und Weise, wie der Inhalt verschickt wird.* Karton und Post sind beide notwendig, damit der Content bei seiner Zielgruppe unbeschadet ankommt.

Andere Adressatinnen, anderer Aufwand. Gabys Plätzchenpäckchen-Tradition ist aber viel älter als es Finn und Noel sind. Seit zwanzig Jahren schon schickt sie die Tütchen auch ihrer Schwester Martha, die nach Australien ausgewandert ist. Bethmännchen in der Sommerhitze Adelaides? Gaby hat eine beinahe patentreife Alufolien-Einwickeltechnik entwickelt, die Weihnachtsplätzchen kommen unbeschadet bei ihrer Schwester an. (Sagt diese zumindest, wenn Gaby mit ihr telefoniert.) Das Päckchen ist deutlich aufwändiger als das für ihre Enkel – und das Porto deutlich höher. Seit gestern streiken die Fluglotsen – Gabys Timing kommt dieses Jahr etwas ins Wanken. Aber da klingelt schon Mara, die Nachbarstochter. „Oma Gaby, hier riecht es schon so schön nach Weihnachten!" Sie schnappt sich ein Vanillekipferl vom Tisch und beißt genüsslich hinein. Mara bekommt den Content ganz ohne Karton und Post und Porto *just in time. Gleicher Inhalt, unterschiedlicher Distributionsaufwand für unterschiedliche Empfängerinnen.*

Was also ist Content? Der Karton und die aufwändige Verpackung sind notwendige Rahmenbedingungen, damit die Zielgruppe den Content genießen kann. Das Timing ist wichtig, damit die Zielgruppe den Content rechtzeitig konsumieren kann. Der Distributionsweg ist ebenfalls ein kritischer Faktor – kommt der Content überhaupt bei der Zielgruppe an? Und schließlich die Zutaten: Sie machen den Content zu dem, was er ist, aber erst in ihrem fein abgestimmten Zusammenspiel. Ein Eidotter und eine Vanillestange einzeln formen kein einziges Weihnachtsplätzchen. Die Komposition mit anderen Zutaten zusammen, das Rezept, ist der Schlüssel zum Erfolg – und ein funktionierender Backofen. Eine Idee vom Produkt, eine Vorstellung vom Ziel. Und eine Umgebung, die die Idee im wahrsten Sinne des Wortes ausbrütet – das erzeugt den *Content, der uns glücklich macht, wenn wir ihn zum passenden Zeitpunkt konsumieren dürfen.*

> Content ist die Erzählung selbst. Weder der Distributionsweg noch das Format. Weder die einzelnen Elemente und Bausteine, die ihn aufbauen, noch die Persönlichkeit der Erzählerin. Content ist Inhaltlichkeit, ist die narrative Substanz. Die Geschichte selbst.

Schauen wir in diesem Kapitel also tief in die Inhaltlichkeit hinein und kneten wir die Substanz der Geschichte. Was macht guten Content aus? Wie kommen wir zu gutem Content? Welche Geschichten sollen wir wem wann wie erzählen und welche nicht? Nehmen wir den Begriff *Content* strategisch auseinander, damit wir ihn umso taktischer einsetzen können. Ermöglicht die Frage nach den Funktionen, die Content haben kann, eine erste grobe Unterscheidung und Einteilung?

3.3.1 Nutzen von Content

Google hat sich dieser Frage schon vor einem Jahrzehnt mit seinem 3H-Modell genähert, indem der Softwaregigant Videos auf YouTube analysiert hat. Google teilt Content seitdem sehr einfach in drei Kategorien ein: Hero-, Hub- und Hygiene-Content.

3H-Modell: Zufrieden, glücklich, begeistert sein

- **Hero-Content:** Es gibt Inhalte – namentlich Filme –, die atemberaubend, unvergleichlich und sehr aufwändig produziert sind. Klar, diese Produktionen nehmen wir als heldenhaften Hero-Content wahr. Google hat also ein erstes Unterscheidungskriterium gefunden: *Hero-Content ist einzigartig großartig und soll Aufmerksamkeit erzeugen!*

- **Hub-Content:** Dieser Content ist so attraktiv, dass wir regelmäßig mehr von ihm sehen möchten. Dafür folgen wir, abonnieren wir, drücken die Glocke und geben ein Like nach dem anderen. *Hub-Content ist dazu da, dass wir Fans werden!*
- **Hygiene-Content:** Hygiene-Content beantwortet die meisten unserer alltäglichen Fragen, hilft uns bei Schwierigkeiten, erläutert uns, was wir im Einzelfall tun müssen. *Hygiene-Content ist grundlegender Hilfe-Content, mit dem wir das Leben meistern können.*

Was bedeutet das für unsere Content-Planung? Wir benötigen alle drei Content-Arten. So viel Hygiene-Content wie irgend nötig, so ausreichend Hub-Content wie mindestens möglich – und hin und wieder lassen wir einen Aufmerksamkeitsstern in unserer digitalen Bubble aufgehen.

Tauchen wir noch tiefer ein in diese Einteilung. Die erste grobe Funktionsbeschreibung hat uns Google schon gegeben, aber: Geht das noch ein bisschen präziser? Welche Formate passen zu welcher Funktion, und wann spielen *wir* welche Content-Art aus, damit *sie* ihren Vorteil voll ausspielen kann?

Hygiene-Content: Hilfe und Substanz

Hygiene-Content fällt auf, wenn er fehlt. Seltsamer Name, oder? Am besten kann man ihn mit dem Begriff des *Hygiene-Faktors* erklären, den der Wissenschaftler Frederick Herzberg in seiner Zwei-Faktoren-Theorie eingeführt hat. (Becker, o.D.) Hygiene-Faktoren verhindern Unzufriedenheit. Wir bemerken sie besonders dann, wenn sie nicht vorhanden sind. Unter Hygiene-Content finden sich also alle Inhalte, die wir im Surf-Alltag nicht sonderlich wahrnehmen und für so selbstverständlich halten wie zweimaliges Zähneputzen. Finden wir sie aber nicht, wenn wir sie suchen, merken wir sehr schmerzhaft, wie sehr sie fehlen – so wie wir die seit Tagen fehlende Dusche immer penetranter wahrnehmen.

Hygiene-Content ist jeder Inhalt, der unsere Unzufriedenheit zu mildern hilft

- Mein Fahrradreifen ist schon wieder platt – ein kleines YouTube-Video zeigt, wie ich den Plattfuß einfach und schnell flicken kann.
- Ich brauche noch schnell ein kleines Geburtstagsgeschenk für den Babysitter – eine Geschenke-Website hält viele nette Ideen parat.
- Die Lampe im Backofen ist durch- und leider eingebrannt. Ein schnelles Tutorial zeigt den Trick, wie man die Glühbirne dennoch tauschen kann. ◀

Content für den Einmalgebrauch. Solchen Content gibt es millionenfach – aber er bleibt in der Regel so lange unbeobachtet, bis wir konkret nach ihm suchen. Und wenn wir ihn gefunden haben, suchen wir ihn meist auch kein zweites Mal mehr – hat er unser Problem doch schon beim ersten Mal bravourös gelöst. Trotzdem ist er unverzichtbar. Jedes Unternehmen, jede Organisation braucht diesen Hygiene-Content mit Inhalten, die wir User vom Unternehmen einfach erwarten. Wie benutze ich das Produkt effizient? Wie kann ich es reinigen? Was tun, wenn es defekt ist? Kann ich es mit anderen Produkten kombinieren? Dieser Content ist nicht per se langweilig und uninspiriert, im Gegenteil. Einfache *Best Practices* können sehr kreativ und ansprechend umgesetzt werden. Anleitungen können lustig und lehrreich sein. Neue Produktankündigungen sind für manche Zielgruppen außerordentlich attraktiv, sie fragen sie dringend nach – hier kann Hygiene-Content sogar zum Aufmacher taugen.

Lexikalischer Content. Wichtig ist: Diese Content-Art abonnieren wir in der Regel nicht. Wir suchen sie, wenn wir sie brauchen, aber wir möchten nicht jeden Montag in einem Newsflash darüber in Kenntnis gesetzt werden, dass 333 bei Issos Keilerei war. Der Content funktioniert wie eine Datenbank: Niemand liest sich alle zwanzigtausend Artikel der Datenbank nacheinander durch, sondern greift sich genau diejenigen heraus, die die Antwort auf eine aktuelle Frage enthalten.

• **Vorteile für uns User:** Wir finden im besten Fall auf alle unsere individuellen Fragen eine befriedigende Antwort – auf allen möglichen Kanälen.
• **Vorteile für Unternehmen:** Sie können mit einfachen Mitteln eine umfassende Wissensdatenbank erstellen mit kontinuierlich produziertem Content, der beispielsweise Support-Fragen aufgreift oder Produktverbesserungen erläutert.
• **Vorteile für die Plattformen:** Hygiene-Content bringt vor allem Traffic auf die Owned-Plattformen: die eigene Website, der eigene Newsletter, der eigene YouTube-Kanal.

Funktion	Hygiene-Content beantwortet konkrete Fragen Ihrer User.
Frequenz	Permanent neuer Content, weil User ständig nach aktuellen Entwicklungen, Informationen und Fakten, Hilfe und Anwendungsbeispielen suchen.
Formate	Wiki-Artikel, Helpcenter-Artikel, Rezepte, HowTos, Anwendungsfälle.
Fazit	Content, der glücklich macht.

Aufgabe Hygiene-Content

Versetzen Sie sich in die Lage Ihrer wichtigsten Nutzendengruppe:

• Welche Fragen stellen sich User auf dem Weg vom Aufkeimen eines Bedürfnisses bis zum Warenkauf im Online-Shop?
• Welche Tipps und Ratschläge könnten die Nutzerinnen und Nutzer gut gebrauchen, um Ihre Produkte und Dienstleistungen möglichst erfolgreich und effizient einzusetzen?

• Vor welchen Fehlern im Kontext der Kaufentscheidung möchten Sie Ihre Kundinnen und Kunden gerne bewahren? Mit welchen Informationen finden diese genau das passende Produkt? ◄

Hub-Content: Unterhaltung und Abonnement

Hub-Content sorgt für Reichweite. Noch so ein seltsamer Begriff: Hub. „Dreh- und Angelpunkt" wäre eine mögliche Übersetzung dieses englischen Begriffs, Mittelpunkt. Oder auch die Nabe, in der alle Speichen zusammenlaufen. Offensichtlich also eine Content-Art, um die sich vieles dreht und die vieles verbindet. Und die so attraktiv ist, dass sie Menschen attrahiert. Wir hängen am Hub Content wie die Speiche in der Nabe. Hub-Content möchten wir abonnieren, wir möchten ihm folgen, möchten uns permanent um ihn drehen. Wir fühlen uns gut mit diesem Content. Er macht uns buchstäblich glücklich. Wir folgen, klicken, kommentieren. Wir sorgen mit unserer Begeisterung dafür, dass er immer bekannter wird. Millionen Unternehmen gefällt das.

Hub-Content ist Inhalt, der uns fesselt

• Ein Naturkundemuseum eröffnet eine virtuelle WG in seiner Sammlung und nimmt jede Woche ein besonders selten gezeigtes Exponat aus dem Tresor – um seine Geschichte zu erzählen.

• Ein Handelsunternehmen gibt in seinem Podcast Ernährungstipps, erläutert seine Lieferketten und nimmt mit auf die weite Reise, die Bananen und Mangos druckstellenfrei hinter sich bringen müssen.

• Ein Hersteller transportabler Kameras installiert ein Exemplar unter Wasser in einem Korallenriff, um die Artenvielfalt und die Schönheit dieses gefährdeten Lebensraums zu zeigen – mit atemberaubenden Aufnahmen, die uns Normalusern den Tauchkurs sparen und dem Korallenriff (hoffentlich) die Touristen. ◄

Content für die Dauerschleife. Serien sind prädestinierter Hub-Content.

• **Vorteile für User:** Wir fühlen uns gut unterhalten, werden klüger und informierter und freuen uns auf den regelmäßigen Input.

• **Vorteile für Anbieter:** Mit diesem attraktiven und regelmäßigen Content binden Sie die User an sich und geben mit jedem neuen Posting ein neues Aufmerksamkeitssignal.

• **Vorteile für die Plattformen:** Social-Plattformen leben davon, dass wir ihn lieben. Hub-Content ist typischer Social-Content: Er sorgt für die Vernetzung und für die Interaktionen und treibt die Plattformen an.

Funktion	Hub-Content bedient die speziellen Surf-Interessen der Follower.
Frequenz	Regelmäßig neuer Content, um die Community verlässlich mit Updates zu versorgen und ans Unternehmen zu binden.
Formate	Evergreen-Storys, die Lust auf mehr machen. Serien, etc.
Fazit	Content, der süchtig macht.

Aufgabe Hub-Content

Sie erhalten den Auftrag, eine Serie zu produzieren:

* Welches Thema beherrschen Sie so gut und tiefgreifend, dass Sie dazu über lange Zeit regelmäßig publizieren können? Handelt es sich um einen methodischen Ansatz mit vielen immer neuen Aspekten oder um einen langlebigen Konsumtrend mit vielen Anwendungsbeispielen?
* Welche Anlässe finden Sie über das Jahr verteilt, die Ankerpunkte für verschiedene Schwerpunkte sein könnten: Festtage, Jubiläen, Jahrestage oder Neuerscheinungen auf dem Markt?
* Benötigen Sie für Ihre Serie irgendwelche „Helden", die Eigenschaften Ihrer Kundinnen und Kunden widerspiegeln und anhand derer Sie Ihr Thema möglichst realitätsnah kommunizieren können? ◄

Hero-Content: Aufmerksamkeit und Viralität

Hero-Content verschlägt uns den Atem – und das macht er mit voller Absicht. Hero-Content haut uns aus den Schuhen, lässt unsere Münder in Reih' und Glied offenstehen. Uns läuft es wohlig den Rücken runter und wenn wir ganz genau hinsehen, erkennen wir *goose bumps*. Hero-Content hat nur eine einzige Funktion: Aufmerksamkeit auf sich zu ziehen! So viel und so zielgruppenübergreifend wie möglich. Das sind vor allem die aufwändig gedrehten Videos in Hollywood-Qualität (oft von ortsansässigen Regisseuren inszeniert), die einen kreativen Dreh gefunden haben, der uns sprachlos zurücklässt.

* Ein Nutzfahrzeughersteller lässt zwei Sattelzüge mit Präzisionssteuerung rückwärtsfahren – während Actionstar Jean-Claude van Damme nichts besseres zu tun hat, als StVO-widrig *the most epic of splits* auf den Außenspiegeln zu vollführen. Der Spot ist so großartig, er hat einen eigenen Wikipedia-Eintrag. (Wikipedia: The Epic Split 2013)
* Ein Produzent von hochpreisigem Speiseeis nutzte seine Plattform, um auf den Klimawandel aufmerksam zu machen, und erstellte Inhalte, die soziale Verantwortung und Markenbotschaft vereinen. Mit der einleuchtenden Mission: „We believe that ice cream can change the world." (Janke 2024)

Das Konzept des Hero-Contents hat es sogar auf unsere Websites geschafft: Der unerwartete besondere Hingucker im oberen Drittel der Startseiten (oder auch ganz bildschirmfüllend) hat ebenfalls diese Funktion: Aufmerksamkeit zu erregen, damit Menschen die Website besuchen – und bequemerweise gleich dabeibleiben und die Click-Through-Rate erhöhen. (Beispiele für Hero-Sections auf Webseiten bei (Spaeder 2024))

Hero-Content startet Ihre Kampagne. Wie bekommen Sie Aufmerksamkeit auf Ihre neue Werbe-, Social-Media-, Marketing- oder Kommunikationskampagne? Durch einen kraftvollen, außergewöhnlichen, selten gesehenen und absolut einzigartigen Hingucker, der das Potenzial zu Viralität hat. Der tausendfach weitergeleitet und hunderttausendfach angeklickt wird. Welch Verantwortung für die Kommunikationsverantwortlichen!

- **Vorteile für User:** Wir sind geplättet und inspiriert und empfehlen es unseren engen Freunden und sogar weniger guten Bekannten. Ein Content-Erlebnis wie ein Freizeitpark.
- **Vorteile für Anbieter:** Sie sind *talk of the town*, und das eine ganze Weile. Wenn Ihr Inhalt eine exponentielle Ausbreitungsgeschwindigkeit erreicht hat, kennt die halbe Welt Ihre Marke. Bereiten Sie sich vor: Ihre Kommunikationsanfragen steigen vergleichbar exponentiell an, Ihre Plattformen werden geflutet, Ihren Kundenservice haben Sie durch ein unbedachtes Megavideo in Dauerstress versetzt.
- **Vorteile für die Plattformen:** Sie ziehen noch mehr Aufmerksamkeit auf sich, können eventuell völlig neue Nutzergruppen gewinnen – und verdienen an Ihrem Content, für dessen Reichweite Sie ordentlich in die Tasche greifen müssen.

Funktion	Hero-Content erreicht direkt die Herzen der Fans.
Frequenz	Gezielt veröffentlicht, um besondere Aufmerksamkeit für eine längere Zeit zu erzielen. Besonders als Startpunkt einer Kampagne geeignet.
Formate	kürzere und längere Videos, Scrollytelling, Podcasts, Infografiken, Blogposts.
Fazit	Content, der ansteckt und uns den Atem raubt.

3.3.2   Schaden von Content

Wie vertrauenswürdig sind Sie? Wenn Sie nun denken: Großartig! Dann produziere ich nachher im Hobbykeller einen viral gehenden Hero-Spot, um meine leicht angeschimmelte Dubai-Schokolade mit Pistazienersatz meistbietend verkloppen zu können: Nee, nee, nee. Google wird Ihre Sichtbarkeit massiv einschränken. Woher ich das weiß? Weil wir bei Ihnen noch nie Dubai-Schokolade gekauft habe,

Sie also kaum Erfahrung und vermutlich wenig Expertise in diesem Markt besitzen. Und damit landen Sie bei Google auf der Beobachtungsliste …

E-E-A-T-Modell: Hilfreicher Content durch Expertise

Google bewertet Inhalte derzeit nach vier Kategorien: *Experience, Expertise, Authoritativeness, Trustworthiness*. Sie sehen schon an den vier Begriffen, dass es sich weniger um den Inhalt selbst dreht, als um seine substanzielle Qualität. Google bewertet die Reputation der Verfasserin und des Verfassers sowie der Website selbst, um Rückschlüsse auf die Vertrauenswürdigkeit des Inhalts zu ermöglichen. Zuerst einmal traut mir Google nicht zu, einen wirklich seriösen und aufklärenden Artikel über windige Geldanlagen zu schreiben – ich bin mit einem solchen Thema bislang noch nicht im Netz aufgefallen, und glauben Sie mir: Google wüsste davon. Ich habe keinerlei nachweisbare praktische und persönliche Erfahrung in diesem Themenbereich, und damit falle ich auch beim zweiten Prüfpunkt durch: Fachwissen. Inhalte müssen von Fachleuten geschrieben oder überprüft sein, damit Sie den E-E-A-T-Kriterien genügen, am besten wäre es, wenn ich in diesem Themenbereich als fachliche Autorität angesehen wäre. Nun ja, jeder hat mal klein angefangen. Immerhin hat meine werbefreie Website eine gewisse Vertrauenswürdigkeit und ihr hochseriöser Autor selbstredend auch. Google möchte *hilfreichen Content* (Haynes 2024) und die Autoren müssen vertrauenswürdig sein.

Hase und Igel. Google möchte die Qualität seiner Suchergebnisse sichern. Das macht die Suchmaschine seit Anbeginn: Sie hat 1998 als Erste versucht, über die Backlinks von anderen Websites auf die Qualität und Autorität des Angebots zu schließen (Page Rank) und das obsessive Aufblähen des HTML-Codes mit Keywords zu unterbinden (Florida-Update). Weil Menschen ja kreativ sind und den Suchalgorithmus sinister austricksen wollen – zum eigenen finanziellen Vorteil. Panda, Penguin, Hummingbird und vielen, vielen anderen Updates (Google Developers 2025) lagen die Überlegungen zugrunde: Woran kann eine Suchmaschine eigentlich erkennen, ob vermeintlich guter Content auch objektiv guter Content ist? Und immer wieder landete Google bei Antworten, die eher nicht-technischer Art waren, sondern menschliche Verhaltensweisen zum Vorbild nahmen. Wem vertrauen wir Menschen? Wie kann eine Person oder eine Organisation sich Vertrauen bei uns erarbeiten und verdienen? Wie entsteht Reputation – und ist Reputation ein entscheidender Entscheidungsfaktor? Ja, sagt Google.

YMYL-Modell: Schutz vor betrügerischem Content

Your Money, Your Life: Das YMYL-Modell (Your Money or Your Life) ist ein Konzept, das vor allem im Zusammenhang mit den Qualitätsrichtlinien von Google für die Bewertung von Websites und Inhalten steht. Es beschreibt Inhalte, die potenziell erhebliche Auswirkungen auf das Wohlergehen, die finanzielle Stabilität oder die Sicherheit der Nutzer haben. Websites oder Inhalte, die unter YMYL fallen, unterliegen besonders strengen Anforderungen an Genauigkeit, Vertrauenswürdigkeit und Expertise. Google nimmt nun Inhalte aus praktisch allen Lebensbereichen besonders unter die Lupe, bei denen User sich oft hilflos fühlen und eines besonderen Schutzes bedürfen – und wo Einzelnen großer Schaden entstehen kann, wenn sie falsch beraten werden.

- Finanzielle Informationen: Inhalte, die sich mit Finanzen, Investitionen, Steuern, Krediten, Versicherungen oder Online-Einkäufen befassen. Beispiel: Artikel über „Beste Geldanlagen für 2025".
- Gesundheit und Sicherheit: Informationen zu medizinischen Themen, Krankheiten, Therapien, Medikamenten oder gesundheitsbezogenen Produkten. Beispiel: „Ratgeber zu Behandlungsmöglichkeiten bei Diabetes".
- Rechtliche Informationen: Inhalte zu Gesetzen, juristischen Ratschlägen, Urheberrecht oder anderen rechtlichen Fragen. Beispiel: „Wie schreibe ich ein Testament?".
- Lebensentscheidungen: Inhalte, die sich auf wichtige Lebensentscheidungen beziehen, wie Bildung, Karriere oder Kaufentscheidungen. Beispiel: „Welche Universität passt zu mir?".
- Nachrichten und öffentliche Informationen: Informationen zu wichtigen Ereignissen, Krisen, Katastrophen oder politischen Entwicklungen. Beispiel: „Aktuelle Entwicklungen im Klimawandel".

Unscheinbar, aber gefährlich: Google sieht YMYL-Inhalte als besonders kritisch an, weil fehlerhafte oder ungenaue Informationen gravierende Folgen für die Nutzer haben können. Hier greifen die E-E-A-T-Kriterien ganz besonders. Falls Sie also YMYL-Inhalte erstellen, müssen Sie ganz besonders sorgfältig vorgehen, um weiterhin in den Suchmaschinen sichtbar zu sein – und damit das Vertrauen Ihrer Zielgruppe zu behalten. Wenn Sie beispielsweise ein Naturheilportal betreiben, benötigen Sie zwingend Autorinnen und Autoren für Ihre Artikel, die als Ärztin oder Arzt einen untadeligen Ruf haben; am besten mit Lehrstuhl an einer anerkannten Universität. Zumindest müssen die Artikel von Medizinerinnen und Medizinern belegbar geprüft werden, sonst ist Google nicht von der wissenschaftlichen Qualität der Inhalte überzeugt. Wenn Sie über Altersvorsorge, Immobilienbesitz oder Geldanlage schreiben, müssen Sie Expertenmeinungen einbinden und sehr präzise Informationen zu den Investitionen geben. Und selbstverständlich müssen Sie sichere Zahlungsoptionen mit transparenten Datenschutzerklärungen im E-Commerce anbieten. **Geben Sie sich also Mühe.**

3.4   Welcher Content für welche Bedürfnisse?

Es gibt viel zu viel Content. In Massen zu viel. Und mit der nimmermüden Dienst-
leistungsmentalität von ChatGPT, Perplexity und Copilot wird es nicht weniger
werden. Je mehr Content entsteht, desto weniger können wir ihn alle wahrnehmen.
Also lassen wir ihn von Copilot und Gemini zusammenfassen, obwohl uns die Zeit
fehlt, selbst die Zusammenfassung zu lesen – ein Teufelskreis. Ihre einzige, kleine
Chance, um überhaupt gesehen zu werden: Weniger, aber substanziellerer Content,
der zielgenau passt. Drei Systematiken von Mirko Lange beweisen ihre Tauglich-
keit seit Jahren in vielen hundert Unternehmen – also schauen wir uns die wichtigsten Teile seines *SCOM-Modells* genauer an (Lange 2013, 2015b, 2017).

3.4.1   Story Circle für effiziente Planung

Streichen Sie den Kanal. Für Ihre strategische Kommunikationsplanung benötigen
Sie keine Kanäle! Ob Newsletter, TikTok oder Einblendung auf Ihrem SmartTV: In
die Kanäle wird alles, was Sie planen und produzieren, am Ende ganz selbstverständlich fließen. Lassen Sie lieber Ihre Quellen an neuen Ideen sprudeln – und frischen Sie lieber Ihre *Core Story* ein wenig auf.

   Planen Sie von innen nach außen: Schnappen Sie sich Ihre Leitidee und verpacken Sie sie in eine Geschichte. Denken Sie bitte noch nicht über etwaige Formate
nach. Es geht zuerst einmal um die Story. Planen Sie die Geschichte, die Sie erzählen
wollen, aus dem *Why* Ihrer Leitidee heraus: Möchten Sie ein besonderes Produkt
oder Serviceangebot vorstellen oder Ihr Unternehmen als Ganzes präsentieren?
Haben Sie eine Lösung für ein Problem entwickelt oder eine humorvolle Anekdote,
die Sie mit der Welt teilen möchten? Was wäre ein tragfähiger Aufhänger? Feilen Sie
zuerst an der Botschaft Ihrer Geschichte und denken Sie mehrere dramaturgische
Übersetzungen durch. Suchen Sie sich dann diejenigen Personen, die die Geschichte
am glaubwürdigsten präsentieren können: In sehr seltenen Fällen ist es Ihr Vor-
gesetzter, oft sind es begeisterte Mitarbeiter oder Teams, Kunden, die die Nützlichkeit Ihrer Angebote belegen oder Lieferanten, die uns in die Prozesskette schauen
lassen. (Der vereinfachte *Story Circle* in Abb. 3.5 hilft Ihnen bei der Planung: beginnen Sie im Zentrum und arbeiten Sie sich Scheibe für Scheibe nach außen.)

Beispiel Grand Tour of Switzerland

Schweiz Tourismus möchte Lust machen auf das Land, seine imposante Landschaft aus Bergen, Almen und Seen, seine pünktliche Bahn und seine Organisiert-
heit. Die Landschaft wird indirekt und humorvoll inszeniert. Das ist grob die *Leit-*

Abb. 3.5 Vereinfachter Story Circle von Mirko Lange, Lange (2013), modifizierte Darstellung mit freundlicher Genehmigung des Urhebers

idee hinter einer Kampagne zur Grand Train Tour of Switzerland, die die Schweizerische Tourismus-Zentrale seit einigen Jahren fährt. Eine der *Storys:* Zwei Prominente sitzen ohne Ticket in der Bahn, und selbstverständlich geht die unbestechliche Schaffnerin nicht auf Verhandlungsversuche ein. Eine freundliche ältere Schweizerin „kauft" die beiden endlich frei. Leitidee und dramaturgische Ausformung stehen also am Anfang. Die besondere Attraktivität der Geschichte entsteht durch zwei Weltstars als *Protagonisten:* Ex-Tennisprofi Roger Federer und Comedian Trevor Noah. Das führende Format ist ein aufwändig produzierter Kinospot; die charmante Kurzgeschichte könnte aber auch als gedruckter Text, als Graphic Novel oder im Scrollytelling-Format auf einer Website erzählt werden.

Eine Geschichte, viele Formatmöglichkeiten. Zudem sind ein Making-of und ein Behind the Scenes möglich, die Zugfahrt könnte für Augmented Reality nachgestellt, aus der Sicht der älteren Dame geschildert oder in einem Gewinnspiel für zwei Freifahrten nach Interlaken gipfeln – für die *Fahrt Ihres Lebens* … (Schweiz Tourismus 2022) und (Foerster 2023) ◄

Produzieren Sie effizienter. Die Planungsrichtung von der Leitidee über die Story zu den Protagonisten hat immense Vorteile: Ihre digitale Kommunikation ist immer konsistent, da Sie dieselbe Botschaft in unterschiedlichsten Emanationen und Varianten zuspitzen, abschwächen, dekonstruieren und neu zusammensetzen können, ohne dass sich diese Botschaft ändert. Integrierte Kommunikation auf Story-Ebene, sozusagen. Ihre Kommunikation wird aber auch effizienter, da Sie mit einer einzigen Kreativleistung diverse Zielgruppen passgenau bedienen und vielerlei Formate und Kanäle befüllen können. Ihre Beiträge bekommen schließlich einen nachhaltigen Aspekt: Sie können die Geschichte über Wochen immer ein bisschen anders ausspielen und in kleinen Abwandlungen stetig weiterdrehen; tauschen Sie einfach Ihren Vorgesetzten als Protagonisten gegen die Personaldirektorin aus, schon bekommt die Geschichte eine andere Ausrichtung …

Drehen Sie am Rad! Schneiden Sie sich den Story Circle von Mirko Lange aus Pappkartonscheiben aus und drehen Sie die einzelnen Scheiben auf Ihre geplante Maßnahme hin: Leitidee → Lösung → Mitarbeiter → Interview → Newsletter in einem Fall und Leitidee → Lösung → Kunde → Checkliste → Instagram-Story für eine weitere der vielen daraus abgeleiteten Varianten. Viel Spaß beim Dreh![7]

3.4.2   FISH-Modell für den Nutzen

Fragen wir nach dem Nutzen von Content – und nutzen wir dafür das FISH-Modell, das Inhalte nach ihrer unmittelbaren Nützlichkeit für die User in vier Schubladen einsortiert: Follow-Content, von dem Ihre Follower immer mehr haben möchten (dem Hub-Content vergleichbar), Inbound-Content, den es nur bei Ihnen gibt, Search-Content, der die richtigen Informationen sehr schnell liefern kann und Highlight-Content, der dem Hero-Content vergleichbar zum Weiterempfehlen taugt.

Jede dieser vier Content-Arten bedient andere Interessen und funktioniert auch anders.

---

[7] Der Story Circle ist im Original umfangreicher und komplexer und anders sortiert; für die schematische Darstellung haben wir ihn vereinfacht. Das Original finden Sie ausführlich erläutert auf der Website von Scompler. (Lange 2013).

Follow-Content ist so attraktiv und macht so viel Lust auf mehr, dass wir alle auf Ihren *Abonnieren*-Button klicken – und auf die Glocke gleich dazu, um ja nichts zu verpassen von Ihren vielen tollen Inhalten. Spannende Insights, farbenfrohe Bilder, witzige Memes oder aktuelle News – Follow-Content informiert und unterhält uns und generiert damit Reichweite für Sie. Das ist auch seine strategische Funktion: Möglichst viel Sichtbarkeit zu produzieren, um möglichst viele Interaktionen zu provozieren – bei überschaubarem Aufwand. Follow-Content stellen Sie so barrierefrei wie möglich bereit. Wenn Sie ihn hinter einer Bezahlschranke verstecken, verliert er seine Funktion – je mehr Menschen ihn sehen, begeistert sind und ihn abonnieren, desto mehr erfüllt er seinen Zweck.

Inbound-Content ist exklusiv. Ihn gibt es nur bei Ihnen. Im allerwahrsten Sinne der Worte – denn exklusiv zu sein, ist seine Funktion. Diesen sollten Sie dringend hinter einer Registrierschranke verstecken und nur wirklich Interessierten zum Download anbieten. Große empirische Studien und einfache Case Studies, Whitepaper zum Ausdrucken und Webinare auf Knopfdruck, eBooks und große Präsentationen – Inbound-Content ist extrem aufwändig zu produzieren, Sie müssen ganz schön schuften dafür. Inbound-Content besticht durch seine Substanz – und deswegen möchten ihn einige Menschen herunterladen; viele davon sind sehr qualifizierte Leads für Sie: Entscheiderinnen und Ausbilder, Technikerinnen und Wissenschaftler, Journalist:innen und Hochschul-Absolventen … Sie *bezahlen* Ihre Studie und Ihr kostenloses eBook mit ihren Kontaktdaten – nutzen Sie diese für weiteren Dialog. Wer weiß, was daraus entstehen kann: Umsatz, geschäftliche Partnerschaften oder sogar neue Kollegen … Inbound-Content soll Anfragen erzeugen, konkrete Anfragen. Das sollte Ihnen der Aufwand wert sein.

Search-Content ist das oft ungeliebte Kind der Online-Redakteure – extrem suchmaschinenoptimiert und voller unkreativer Keywords ist er derjenige Content, der am schnellsten informiert und Ihnen den meisten Umsatz bringt, wenn Sie einen Webshop betreiben. Alle Produktbeschreibungen von Amazon über eBay, Netflix und Uber Eats bis zu Zalando gehören dazu. Wer nach *günstige gebrauchte Waschmaschine* sucht, landet mitten im Search Content. Wer nach den Lebensdaten von George Washington sucht, auch. Je strukturierter Sie Ihren Search Content aufbereiten, desto schneller finden den User die Informationen, die sie brauchen – und Schnelligkeit ist Ihr Wettbewerbsvorteil. Je weniger Ihre User klicken müssen und je schneller sie intuitiv die Informationen finden, desto vorbildlicher ist Ihre User Experience. Wir alle sind durch Glasfaser und 5G-Mobilfunk ungeduldig geworden. Google straft Websites, die zu lange laden, daher rücksichtslos ab – zurecht. Niemand wird länger als eine oder zwei Sekunden auf eine Information warten, wir swipen einfach weg. Geben Sie Ihren Nutzerinnen und Nutzern die Informationen also so schnell wie möglich. Nur dann werden sie auch zu Kunden bei Ihnen. Search Content sind die Inhalte, die wir bekommen, wenn wir suchen. Haben wir ein Problem, versucht Search Content es zu lösen.

Highlight-Content schließlich sind Inhalte, die so großartig sind, dass wir sie gerne an unsere Freunde und Bekannte weiterleiten. Viral gehen sie dadurch noch nicht; aber ein Keim ist gelegt. Highlight Content soll vor allem Aufmerksamkeit erregen – starten Sie Ihre Kampagnen damit! Ziehen Sie mit einem Stück Highlight-Content die Aufmerksamkeit Ihrer Zielgruppen auf sich und halten sie diese mit attraktiven Cliffhanger-Storys auf hohem Niveau bei. Bieten Sie dann ein, zwei Webinare an, informieren Sie Ihre neugewonnenen Leads mit einem exklusiven Newsletter und produzieren Sie Hilfetexte und Produktbeschreibungen.

User haben unterschiedliche Intensionen: Wer sich einfach nur inspirieren lassen möchte, kann zufällig über Ihren Follow-Content stolpern und folgt aus Interesse Ihrem Angebot langfristig; Ziel 1 erreicht. Wer auf der Suche nach einer Lösung zu einem Problem ist, findet eventuell einen Link zu Ihrer Case Study, registriert sich auf Ihrer Website und abonniert Ihren Newsletter gleich mit – Ziel 2 erreicht. Manche möchten einfach nur Ihre Öffnungszeiten wissen oder brauchen ein paar Daten von Ihrer Website – gestalten Sie die Suche möglichst unkompliziert. Vielleicht kaufen sie ja nur deswegen bei Ihnen ein, weil der Check-out-Prozess auf Ihrer Seite so friktionslos läuft – Ziel 3 erreicht. Und bieten Sie hin und wieder einen echten Hingucker, der auch Menschen außerhalb Ihrer Zielgruppe auf Sie aufmerksam macht. Vielleicht liegt ein ernstgemeinter Auftrag bereits in ihren Direct Messages …

Welche Beziehung baut der Inhalt zu uns Rezipient:innen auf?

- Informiert er uns schnell und knackig?
- Lernen wir etwas, das uns verändert?
- Unterhält er uns und macht er uns glücklich?
- Bewegt er uns tief mit den großen Fragen des Lebens? ◄

3.4.3   Content Radar für die Beziehung

Produzieren Sie mehr als News. Wie tiefsinnig ist Ihr Content? Der Content-Radar (siehe in vereinfachter Form Abb. 3.6) betrachtet die Beziehung, die der Content zu uns Nutzern aufbaut: Ist er eine flüchtige News oder rührt er uns lange zu Tränen? Schafft er es, uns charakterlich reifen zu lassen und unsere Sicht auf Welt zu verändern – oder bringt er uns wenigstens kurzfristig zum Schmunzeln? Der Content Radar gibt Ihnen ein einfaches Werkzeug an die Hand, mit dem Sie die Beziehungsstärke Ihres Contents bewerten können. Nicht jeder Content schafft das, und es ist auch nicht die vorrangige Aufgabe von Content. Aber für Ihren Content-Mix ist es wichtig – bewerten Sie die Beziehungstiefe einzelner Storys

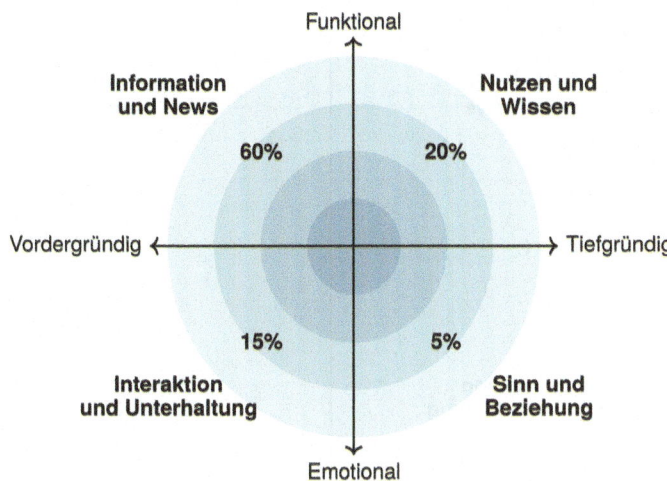

Abb. 3.6 Content Radar nach Mirko Lange, Lange (2015b), modifizierte Darstellung mit freundlicher Genehmigung des Urhebers

und legen Sie für sich fest, wie viel Sie davon übers Jahr ausspielen möchten. Denn gerade tiefschürfende und sinnbeladene Inhalte positionieren Sie als Thought Leader – in sachlichen wie in emotionalen Fragen.

Platzieren Sie Ihre Storys: Ähnlich wie Sie Ihre Unterstützer beim Stakeholder-Mapping positioniert haben, platzieren Sie nun Ihre Inhalte im Content Radar. Je einzigartiger und unvergleichlicher Ihre Stücke sind, desto größer ist die Entfernung vom Mittelpunkt; je trivialer und durchschnittlicher, desto weiter innen liegen sie. Das Ziel des Zielradars ist es, Ihre Geschichten genauer zu kategorisieren – was in den beiden Quadranten Information und Interaktion landet, ist vordergründiger Content, tiefgründigen Content platzieren Sie in den Quadranten Wissen und Sinn (Abb. 3.7 zeigt beispielhaft, wie eine Story im Content Radar verortet werden kann. Sie färbt inhaltlich diejenigen Quadranten ein, deren Kategorien von der Story adressiert werden.)

Information und News: Jede kurze und knackige News, jeder *Tröt* und jeder *Skeet*, Threads und Kommentare sind in der Regel Kandidaten für den Quadranten oben links. Blogposts und Pressemitteilungen, Infografiken und viele Pinterest-Pins sind typisch für vordergründig-funktionalen Content. Alles, was eben heute aktuell und morgen veraltet ist, was Sie schnell erfassen können und damit kurzfristig Bescheid wissen, stecken Sie in den oberen linken Quadranten.

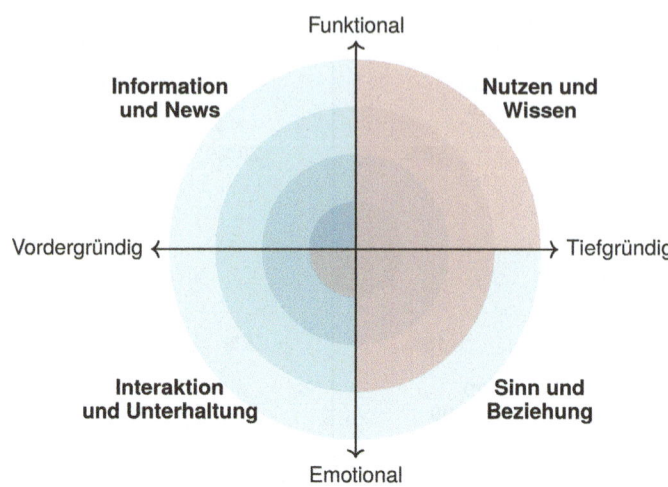

Funktional

Information und News

Nutzen und Wissen

Vordergründig ← ———— → Tiefgründig

Interaktion und Unterhaltung

Sinn und Beziehung

Emotional

Abb. 3.7 Besonders tiefgründiger Content färbt die rechte Hälfte des Content Radars ein, Lange (2015b), modifizierte Darstellung mit freundlicher Genehmigung des Urhebers

Interaktion und Unterhaltung: Emotional-vordergründig ist, was Ihnen Spaß macht und Sie beispielsweise zum Lachen bringt – ein lustiger Cartoon, ein witziges Meme, ein kleines Quiz oder ein Spiel. TikTok ist weitgehend hier unten verortet, auch viele ephemere Instagram-Storys haben für uns vor allem emotionalen Wert. Tipp: Machen Sie aus Ihrem Listical eine kleine Gameshow und bauen Sie spielerische Elemente in Ihre Business-Website ein. Wir sind in der Regel viel zu sauertöpfisch und spaßbefreit, obwohl es dafür oft keinen ernsthaften Grund gibt. Gerade auch in Intranets fehlen zu oft Inhalte aus diesem vordergründig-emotionalen Quadranten – und das ist wirklich verschenktes Potenzial.

Nutzen und Wissen: Wenn Sie doch wieder ins ernste Fach wechseln oben rechts, dann fluten Sie Ihre Plattformen mit Wissen. Längere Webinare und Online-Kurse, Ratgeber und Case Studies, Vorträge und Präsentationen qualifizieren sich in der Regel als tiefgründig-funktionale Inhalte. Bieten Sie Inhalte an, die die Kompetenzen und Skills Ihrer Nutzerinnen und Nutzer steigern und erhöhen, erklären Sie, erläutern Sie, geben Sie Orientierung und Entscheidungshilfe. Und stellen Sie Zusammenhänge her, die wir User noch nicht kannten – immer, wenn bei Ihren Followern und Kunden hörbar der Groschen fällt, haben Sie Ihre Arbeit ernst genommen …

Sinn und Beziehung: Die schwierigste, aber sinnstiftendste Aufgabe für Kommunikationsverantwortliche. Alle Inhalte, die die wirklich großen und manchmal auch die letzten Fragen betreffen, verorten Sie im letzten Quadranten unten rechts. Die

Fragen nach dem Sinn des Lebens und der Vergänglichkeit, nach Liebe, Leben, Tod und Krankheit … Was könnte wichtiger, relevanter, menschlicher und drängender sein als diese Themen und als über diese Themen zu sprechen? Was sind unsere Werte und Überzeugungen? Wozu möchten wir gehören, wohin möchten wir uns hin entwickeln? Podcasts greifen diese Themen oft in sehr intimer, Nähe und Verletzlichkeit zulassender Atmosphäre auf. Große Interviews, in denen sich Menschen emotional öffnen dürfen, Reportagen, Erfahrungsberichte – die wirklich wichtigen Inhalte finden sich hier unten.

Zählen Sie Ihre Storys einmal durch. Wie viele haben Sie für das nächste Jahr insgesamt geplant? Sie können die Storys nach einer Quote zuordnen – etwa wie in Abb. 3.9: 60 % aller Storys könnten vordergründige News sein, 20 % sorgen für Wissen, 15 % sind Gamification und bei 5 % unserer Storys geht es um die großen Emotionen. Verteilen Sie Ihre Storys so, dass Sie die Bedürfnisse Ihrer User wenigstens hin und wieder erfüllen können: Das Bedürfnis, Bescheid zu wissen und die Kontrolle zu behalten (News), das Bedürfnis, sich weiterzuentwickeln und Neues zu lernen (Wissen), das Bedürfnis, zu lachen und Spaß zu haben und temporär vor der Welt zu flüchten (Unterhaltung) – und dem Bedürfnis, tiefe Gefühle zu empfinden und sich darüber austauschen zu können.

3.4.4 Themenbewertungen

Einfache Themenbewertungsmatrix

Sie haben die einzelnen Storys nun nach ihrem Nutzen für die User eingeteilt und danach, inwieweit sie die Bedürfnisse der Nutzer nach Unterhaltung, Wissen, Sinnstiftung und Information befriedigen können. Sie haben sich also vorbildlicherweise zuerst um die *Customers* gekümmert. Aber verkämpfen Sie sich nicht: Auch Sie haben Bedürfnisse, Absichten und Ziele und möchten einen Nutzen aus Ihrer Kommunikation ziehen. Doch welchen? Genau dieser Frage gehen Sie mit einer Themenbewertung nach. Die Idee ist relativ simpel: Sie fragen zuerst sich selbst, was Ihnen jede einzelne Story und jedes einzelne Thema bringt. Hilft das Thema, dass Sie und Ihre Marke sich *wirklich* positionieren können im Markt? Schätzen Sie dies aufgrund Ihrer Erfahrung auf einer Skala von 1 bis 5 ein. Wenn Sie das so früh im Prozess noch nicht leisten können, weil Sie weitere Bewertungskriterien benötigen, dann ziehen Sie diese heran: Wie sehr hilft Ihnen das Thema, bei LinkedIn nach vorne zu kommen? Wie sehr in ihrer wichtigsten Zielgruppe? Wie sehr in der öffentlichen Meinung? Je detaillierter Sie die Frage in Einzelaspekte aufspalten, desto eher bekommen Sie ein Gespür für den Wertbeitrag Ihres Themas.

Themenbewertung mit einer Beispielmatrix: Fangen wir mit einer einfachen Tabelle an (etwa Tab. 3.3): Sie haben vier Themen, die Sie nach vier einfachen Kri-

Tab. 3.3 Beispiel einer Themenbewertungsmatrix

Thema	Relevanz (40 %)	Timing (20 %)	Potenzial (30 %)	Ressourcen (10 %)	Gesamt
Thema A	4	3	5	2	3,9
Thema B	5	4	4	3	4,3
Thema C	3	5	3	4	3,5
Thema D	2	2	4	5	2,9

terien einschätzen möchten. Die Kriterien sind in unserem Fall die Relevanz des Themas für Sie oder Ihre Zielgruppen, das passende Timing, das Potenzial zur Bindung der Zielgruppen und die Ressourcen, die Sie einsetzen müssen, um das Thema umzusetzen. Dabei wiegen die einzelnen Kriterien unterschiedlich schwer: Die *Relevanz* ist in unserem Beispiel etwa viermal so wichtig wie die Frage nach den *Ressourcen* – Sie können Ihre Bewertung also fein auf Ihre individuelle Situation und die Leitlinien Ihrer Unternehmensstrategie abstimmen.

• Relevanz (40 %): Wie wichtig ist das Thema für Ihre Strategie?
• Timing (20 %): Kommt das Thema genau zum richtigen Zeitpunkt?
• Potenzial (30 %): Wie gut eignet sich das Thema zur Zielgruppenbindung?
• Ressourcen (10 %): Wie aufwändig ist die Umsetzung?

Strategische Festlegung: Zuerst legen Sie Ihre Bewertungskriterien dauerhaft fest – statt dieser vier können Sie zehn andere heranziehen. Führen Sie einen gemeinsamen Workshop mit Ihrem Team durch (oder delegieren Sie die Aufgabe an das Strategieteam – das freut sie.) Dann gewichten Sie die Kriterien; jedes Kriterium geht so dauerhaft mit einem eigenen Anteil in die Berechnung ein. Dauerhaft heißt: Die Bewertungsmatrix zu definieren ist eine strategische Aufgabe und sollte für einen längeren Zeitraum nicht verändert werden, damit die Ergebnisse vergleichbar bleiben – logisch. Testen Sie die Matrix und ihre Ergebnisse also hinreichend ausgiebig, bevor Sie sie im Unternehmen implementieren. Unsere Erfahrung ist leider, dass dieses sehr hilfreiche Werkzeug im Redaktionsalltag viel zu wenig genutzt wird, da die Kriterien nicht alltagstauglich genug gewählt worden sind.[8]

---

[8] Die Matrix erinnert Sie vermutlich an die Content Ampel von Kerstin Hoffmann. Es spricht selbstredend nichts dagegen, die sieben Kriterien der Content Ampel für Ihre Matrix zu verwenden – je integrierter, je strategischer. (Hoffmann 2017).

Taktische Bewertung: Geben Sie nun für jede Themenidee eine Einschätzung für jedes einzelne Kriterium ab und tragen Sie die Werte in Ihre Tabelle ein. Jedes Kriterium schätzen Sie auf einer Skala von 1 (niedrig) bis 5 (hoch) ein, den Gesamtscore berechnet Ihnen dann Excel als gewichtetes Mittel.

Operative Umsetzung: Was bringen Ihnen diese Zahlenspiele nun? Erstens: Sie sehen, dass nicht jedes Thema gleich *wichtig* erscheint, Thema B schlägt Thema D hier deutlich. Sie sehen zweitens, dass die Themen in unterschiedlichen Fragestellungen punkten können: Thema A führt beim Zielgruppenpotenzial und ist insgesamt ziemlich relevant, während Thema D mit wenig Aufwand umgesetzt werden kann und Thema C genau zur richtigen Zeit kommt. Nutzen Sie diese Ergebnisse unmittelbar für Ihre weiteren Schritte. Ein wichtiger Vorteil für CvDs ist, dass die Matrix auf Kriterien beruht, die das Strategieteam eventuell selbst festgelegt hat. Sie können nun die altbekannten unstrategischen Zurufe: „Das müssen wir aber dringend schnell posten!" nun einigermaßen datenbasiert kontern: Wenn das zugerufene Thema beispielsweise unter 3,0 Punkten bleibt wie Thema D, dann lehnen Sie es höflich ab. Das ist auch der wichtigste Grund der Themenbewertung: Sie haben nun ein Werkzeug, mit dem Sie den Wertbeitrag und die vermutliche Performance von Storys einschätzen können. Themen, deren Wertbeitrag einfach zu gering ist (über 3,0 sollten sie springen) und die absehbar unterdurchschnittlich performen werden, produzieren Sie erst gar nicht. Sparen Sie sich den Aufwand für eine Kommunikation, von der Sie wissen, dass sie nicht funktionieren wird. Im Gegenteil: Nutzen Sie die freigewordenen Ressourcen und leiten Sie sie um in Themen, die mit 4,0 und besser bewertet sind. Hier lohnt sich jede Anstrengung.

Der Themenscore in Scompler hat deutlich granularere Einstellmöglichkeiten. Die Bewertungen reichen von 1 bis 10 und basieren auf einem Fragebogen, den Sie im Team individuell zusammenstellen. Am Ende können Sie damit auch Ihre Personal- und Budgetplanung verfeinern, in dem Sie Schwellenwerte festlegen: Alles unter einem Score von 60 lehnen Sie ab, bis 75 leisten Sie nur minimalen Aufwand, aber für Storys über 95 ziehen Sie alle Register: Sie bespielen so viele Kanäle wie möglich. Der Score rechtfertigt es, Ihr Budget für ein solch starkes Thema auch auszureizen.

Content Ampel

Geht das nicht einfacher? Ja, geht es. Wenn Sie Ihre Themen und Storys mit einem einfachen Schnell-Check einordnen möchten, können Sie die Content-Ampel von Kerstin Hoffmann nutzen (Abb. 3.8) – es gibt sie auch als ausgedruckte

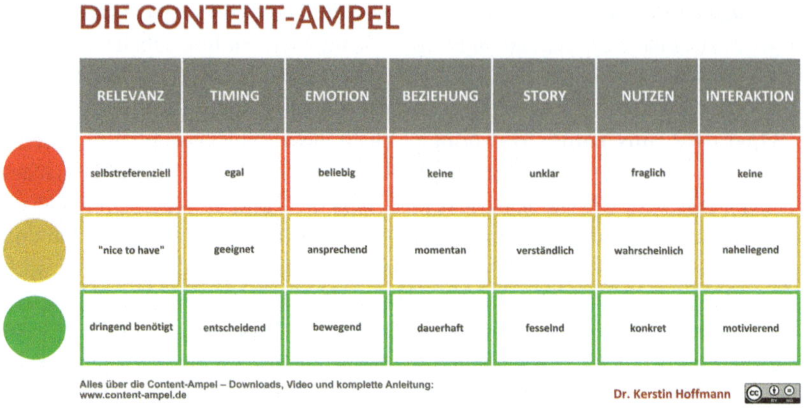

DIE CONTENT-AMPEL

RELEVANZ	TIMING	EMOTION	BEZIEHUNG	STORY	NUTZEN	INTERAKTION
selbstreferenziell	egal	beliebig	keine	unklar	fraglich	keine
"nice to have"	geeignet	ansprechend	momentan	verständlich	wahrscheinlich	naheliegend
dringend benötigt	entscheidend	bewegend	dauerhaft	fesselnd	konkret	motivierend

Alles über die Content-Ampel – Downloads, Video und komplette Anleitung:
www.content-ampel.de

Dr. Kerstin Hoffmann

Abb 3.8 Content Ampel von Kerstin Hoffmann (bereitgestellt von der Autorin auf ihrer Website www.content-ampel.de), mit freundlicher Genehmigung der Urheberin

Karte, die Sie sich neben den Bildschirm klemmen können. (Hoffmann 2017) Die Content-Ampel stellt sieben Fragen, mit denen Sie Ihre Themenideen ebenfalls selbst einschätzen und bewerten können. Das Ampelsystem ist selbsterklärend: „rot" ist schlecht, „gelb" hinreichend okay und „grün" bedeutet: machen!

Gehen wir die sieben Phasen schnell durch:

- **Relevanz:** Hier scheiden sich sofort die Geister. Was relevant sei und was nicht, ist sicherlich eine der schwierigsten Fragen überhaupt in einem Unternehmen mit vielen unterschiedlichen Interessen. Kerstin Hoffmann fragt dazu entwaffnend: „Warum sollte jemand sich mit diesem Inhalt beschäftigen?" (Hoffmann 2017) Wenn der Inhalt nur uns selbst interessiert, dann ist er in einer Intranetnische eventuell gut aufgehoben – aber müssen wir damit das Netz beglücken? Inhalte, die sich nur mit uns selbst beschäftigen und die allen anderen keinen Nutzen bringen, braucht das Netz nicht, sie gibt es schon in vielen Größenordnungen … Aber wenn die Umsetzung der Themenidee durchaus unterhaltsam ist, warum nicht? Das versteht Kerstin Hoffmann unter *nice to have*. Wenn Sie und Ihr Team aber tief in sich spüren, dass Sie mit diesem neuen Imagefilm den Stein der Weisen in Händen halten, auf den die Welt seit Jahren sehnsüchtig wartet: Dann geben Sie der Idee grünes Licht …
- **Timing,** Timing, Timing. Ihre User brauchen Inhalte genau dann, wenn sie sie brauchen, und nicht drei Wochen vorher oder vier Wochen zu spät – ich würde sogar sagen, auf die Sekunde genau. Sie stehen gerade an der Straßenbahnhalte-

stelle, in 15 Sekunden ist die Bahn da; ihre User brauchen jetzt das Online-Ticket und die Information zur Anschlussbahn zwei Stationen weiter. Jemand läuft in genau diesem Moment an Ihrem Ladengeschäft vorbei – senden Sie ihr oder ihm einen Rabattcode aufs Handy. Ihr Webinar startet in einer Minute – senden Sie einen allerletzten Reminder mit dem Link. Sie müssen Ihre Inhalte im richtigen Augenblick bereitstellen, sonst sind sie tatsächlich nutzlos.

- **Emotionen** sind das Herz jeder guten Kampagne. Nicht negative Gefühle wie Empörung, Hass, Neid und Frust – davon gibt es ebenfalls schon in Größenordnungen viel zu viel; niemand mit einem Herz in der Brust braucht mehr davon, niemand mit einem Hirn im Kopf will mehr davon. (Carlson 2021) Aber gute, positive Gefühle, die Begeisterung wecken und inspirieren. „Die Geschichte muss bewegen, sonst bewegen sich auch die Zugriffszahlen nicht – einfacher Zusammenhang." (Ille 2018)

- Mit **Beziehungen** ist das ja so eine Sache … Aber wenn Sie alles richtig machen, halten sie ewig. Und genau das ist der Zweck digitaler Kommunikation: Beziehungen aufzubauen, die lange halten. Leads zu generieren, die zu Kunden werden. Follower anzuziehen, die gerne mit Ihnen interagieren. Abonnentinnen zu überzeugen, Ihren Newsletter mit Genuss zu lesen. Schaffen es Ihre Inhalte, Ihre Community zusammenzuhalten? Das ist entscheidend, denn sie brauchen Unterstützerinnen und Unterstützer, die zu Ihnen halten – spätestens in der nächsten Krise.

- Erzählen Sie Ihre **Storys** stringent und nachvollziehbar. Ihre User swipen schneller weg als sie „roter Faden" sagen können. Das ist Fluch und Segen der digitalen Kommunikation zugleich: Ihre User steigen schon in den ersten paar Sekunden Ihres uninspirierten Videos aus und scrollen nach den ersten drei hakeligen Sätzen ihres schlechten Textes weiter. Die Auswahl an professionellen Plots und originellen Storys ist einfach zu groß – zu unser aller Glück. „Wie eingängig ist Ihr Inhalt?" (Hoffmann 2017)

- Eigentlich dreht sich alles um den **Nutzen** unserer Kommunikation: Wer hat was davon, was haben wir davon, wem nützt das wie und warum? Der Nutzen ist der Grad der Erfüllung eines Bedürfnisses – um wie viele Grad erfüllen Sie die Bedürfnisse Ihrer Kundinnen und Kunden? Helfen Sie, wenn jemand nach Hilfe sucht? Bringen Sie zum Lachen, wenn jemand traurig ist? Haben Sie Fakten, wenn jemand orientierungslos ist? Ist Ihre Kommunikation nützlich für Ihre Zielgruppe? Wenn Sie einen konkreten Nutzen im Gepäck haben – holen Sie ihn hervor, wir alle profitieren von ihm.

- Reizen Ihre Inhalte zur **Interaktion**? Zur Auseinandersetzung, zur Unterstützung, zur Weiterempfehlung? Müssen Sie Ihre Community bittstellerisch zur Aktion aufrufen oder reagiert sie von selbst auf Ihre Inhalte? Entsteht Dialog, entstehen Gespräche? Funktioniert Ihr *call to action* und liken die Leute Ihnen die Bude ein? Ja? Super, dann ist alles im grünen Bereich.

Legen Sie selbst fest, wie oft die Ampel auf grün, gelb oder rot stehen soll. Eine gute Daumenregel wäre: mindestens viermal grün und höchstens viermal gelb – und so gut wie niemals rot. Nutzen Sie die Content Ampel als Schnell-check, *bevor* Sie ihre Inhalte in Auftrag geben und produzieren. Schärfen Sie eventuell Ihr Briefing nach. Siebenmal grün brauchen Sie so gut wie nie.

3.5   Welchen Content für die Wertschöpfung?

Sie haben sich jetzt mehrere Konzepte und Modelle angesehen. Fehlende Kenntnis von Strategie kann man Ihnen nun nicht mehr vorwerfen – dennoch bleibt die Frage weiterhin unbeantwortet: Bringt Kommunikation Geld ein? Und wie können Sie die-sen Wertbeitrag messen – man kann doch alles messen im Digitalen? Ansgar Zerfaß und Sophie Charlotte Volk sind skeptisch: „Unsere Untersuchungen haben gezeigt, dass hierfür keine geeigneten Tools existieren und es insbesondere im Bereich der Analyse- und Planungsphase die größten Potenziale für Verbesserungen gibt." (Zer-faß und Volk 2019, S. 220) Um diese Lücke an Tools zu füllen, haben sie unter ande-rem den *Communication Value Circle* (eigene Abb. 3.9) während eines Forschungs-projekts an der Universität Leipzig entwickelt (Berger et al. 2017) – und einige grö-ßere Unternehmen setzen den CVC produktiv ein. (Nedden 2023) Doch schauen wir uns zuerst an, was Wertschöpfung eigentlich ist.

3.5.1   Vom Input zum Impact

Posten Sie Impact! Wenn Sie etwas tun, etwas produzieren, etwas ins Netz stellen: Dann ist das Ihr *Output*. Ihr Website-Widget, Ihr Thread, Ihre Spotify-Playlist. Diese können Sie sehr gut quantifizieren: Wie lange haben Sie dafür gebraucht (Personen-stunden), was hat es an Aufwand und eventuell an Geld verschlungen (Produktions-kosten), wie viele Menschen haben Sie damit erreicht (Sichtbarkeit) und wie viele Interaktionen haben Sie damit anstupsen können? Typische KPI, digital sehr einfach zu messen. Was Sie allerdings noch nicht wissen und gemessen haben, ist der *un-mittelbare Nutzen*, den die Menschen von Ihrer Maßnahme hatten. Was hat ihnen die-ser Output tatsächlich gebracht? Der unmittelbare Mehrwert ist Ihr *Outcome*. Um die-sen geht es in erster Linie, wenn Sie die Wertschöpfung betrachten. Output ist also die konkrete Kommunikationsleistung, die Sie erbringen. Outcome bezeichnet die un-

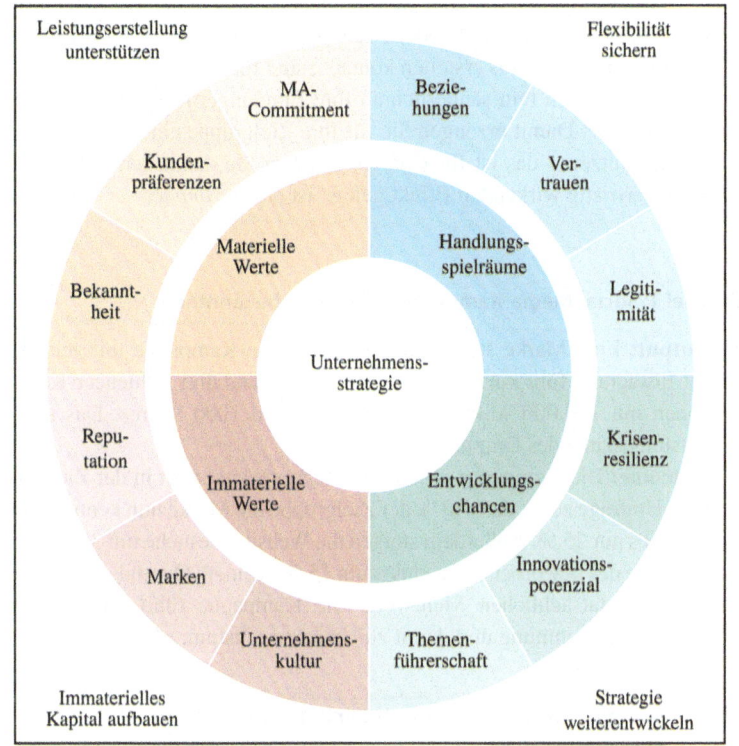

Abb. 3.9 Communication Value Circle nach Zerfaß und Volk (2019), S. 223, modifizierte Darstellung mit freundlicher Genehmigung der Urheber:innen

mittelbare Wirkung, die die Maßnahme hat, die Folge daraus. Also die Antwort auf die allgegenwärtige Frage: „Warum" erbringen Sie die Kommunikationsleistung? Was ist ihr Zweck?" Dafür gibt es sogenannte Wirkungsstufenmodelle wie das IOOOI-Modell.[9]

---

[9] Das Wirkungsstufenmodell heißt auch „Grundmodell Kommunikations-Controlling" und ist vom Internationalen Controller Verein entwickelt worden (Stobbe 2010). Whitepaper zum Download unter https://www.icv-controlling.com/index.php?eID=dumpFile&t=f&f=6115&token=6bd23197809215b71211828e04d6cd6dcf43ea8b. Erhältlich auch unter http://www.communicationcontrolling.de/fileadmin/communicationcontrolling/sonst_files/DPRG-ICV-Bezugsrahmen-Sept2009.pdf.

Wenn Sie sich engagieren, in der Kommunikation oder anderswo, setzen sie dafür Geld, Arbeitszeit, Tools oder Knowhow ein – das ist Ihr *Input*. Alle Leistungen, die Sie daraus erstellen konnten, sind Ihr *Output*. Diesen Output verschicken Sie nun fein säuberlich an Ihre Empfängerinnen und Empfänger: Ihr *Outflow*. Damit erzeugen Sie für Ihre Zielgruppe einen bestimmten sofortigen Nutzen – das ist Ihr *Outcome*. Haben Sie damit den Samen für einen längerfristig wirkenden Effekt gelegt, ist das Ihr *Impact*.

Beispiel 1: Social-Media-Kampagne für Markenbekanntheit

- **Output:** Eine Marke startet eine Social-Media-Kampagne mit zehn Posts auf Instagram, fünf kurzen Videos auf TikTok und drei Influencer-Kooperationen mit 100.000 Aufrufen, 5000 Likes und 1000 Shares. Das sind die Leistungsdaten des Outputs.
- **Outcome:** Die Kampagne erhöht die Markenbekanntheit in der Zielgruppe. Eine Umfrage zeigt, dass 40 % der Zielgruppe die Marke nun kennen, vorher waren es nur 25 %. Außerdem steigen die Website-Besuche um 30 % und die Verkäufe des beworbenen Produkts um 15 % in einem Quartal. Der Outcome zeigt den tatsächlichen Mehrwert: Die Kampagne führt zu gesteigerter Markenwahrnehmung und damit zu Umsatzwachstum. ◄

Beispiel 2: Einführung eines Chatbots zur Kundeninteraktion

- **Output:** Eine Stadtverwaltung implementiert einen Chatbot auf ihrer Website. Innerhalb eines Monats bearbeitet der Chatbot 1000 Anfragen, und 90 % der Bürgerinnen und Bürger geben positives Feedback zu den schnellen Antworten. Das beschreibt den Output: die reine Leistung des Chatbots.
- **Outcome:** Der Chatbot reduziert die Bearbeitungszeit für Anfragen der Bürgerinnen und Bürger um 60 %, wodurch sich ihre Zufriedenheit um 20 % erhöht – das wissen Sie über den Net Promoter Score. Gleichzeitig entlasten Sie Ihre Bürgerberatung. Sie hat nun mehr Zeit für komplexere Anfragen, was langfristig die Kundenbindung stärkt. (Ja, auch Bürgerinnen und Bürger sind Kunden!) Outcome zeigt den echten Mehrwert: Verbesserung der Zufriedenheit und effizientere Ressourcenverwendung. ◄

Wenn Sie also ihre Kommunikation bewerten und mit einem Preisschild versehen wollen, dann analysieren Sie, was Ihre Maßnahmen *bewirken*. Kommunikation trägt mittelbar und etwas verdeckt tatsächlich zur Wertschöpfung bei – dies müssen

Sie nur einmal aufdecken. Für sich selbst und für Ihre Vorgesetzten. In der Kommunikation mit digitalen Tools sehen wir den *Business Impact* zwar fast an jedem Tag: Menschen folgen uns, um später bei uns einzukaufen. Menschen kommentieren bei uns, weil sie bei uns arbeiten möchten. Menschen klicken bei uns und nicht bei der Mitbewerberin, weil sie unser Angebot besser finden – oder gefunden haben. Es geht sogar so weit, dass Menschen Expertise verschenken, um später für die Umsetzung ihrer Expertise gebucht, bezahlt und gelobt zu werden.[10] LinkedIn ist voller Debatten darüber, wie sehr Personal Branding und spitze Positionierung und regelmäßige Content-Produktion und die aktive Pflege des Netzwerks zu Rolex, Lambos und 2TB MacBooks führt.[11]

Communication Value Circle: Ihre Kommunikation zahlt sich aus

Der Communication Value Circle von Ansgar Zerfaß ist ein wertvolles Werkzeug für Unternehmen, um den strategischen Wert ihrer Kommunikationsaktivitäten zu erkennen und gezielt zu steuern. Seine systematische und zugleich flexible Struktur macht ihn zu einem zentralen Modell im strategischen Kommunikationsmanagement, das sowohl operativ als auch strategisch eingesetzt werden kann.[12]

Was verdient das Unternehmen mit Ihrer Kommunikation? Die Unternehmensstrategie ist die Grundlage für die Kommunikationsstrategie. Alle (weitgehend) Kommunikationsmaßnahmen leiten sich aus den Unternehmenszielen ab, machen sie transparent und begleiten sie kommunikativ. Daher bringt der CVC Unternehmens- und Kommunikationsstrategie zusammen und verbindet beide miteinander: Wenn die Unternehmensstrategie A sagt, muss die Unternehmenskommunikation B sagen …

Die vier Dimensionen der Unternehmensstrategie decken alle möglichen Unternehmensziele ab (siehe Tab. 3.4). Diese sind logischerweise individuell so verschieden wie die Home-Office-Regelungen jeder Organisation, aber letztlich lassen sie sich in eine der vier Dimension einordnen. Daher passen auch alle Kommunikationsmaßnahmen, so einzigartig sie hoffentlich sind, in eine der vier Kommunikationsdimensionen. Um spezifischer und zielgenauer kommunizieren zu können, differenziert sich jede Dimension in drei konkretere Handlungsfelder beziehungsweise Querschnittthemen aus.

---

[10] Kerstin Hoffmann sagt: „Verschenke, was du weißt – um das zu verkaufen, was du kannst!" – und verkauft daher ein Buch dazu. Kostenlose Informationen unter (Hoffmann 2023b), Buch unter (Hoffmann 2023a).

[11] . . . um ein Rage Baiting rund um den Jahreswechsel 2024/2025 zu verewigen. Bitte geben Sie solchen Postings keine Reichweite. Kommentieren Sie sie nicht, leiten Sie sie auch nicht als mahnendes Beispiel weiter. Einfach ignorieren.

[12] Stephan Fink hat Ansgar Zerfaß dazu befragt. (Fink 2017).

Tab. 3.4 Verknüpfung von Unternehmens- und Kommunikationsstrategien nach Zerfaß und Volk (2019)

Unternehmensstrategie	→	Kommunikationsstrategie
Materielle Vermögenswerte: Physische Ressourcen wie Maschinen oder Gebäude	→	**Leistungserstellung unterstützen:** Sichtbarkeit ausweiten, Beziehungen zu wichtigen Stakeholdern wie Kunden und Mitarbeitern vertiefen.
Immaterielle Vermögenswerte: Nicht-physische Werte wie Markenreputation oder Kundenloyalität	→	**Immaterielles Kapital aufbauen:** Strategien entwickeln, um Reputation und Marke aufzubauen und zu pflegen.
Handlungsspielraum: Fähigkeit, sich an wechselnde Marktbedingungen anzupassen	→	**Flexibilität sichern:** Beziehungen aufbauen, die auf Vertrauen basieren. Damit das Unternehmen anpassungsfähiger machen für ein Umfeld, das sich stetig verändert.
Entwicklungsmöglichkeiten: Chancen zur Verbesserung und Weiterentwicklung	→	**Strategie weiterentwickeln:** Feedback einholen und Marktveränderungen wahrnehmen, um die Unternehmensstrategie systematisch anzupassen.

Ermöglichen Sie den Betrieb mit Kommunikation: Ein Unternehmen muss produzieren können und Dienstleistungen anbieten, denn damit verdient es in der Regel sein Geld. Das ist eine Binsenweisheit, aber deswegen nicht falsch. Und ein ökonomischer Auftrag an uns Kommunikatoren: Je hilfreicher die digitale Kommunikation denjenigen Menschen unter die Arme greift, die diese Leistungen erbringen und die Produkte und Dienstleistungen kaufen, desto besser für den Umsatz. Sie steigern mit Ihren Kommunikationsmaßnahmen die Sichtbarkeit Ihrer Organisation und fördern die Beziehung zu wichtigen Stakeholdern, etwa Ihren Kundinnen und Kunden und Mitarbeitenden – damit der Laden läuft. Über Öffentlichkeitsarbeit verbessern Sie Ihre Sichtbarkeit im Markt und steigern die *Bekanntheit* Ihrer Organisation bei der Bevölkerung – was die Voraussetzung für Umsatz schafft. Die Kundinnen und Kunden kaufen vermehrt bei Ihnen ein, weil Sie sie mit vertrauenswürdigen Belegen von der Qualität Ihrer Produkte und Ihrer Serviceorientierung überzeugen konnten; sie können die *Kundenpräferenzen* mit digitaler Kommunikation aktiv zu Ihren Gunsten und denen Ihres Unternehmens verändern. Wenn Ihre Mitarbeiterinnen und Mitarbeiter motiviert anpacken, ist Ihr Unternehmen besonders produktiv und unterscheidet sich durch seine Ziele, Werte und Normen positiv von anderen. Informieren, schulen und motivieren Sie Ihre Mitarbeiter und steigern sie ihr *Commitment*. Und sie erkennen die Wertschöpfung digitaler Kommunikation sehr deutlich, weil sie sichtbar und aktiv die *Leistungserstellung unterstützt*.

Als mögliche KPI können Sie in Mitarbeiterbefragungen die Loyalität und Identifikation der Beschäftigten mit dem Unternehmen messen, Kenntnisse der Unternehmenswerte und Vertrauen in das Management. Stellen sich Mitarbeitende gerne als Corporate Influencer oder Testimonial zur Verfügung, und wie häufig nehmen sie das Unternehmen in Sozialen Medien öffentlich in Schutz? Sie können die Kundenzufriedenheit und die Kundenbindung messen, Ihre Weiterempfehlungsrate und die Interaktivität auf Social Media. Sie messen die Medienresonanz und -reichweite, Page Impressions und die Conversion Rate, die Zahl Ihrer Follower und die Share of Voice.

Bauen Sie über Kommunikation immaterielle Werte auf. Unternehmenskommunikation hat schon in den analogen vergangenen Jahrzehnten nicht-physische Vermögenswerte geschaffen. Sie hat versucht, die Unternehmensreputation aufzubauen und zu sichern, hat nach Kräften eine gemeinsame inspirierende Unternehmenskultur gefördert und letztlich – die Marke positioniert. Nun kommen die versatileren Möglichkeiten des Digitalen hinzu. Durch Ihre Webinare und Foren, Blogs und Newsletter, Videos und Podcasts zeigen Sie Ihre Expertise und Ihre Sicht der Dinge. Damit schaffen Sie ein vertrauenswürdiges Erscheinungsbild bei Ihren Stakeholdern – und Ihre Reputation festigt sich. Daran kann im Zweifel auch ein einzelner Produkt-Rückruf oder ein temporäres Qualitätsproblem nichts ändern – im Gegenteil: Die aufgebaute *Reputation* trägt das Unternehmen durch diese leichteren Krisenphasen hindurch und sichert Einnahmen. Schließlich haben Sie eine *Marke* geschaffen, die so schnell nichts erschüttern kann. Sie haben ein einzigartiges mentales Bild Ihrer Organisation und ihrer Produkte und Dienstleistungen im Bewusstsein der Stakeholder verankert. Ein Grund dafür mag in Ihrer *Unternehmenskultur* liegen, die Sie durch kontinuierlichen Dialog, transparente Informationen und Feedback mit aufgebaut haben. Ein gemeinsames Verständnis von Werten, Überzeugungen und Erwartungen innerhalb und außerhalb Ihrer Organisation baut *immaterielles Kapital auf.* Kapital, das den Unternehmenswert sichtbar steigert.

Messen Sie den Markenwert und das Markenimage sowie die Weiterempfehlungsrate und die Markenpräferenz. Fragen sie die Arbeitgeber-Attraktivität und die Mitarbeiter-Agilität ab und betrachten Sie die Kommunikations-, Kooperations- und Feedbackkultur. Schließlich eruieren Sie die Reputation, indem Sie nach der wahrgenommenen Qualität der Unternehmensführung, nach finanzieller Stabilität und der emotionalen Attraktivität des Unternehmens fragen.

Schaffen Sie neue Handlungsspielräume: Jeden Tag stehen Sie vor neuen Herausforderungen: Regierungen zerbrechen und Kriege brechen aus, Technologie entwickelt sich in rasendem Tempo und disruptiert ganze Branchen, Blockchain und KI, Energiewende und Klimawandel krempeln die Wirtschaft um – und mehrere globale Lockdowns haben Sie ebenfalls nie zuvor gesehen. Was stabilisiert die Kunden-, Lieferanten- und Geschäftsbeziehungen in solchen Zeiten? Kommunikation. Vertrauensvolle Botschaften, mutmachende Testimonials, eine aufmunternde E-Mail, ein tröstendes längeres Gespräch – und eskapistische Storys. Was uns im Lockdown zusammengehalten hat, war digitale Technik – wir konnten weiterarbeiten und Wert schöpfen von zu Hause aus. Zoom und MS Teams haben Beziehungen aufgebaut und gefestigt; digitale Kommunikation wird es weiterhin. Arbeiten Sie an Ihren *Beziehungen* zu ihren Stakeholdern. Stärken Sie mit Kommunikation das *Vertrauen* in die Konsistenz und Zuverlässigkeit Ihrer Organisation. Und stellen sie durch Transparenz und Aufrichtigkeit sicher, dass die Handlungen des Unternehmens als angemessen und gerechtfertigt wahrgenommen werden. Erklären Sie, was Sie tun, damit sichern Sie *Legitimität* – und bleiben wirtschaftlich handlungsfähig, auch bei sich ändernden Bedingungen. *Sichern Sie die Flexibilität Ihrer Organisation.*

Auch hier kommen einige Messwerte zusammen: Die Kundenkontaktrate und die Zahl der Backlinks, die Beteiligung in *Think Tanks* und die Downloadrate eigener Studien, die Sichtbarkeit auf Konferenzen oder im Netz belegen Ihre Themenführerschaft. Ihr Innovationspotenzial belegen Veröffentlichungen und Weiterbildungen, die Bereitschaft der Mitarbeiter für Veränderungen ihre Teilnahme an Innovationsprozessen, die Akzeptanz neuer Formen von Leadership und New Work und die eingereichte Zahl an Ideen bei einer Innovationsmesse. Die KPI-Ideen gehen Ihnen sicherlich nicht aus.

Kommunizieren Sie Trends: Trending Topics erkennen Sie zuerst in der Kommunikation. Die Geschäftsideen von morgen, aber auch die Krisen von übermorgen schlagen oft zuerst bei Ihnen in der Kommunikation auf – weil Sie in die Communitys hineinhören und ein feines technisches und intellektuelles Sensorium für Entwicklungen und Veränderungen haben. Speisen Sie diese Erkenntnisse ins Unternehmen ein und helfen Sie Ihrer Geschäftsführung, die Unternehmensstrategie aufgrund von Kommunikationsfeedback und Marktveränderungen stetig fortzuschreiben. Sichern Sie sich die *Themenführerschaft* – nicht aus Eitelkeit, sondern weil Sie damit die Geschäfte von morgen vorbereiten. Erkennen Sie *Innovationen* – im Unternehmen, in der Branche und im Markt. Diskutieren Sie darüber, führen Sie Interviews, übersetzen Sie Innovationen in Snackable Content für Ihre Stakeholder – und helfen Sie ihnen durch Krisenzeiten und aus Krisen heraus. (Wie viele Krisen Sie mit Ihrer Kommunikation schon verhindern konnten, wie viele Shitstorms sie rechtzeitig ausgetreten und welch unermessliche Kaufboykotte Sie verhindern konnten, kann leider niemand messen. *There's no glory in prevention* – und das ist Ihr unmittelbar wertschöpfender Job.) Halten Sie also weiterhin das Ohr an der Gesellschaft für die Geschäfte von morgen – und helfen Sie mit, die *Strategie stetig weiterzuentwickeln.*[12]

Sie sollten ohnehin mehr auf Ihre Stakeholder hören: Hier können Sie gleich Ihre KPI draus machen. Wie stehen die Stakeholder zu den Werten des Unternehmens und wie loyal stehen sie zum Unternehmen, wie gut fühlen sie sich informiert und mitgenommen? Wie glaubwürdig, transparent und kompetent wird das Unternehmen wahrgenommen, wie hoch ist der Akzeptanzquotient und für wie verantwortungsvoll hält die Bevölkerung Ihre Organisation?

Die Kommunikationsstrategie entwickeln: Eine der praxisnahen Neuerungen des Communication Value Circles ist die enge visuelle Anbindung der Kommunikationsziele an die Unternehmensziele, aus denen sie hervorgehen. In der Regel liegt die Unternehmensstrategie (wenn überhaupt) in einer schön gestalteten Broschüre auf vielen Dutzend Seiten vor. Die Kommunikationsstrategie müssen Sie daraus mühsam ableiten – und schreiben die eher zufälligen Erkenntnisse in eine eigene Powerpoint-Datei. Beide Strategien sind so gut wie nie miteinander verknüpft. Das ändert der CVC nun. Legt die Geschäftsführung ihren strategischen Fokus eher auf die Produktions- und Umsatzseite, unterstützen Sie die Kolleginnen und Kollegen vorrangig in den drei Kommunikationsdimensionen Bekanntheit, Kundenpräferenz und Mitarbeiter-Commitment. Durch den CVC wissen Sie nun, welche Dimensionen wertschöpfend sind und die Unternehmensstrategie kommunikativ umsetzen und verlängern. Klarer Auftrag, klarer Fokus.

Praktisches Alignment: Ansgar Zerfaß und Sophia Charlotte Volk schlagen fünf Schritte vor, um Ihre bestehende Kommunikationsstrategie in das CVC-Modell zu transformieren. Wie bei allen Circle-Modellen geht die Blickrichtung von innen nach außen. Fangen Sie also in der Mitte bei der Unternehmensstrategie an. Jedes Jahr wird es neue Schwerpunkte und veränderte Zielrichtungen geben – einigen Sie sich auf alle aktuellen Stoßrichtungen und Prioritäten, die das Management für die kommenden zwölf Monate ausgegeben hat, und ordnen Sie sie jeweils den vier Dimensionen im inneren Kreis zu. Im zweiten Schritt schauen Sie auf sich, auf die Unternehmenskommunikation. Welche strategischen Kommunikationsziele haben Sie für sich definiert? Weisen Sie sie jeweils den zwölf Dimensionen im äußeren Kreis zu. Nun ahnen Sie, was im dritten Schritt wohl Revolutionäres passieren wird: *It's a match!*

Oder auch nicht, was selbstverständlich sehr schade wäre um die vielen guten Ideen. Versuchen Sie, diese mit den Unternehmenszielen durch kluge Anpassungen in Einklang zu bekommen. Im vierten Schritt definieren Sie KPI für Ihre Ziele und Budgets für die Schwerpunkte. Im fünften Schritt visualisieren Sie Ihre Ziele – Scorecards böten sich dafür an. Und los gehts: Schöpfen Sie Wert!

SCOM-Wertschöpfungsmodell

Auch Mirko Lange hat ein Wertschöpfungsmodell für Ihre Kommunikation ersonnen (siehe Tab. 3.5). Sie haben es schon erwartet: Es läuft auf die *Core Story* hinaus. Aber Schritt für Schritt: „Content kann vereinzelt auch direkt zum Umsatz beitragen. Der wichtigste Beitrag von Content ist aber die Markenpräferenz." (Lange 2015a, S. 13)

Mit Kommunikation zur Markenpräferenz: Sie posten und veröffentlichen, kommentieren und interagieren. Sie sind zuverlässig und vertrauenswürdig, haben ein großes Herz für Ihre Zielgruppen und produzieren Inhalte, die im richtigen Mo-

Tab. 3.5 Wertschöpfungsbeitrag von Content Marketing nach Mirko Lange (2015a, S. 10)

Aktion	Outgrowth	Markenpräferenz	
		Erfolg	Wie genau machen Sie am besten Umsatz und Gewinn?
		Markenpräferenz	Wie müssen Ihre Zielgruppen Sie wahrnehmen, damit sie bei Ihnen kaufen?
Veränderung	Outcome	Top of Mind	Welche Themenfelder müssen Sie besetzen, damit Sie sich in der Wahrnehmung Ihrer Kunden festsetzen?
		Markenvertrauen	Was müssen Sie tun, um kontinuierlich die Erwartungen zu erfüllen?
Verstehen	Output	Engagement	Welche Trigger setzen Sie, damit die Kunden Ihren Content wahrnehmen?
		Aufmerksamkeit	Auf welche Schlüsselreize und Begriffe reagieren Ihre Zielgruppen?
Kommunikation	Input	Kontakt	Auf welchen Kanälen konsumieren die Zielgruppen Ihren Content?
		Content	Welchen Content müssen Sie dafür erstellen?

ment Fragen Ihrer Kundinnen beantworten und Probleme Ihrer Kunden lösen. Im Laufe der Zeit destillieren sich aus Ihren Inhalten die Themen heraus, für die Sie stehen – Sie setzen sich damit in den Köpfen Ihrer Zielgruppen fest. Wenn Ihre Kundinnen und Kunden eine neue Frage umtreibt, fragen sie als erstes Sie dazu. Sie haben es mit Ihrem Kommunikationsverhalten und Ihren Inhalten geschafft: Ihre Kunden bevorzugen Sie genau deswegen und präferieren Sie. Sie steigern Ihren Umsatz und Ihren Gewinn. Ihre Kunden haben jetzt eine *Markenpräferenz* – Sie! Sie haben auch nach Kräften daran gearbeitet. Herzlichen Glückwunsch! (Lange 2015a, S. 10)

Von der Markenpräferenz zum Content. Aber wie behalten Sie diese Position? Welche Fragen müssen Sie dafür künftig beantworten? Und was bedeutet dies für den Content, den Sie fortan produzieren müssen? Das müssen nicht immer diejenigen Themen sein, die Sie selbst für wichtig halten. Manchmal können es schmerzlicherweise völlig andere Inhalte sein (Spoiler: Ist aber sehr selten, zum Glück!) Trotzdem müssen Sie sich fragen: Welche Themenfelder wollen und müssen Sie künftig besetzen, damit Ihre Zielgruppe Sie weiterhin präferiert? Und damit wird Content strategisch. Sie produzieren Ihre Inhalte künftig nicht mehr nur, weil sie Spaß machen oder weil Ihre Vorgesetzten sie Ihnen über den Flur rufen – Sie setzen Ihre Inhalte nun gezielt ein, um die Markenpräferenz zu sichern. Überlassen Sie also nichts mehr dem Zufall.

Wer müssen Sie für Ihre Zielgruppen sein, damit Sie ihre präferierte Marke bleiben? Was ist Ihre Mission, die die Zielgruppen an Sie bindet? Ihre *Core Story*, so Lange. Die Basis für Ihre praktische Themenarchitektur.

3.5.2 Vom Themenfeld zum Beitrag

Eine Botschaft, viele Kanäle. Ein Nachrichtenbeitrag über die neueste Steuerreform klingt im Deutschlandfunk anders als auf YouFM. Der Inhalt ist in der Regel derselbe. Die Verpackung ist anders, und die Schwerpunkte des Beitrags verschieben sich je nach Zielgruppe, aber: Das Thema ist gleich. Das Thema ist der Grund, warum die beiden Nachrichtenbeiträge für die beiden unterschiedlichen Kanäle überhaupt produziert und dann gesendet werden. Die Umsetzung für die beiden Wellen folgt erst danach; aus den O-Tönen und Materialien, die die Journalistin zusammengetragen hat, kann sie noch weitere Kanäle versorgen: Ein kurzer O-Ton als Teaser für die Anmoderation, eine Erklärgrafik für Tiktok, einen längeren Text für Facebook.

Kanäle für die Distribution

Die Plattformen sind die Lastwagen. Sie transportieren nur die Produkte, die Sie produziert haben, zu Ihren Abnehmerinnen und Abnehmern. Es kommt auf die Beiträge an, nicht auf die Technik: ob UKW oder DAB+, Internet-Streaming oder ARD-Audiothek: Die Beiträge sind dieselben, nur der Distributionsweg ändert sich (mit minimalen Anpassungen an die technischen Vorgaben). Alle Beiträge sind zudem *Folgen* des Themas, nicht ihr Grund. Sie sind journalistische Varianten des übergeordneten Themas, um die Anforderungen der Kanäle zu erfüllen: Der Inhalt wird – adäquat verpackt – zu den Kundinnen und Kunden transportiert. Für Kunden in Übersee ist die Verpackung robuster und sind die Formalitäten für den Transport aufwändiger als für Kundinnen, die die Bestellung selbst im Laden abholen.

Themen für die grundsätzliche Richtung

Das Thema macht die Musik. Wenn wir strategisch über Kommunikation nachdenken, gehen wir *themenorientiert* vor. Mit welchen Themen bringt uns die Öffentlichkeit in Verbindung? Mit welchen Fragen beschäftigen wir uns in der Tiefe? In welchen Themenfeldern werden wir als Expertinnen und Experten wahrgenommen? Die erste Frage, die wir uns also stellen müssen, ist: *Wofür stehen wir inhaltlich?* In der Software Scompler beispielsweise ist die Themenarchitektur das Herz der ganzen Software. Sie besteht ausschließlich aus zweimal zwei Ebenen: zwei strategischen und zwei taktisch-operativen. Themenfelder bilden die erste, Themen die darunterliegende zweite Ebene (siehe Abb. 3.10). Beispiel in einer Gemeindeverwaltung: Themenfeld *Verkehr*. Dann wären einzelne beispielhafte Themen „unterhalb" dieses Themenfeldes *Baustellen*, *Parkraum* und *ÖPNV* – also dezidiert kategorische Überschriften, abstrakt, übergeordnet, zusammenfassend. Die ersten beiden Ebenen in Scompler sind grundlegend, um eine Struktur in die Themenfülle einer Organisation

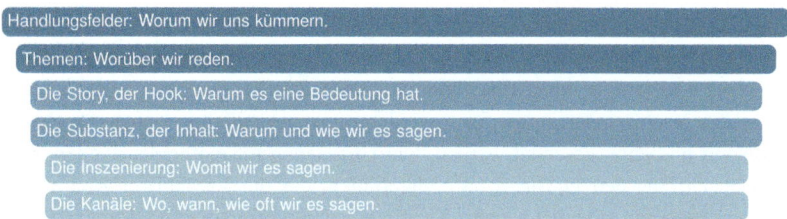

Handlungsfelder: Worum wir uns kümmern.

Themen: Worüber wir reden.

Die Story, der Hook: Warum es eine Bedeutung hat.

Die Substanz, der Inhalt: Warum und wie wir es sagen.

Die Inszenierung: Womit wir es sagen.

Die Kanäle: Wo, wann, wie oft wir es sagen.

Abb. 3.10 Erläuterung der Themenarchitektur von Scompler (Eigene Darstellung)

zu bekommen. Und diese Struktur ist grundsätzlich *zeitlos* und am 2. Oktober eines Jahres genauso gültig wie am 21. Februar – solange sich die grundsätzliche Ausrichtung und Aufgabenstellung der Organisation nicht ändert.

Storys und Beiträge für den Alltag

Beiträge transportieren die Storys. Auf den beiden taktisch-operativen Ebenen drei und vier findet die konkrete Kommunikation der Pressestelle statt. Hier kann sie alle Informationen über die tatsächliche Baustelle in unserer Straße für die nächsten drei Monate hinterlegen, die Kommunikation über die aktuellen Umleitungsempfehlungen sammeln und alle Updates über den Baufortschritt planen – konkret journalistisch, attraktiv und tagesaktuell. „Deswegen müssen wir Ihr Haus morgen evakuieren": In zwei Metern Tiefe ist vorhin eine Weltkriegsbombe gefunden worden, nun müssen die Anwohner des ganzen Straßenzuges in die Turnhalle gebracht werden. „Von der Wohnung in die Halle – der genaue Zeitplan der Evakuierung" – mit diesen beiden Storys auf der dritten Ebene könnte die Pressestelle konkret an die Öffentlichkeit gehen. Sie wird dies praktisch auf den vier Kanälen Facebook, WhatsApp, Pressemitteilung, Newsletter tun – der Ebene vier, der Distributionsebene.

Aufgabe: Schneidern Sie sich Ihre Themenstruktur

Sie haben mehrere mögliche Modelle gesehen. Suchen Sie sich ein Modell aus und planen Sie damit nun eine Themenstruktur oder Themenarchitektur für Ihre Organisation (einen praktischen Ausriss aus einer Themenarchitektur finden Sie in Abb. 3.11).

- **1. Ebene:** Mit welchen (eher abstrakten) Handlungsfeldern, Themenbereichen, Kategorien befasst sich Ihr Unternehmen?
- **2. Ebene:** Welche Themen leuchten diese Themenbereiche aus, respektive welche Themen strukturieren diese Themenfelder und bauen sie auf?
- **3. Ebene:** Welche konkreten Kommunikationsanlässe führen zu konkreten Narrativen? Welche konkreten Storys können Sie für jedes Thema erzählen?
- **4. Ebene:** Welche Maßnahmen und Kanäle kommunizieren die Storys an ihre Zielgruppen?

Verständigen Sie sich zuerst deduktiv über die 1. und 2. Ebene — ausgehend von der Core Story. Die 3. Ebene können Sie dann induktiv nutzen, wenn Ihnen konkrete Geschichten einfallen und Ihnen dieses Vorgehen hilft, schneller Themen zu finden. ◄

Abb 3.11 Beispielhafte Themenarchitektur (Scompler-Stil) für eine Stadtverwaltung (Eigene Darstellung)

3.6   STRATEGIE

> Everyone needs a strategy. Leaders of armies, major corporations, and political parties
> have long been expected to have strategies, but now no serious organization could ima-
> gine being without one. Despite the problems of finding ways through the uncertainty
> and confusion of human affairs, a strategic apporach is still considered to be preferable
> to one that is merely tactical, let alone random. Having a strategy suggests an ability to
> look up from the short term and the trivial to view the longterm and the essential, to ad-
> dress causes rather than symptoms, to see woods rather than trees. (Freedman 2013, ix)
>
> *Lawrence Freedman*

Stellen Sie Fragen. Ehrliche, wichtige, tiefschürfende Fragen. Warum ist mein Podcast so beliebt – liegt es nur am Inhalt, oder bekommen Bedürfnisse plötzlich eine
Stimme? Bedürfnisse nach einer Gemeinschaft von Menschen, die über wichtige neue
Themen sprechen und Ihre Neugierde befriedigen? Menschen, die Freude am Miteinander sprechen haben – was augenblicklich Ihre Stimmung hebt? Vielleicht stellen
Sie aber auch eine andere Frage: „Warum interessiert mich das gerade jetzt?" „Warum
bewegt mich der Inhalt gerade jetzt?" Wer fragt, führt. Führen Sie sich zuerst selbst zu
den Fragen nach Ihren redaktionellen Prozessen, Leitbildern, Wünschen und Hoffnungen. Und führen Sie dann Ihr Team zu den Zielen, Missionen und Visionen Ihrer Organisation – haben Sie alle ein gemeinsames Verständnis davon? Ziehen Sie am selben
Strang? Sitzen Sie im selben Boot? Führen Sie dann Ihr Team durch einen Idea-
tion-Prozess, der die oft wenig greifbaren Werte und Visionen Ihrer Organisation in
konkrete konsumierbare Stücke übersetzt. Führen Sie so Ihr Publikum ideell zu sich –
mit starken Geschichten zu Themen, für die Sie stehen – oder sogar brennen! Mehr
braucht es nicht, und gleichzeitig ist es extrem schwer.

    Verzetteln Sie sich nicht in den Modellen. Sondern picken Sie sich ganz un-
strategisch und entgegen allen akademischen Rates das für Sie heraus, das für Sie
sinnvoll und plausibel erscheint. Und setzen Sie es bei sich um. Selbst der kleinste
strategische Schritt ist besser als keiner. Denn wir stehen vor einer Herausforderung:
Wir alle brauchen nicht mehr Content, wir brauchen *besseren* Content. Wenn journalistische Anbieter – Verlage und Rundfunksender – ihre Redaktionen immer mehr
schrumpfen (müssen) und der Wort- und Informationsanteil mitschrumpft, haben
Organisationen die sehr verantwortungsvolle strategische Chance, mit ihren ernsthaften und wahrheitsgemäßen, aufklärerisch-lehrreichen und nützlichen Inhalten
unser Informationsbedürfnis partiell mitzustillen. Die Aufgabe ist groß und wichtig
und kommt mit großer Verantwortung einher – nehmen Sie diese Verantwortung für
Ihre Organisation und Ihre Stakeholder aber gerne wahr. Damit wir wieder den Wald
vor lauter Bäumen sehen.

Literatur

Auler, F., Huberty, D. (2019). Das PESO-Modell der Content Distribution – welche Medien und Kanäle gibt es zur Verbreitung?. In: Content Distribution. Springer Gabler, Wiesbaden, S. 29–119. https://doi.org/10.1007/978-3-658-25459-9_4.

Becker, F. (o.D.). Herzbergs Zwei-Faktoren-Theorie der Motivation: Hygienefaktoren und Motivatoren. Website. Onlineressource abrufbar unter https://wpgs.de/fachtexte/motivation/herzbergs-zwei-faktoren-theorie-der-motivation-hygienefaktoren-und-motivatoren/.

Berger, K., Volk, S. C., Zerfass, A., und Koehler, K. (2017). How to play the game. Strategic tools for managing corporate communications. (Communication Insights, Issue 3).

Braintraffic (2018). New Thinking: Brain Traffic's Content Strategy Quad - Brain Traffic blog. Website. Onlineressource abrufbar unter https://www.braintraffic.com/blog/new-thinking-brain-traffics-content-strategy-quad, abgerufen am 8.2.2025.

Bruhn, M. (2019). Kommunikationspolitik. Vahlen, München, 9. Auflage.

Carlson, C. R. (2021). Hate Speech. MIT Press, Cambridge/Massachusetts.

Fink, S. (2017). Communication Value Circle für wertschöpfende Corporate Communications Strategien. Onlineressource unter https://www.ffpr.de/2017/03/20/communication-value-circle-fuer-wertschoepfende-corporate-communications-strategien/, abgerufen am 2.1.2025.

Foerster, U. (2023). Roger Federer und Trevor Noah unternehmen Fahrt ihres Lebens. Online-Artikel vomn Horizont unter https://www.horizont.net/schweiz/nachrichten/schweiz-tourismus-roger-federer-und-trevor-noah-unternehmen-fahrt-ihres-lebens-210919, abgerufen am 9.1.2025.

Freedman, L. (2013). Strategy. A history. Oxford University Press.

Google Developers (2025). Google Search Central-Blog. Onlineressource unter https://developers.google.com/search/blog, abgerufen am 13.1.2025.

Gründling, K. (2022). 79 - Content Strategie mit Harald Ille. Podcastfolge unter https://podcasts.apple.com/us/podcast/79-content-strategie-mit-harald-ille/id1589666126?i=10005693423600, abgerufen am 1.1.2025.

Haynes, M. (2024). The helpful content system has changed. Website. Onlineressource auf https://www.mariehaynes.com/the-helpful-content-system-has-changed/, abgerufen am 1.1.2025.

Heitman, S. (2023). What Happens in an Internet Minute? 2024 Statistics. Website. Online verfügbar unter https://localiq.com/blog/what-happens-in-an-internet-minute/, abgerufen am 19.09.2024.

Hoffmann, K. (2017). Die Content-Ampel. Der schnelle und gründliche Qualitätscheck für Ihre Inhalte. Onlineressource unter https://www.kerstin-hoffmann.de/pr-doktor/content-ampel/, abgerufen am 10.01.2024.

Hoffmann, K. (2023a). Das neue Prinzip kostenlos. Kunden gewinnen und Umsätze steigern mit zeitgemäßem Content-Marketing. Wiley-VCH GmbH, Weinheim, 3. Auflage.

Hoffmann, K. (2023b). Machen Sie das neue PRINZIP KOSTENLOS zu Ihrem Erfolgsprinzip! Kunden gewinnen und Umsätze steigern mit zeitgemäßem Content-Marketing. Website. Onlineressource unter https://www.kerstin-hoffmann.de/prinzip-kostenlos/, abgerufen am 11.1.2025.

Hofmann, J. (o.D.). The History of the Web. Abgerufen am 19.09.2024.

Ille, H. (2018). Content soll grün sein. Website. Onlineressource unter https://haraldille.de/content-ampel-content-soll-gruen-sein/, abgerufen am 10.1.2025.

Ille, H. (2024). Die 6 ½ Phasen eines Kommunikationskonzepts. Website. Onlineressource unter https://t2informatik.de/blog/phasen-eines-kommunikationskonzepts/, abgerufen am 20.12.2024.

Janke, H. (2024). Neue Inspirationen im digitalen Zeitalter: Fallstudien zum erfolgreichen Social Media Marketing, Teil II. Onlineressourcen unter https://www.schelfwerk.de/blog-marketingtumult/fallstudien-zum-social-media-marketing-teil-2 und https://www.benjerry.com/values, abgerufen am 13.1.2025.

Kolo, C. (2019). Online-Medien als Innovationen. Wandel zwischen Emergenz und Disruption. In Schweiger, W. und Beck, K., Herausgeber, Handbuch Online-Kommunikation, Seiten 307–335. Springer Fachmedien, Wiesbaden.

Lange, M. (2013). Von Social Media zu Content Marketing: „Wir müssen aufhören, vom Kanal her zu denken!". Website. Onlineressource unter https://scompler.com/von-social-media-zu-content-marketing-wir-muessen-aufhoeren-vom-kanal-her-zu-denken/, abgerufen am 9.1.2025.

Lange, M. (2015a). Das SCOM Wertschöpfungsmodell. Den Beitrag von Content zum Unternehmenserfolg effizient planen. PowerPoint-Präsentation erreichbar unter https://scompler.com/das-scom-wertschoepfungsmodell/, abgerufen am 11.01.2025.

Lange, M. (2015b). Strategie-Tools für Content Marketing: Das „FISH Modell" und der „Content RADAR". Website. Onlineressource unter https://scompler.com/fish-modell-content-radar/, abgerufen am 10.1.2025.

Lange, M. (2016), Teil 3 unserer Serie „Strategisches Content-Marketing": Inhalte richtig promoten, Onlineressource erreichbar unter https://t3n.de/magazin/teil-3-unserer-serie-strategisches-content-marketing-240112/, abgerufen am 8.2.2025.

Lange, M. (2017). Die SCOM Präsentation „Content Maturity Matrix". Website. Online abrufbar unter https://scompler.com/cmm/, abgerufen am 29.12.2024.

Mast, C. (2019). Unternehmenskommunikation. UVK Verlag, München.

Nedden, L. (2023). The Communication Value Circle by the example of BRAUN. Blogbeitrag auf medium.com, erreichbar unter https://medium.com/@leonie_nedden/the-communication-value-circle-by-the-example-of-braun-e5609cf9224f, abgerufen am 10.1.2025.

Porter, M. E. (2011a). The Five Competitive Forces That Shape Strategy. In HBR's Ten Must Reads On Strategy, Seiten 39–76. Harvard Business Review Press, Boston/Massachussetts. Orginal veröffentlicht im Januar 2008.

Porter, M. E. (2011b). What Is Strategy? In HBR's Ten Must Reads On Strategy, Seiten 1–38. Harvard Business Review Press, Boston/Massachussetts. Orginal veröffentlicht im November 1996.

Püschel, S. (2025). Talking content strategy with Kristina Halvorson. "I think it is going to rule the world". Website. Interview mit Kristina Halvorson auf medium.com online erreichbar unter https://medium.com/inhalt-contentgraz/talking-content-strategy-with-kristina-halvorson-fbf1afb4da83. Abgerufen am 1.1.2025.

Schaffer, N. (2025). 31 Definitive Instagram Statistics for 2025 You Should Know – and Why. Blogpost auf https://nealschaffer.com/instagram-statistics/.

Schweiz Tourismus (2022). Grand Train Tour of Switzerland: The ride of a lifetime. Video auf https://youtu.be/5JK7vjValvo, abgerufen am 9.1.2025.

Spaeder, K. (2024). 30 jaw-dropping hero section examples from real websites. Onlineressource unter https://www.marketermilk.com/blog/hero-section-examples, abgerufen am 13.1.2025.

Stobbe, R. (2010). Grundmodell für Kommunikations-Controlling, Onlineressource unter https://www.icv-controlling.com/index.php?eID=dumpFile&t=f&f=6115&token=6bd2 3197809215b71211828e04d6cd6dcf43ea8b, abgerufen am 9.2.2025.

superapple4ever (2010). Steve Jobs Introducing The iPhone At MacWorld 2007. Videokopie auf YouTube abrufbar unter https://youtu.be/x7qPAY9JqE4. Das Originalvideo ist nicht mehr verfügbar. Abgerufen am 19.09.2024.

We Are Social Singapore (2024). We Are Social's 'Think Forward' Report Highlights Desire For Meaningful Connections. Mitteilung auf Little Black Book von We Are Social Singapore unter https://www.lbbonline.com/news/we-are-social-think-forward-report, abgerufen am 19.01.2025. Originalreport hinter Registrierschranke.

Wikipedia: The Epic Split (2013). The Epic Split. Wikipedia-Beitrag unter https://en.wikipedia.org/wiki/The_Epic_Split.

Zerfaß, A. und Volk, S. C. (2019). Toolbox Kommunikationsmanagement. Denkwerkzeuge und Methoden für die Steuerung der Unternehmenskommunikation. Springer Fachmedien GmbH.

TECHNOLOGIE

4

Zusammenfassung

Die Kanäle kommen und gehen – was Substanz hat, sind Methoden. Schauen wir uns also eine bis heute bewährte agile Planungsmethode sowie ein agiles Plattform-Konzept für die kommenden Jahre an. Werfen wir einen naturgemäß oberflächlichen Blick darauf, wie die geheimnisumwitterten Algorithmen Postings priorisieren, KI-Assistenten auf Ihre Eingaben reagieren und wie Sie dem Netz helfen können, Wahrheit zu erkennen.

Ich möchte nicht allzu lange über Technologien sprechen. Sie treten immer mehr in den Hintergrund, wenn wir über Kommunikationsstrategien sprechen. 2009 war Twitter der erste offizielle Social Media-Kanal der Stadt Frankfurt am Main. Zu Beginn 2025 ist der Kanal auf der Twitter-Nachfolgeplattform X mit über 270.000 Followern von Einstellung bedroht. 16 Jahre immerhin! Facebook sei tot, sagen die Kritiker seit 2013, TikTok könnte verkauft oder verklagt werden, das Fediverse sitzt Anfang 2025 immer noch in der Nische – und löschen Sie endlich Ihren Google+-Button von der Website, der ist nun wirklich peinlich …! Die Plattformen sind Wirtschaftsgüter, auf die kein echter Verlass ist. Schauen wir also lieber auf die dahinterliegenden Prinzipien. Agile Prinzipien, mathematische Prinzipien, bibliothekarische Prinzipien. Wie entsteht ein LinkedIn-Feed? Aus Mathematik. Wie entsteht der Knowledge Graph? Aus Schlagworten. Wie könnte Ihr Redaktionsplan entstehen? Durch eine Methode, die agile Softwareentwickler anwenden. Sie müssen heute aber kein *Nerd* mehr sein, um digital zu kommunizieren. Künstliche Intelligenz – Wahrscheinlichkeitsrechnung in der Praxis – hilft Ihnen

H. Ille, *Digitale Kommunikationsstrategien*, Journalistische Praxis, https://doi.org/10.1007/978-3-658-47712-7_4

nach Kräften, keine Technik mehr zu benötigen ... Aber einige strategische Aspekte sind es dennoch wert, dass wir sie uns gemeinsam anschauen.

4.1   Agile Prinzipien

4.1.1   Exen Sie Excel!

Das weltweit sicherlich meistgenutzte Planungstool ist *Trommelwirbel*:
Excel. Und das ist erstaunlich, denn die Software zum Berechnen unserer Gehälter
kann alles das nicht, was Planungssoftware können sollte: Die Tabellenkalkulation
kann logischerweise nicht an Aufgaben erinnern, kennt keine Workflows, kann
keine Mails versenden und erst recht nicht auf *WhatsApp*, *Threema* und *Signal* posten, längere Texte zerschießen das Layout (Bilder und Links auch), und das Rein-
und Rauskopieren der Inhalte ist nur mit Informatikstudium fehlerfrei möglich.
Okay, man kann eine CSV-Datei erstellen, die sich mit ein bisschen Gefrickel in
ein Redaktionssystem importieren lässt – das ist selbstredend ein großer Vorteil
einer Software für Spalten- und Reihenberechnungen. Aber sonst? Wäre *Outlook*
nicht das sinnvollere Tool? Outlook kann Termine eintragen und daran erinnern,
kann Mails verschicken, kann Attachments verwalten und hat kein Problem mit
längeren Textpassagen – sogar im HTML-Format. Nein, die internationale Content
Creator Community hat sich unverständlicherweise auf das Untauglichste aller
Tools verständigt, um Content Planung möglichst freudlos und anstrengend zu gestalten. Um quadratmetergroße Tapeten in Winzschrift ausdrucken zu können, über
die sie sich gemeinsam beugen können. Digital ist das alles nicht.

4.1.2   Kanban-Boards für die Übersicht

MS Planner oder Trello: Aufgaben im Blick behalten
Vergessen Sie Excel! Wenn Sie M365 verwenden, wäre *Planner* eine deutlich ver-
satilere Variante. Erstellen Sie mehrere Buckets und bilden Sie verschiedene Work-
flowphasen nach: Idee, Planung, Bearbeitung, Freigabe, Publiziert, Zurückgestellt.
Jeder Aufgabe können Sie mehrere zuständige Personen zuweisen, eine Deadline
geben, den Text können Sie im Textfeld gemeinschaftlich bearbeiten und Links
und Attachments hängen Sie einfach an die Planner-Karte an. Die Software erinnert Sie an Deadlines sogar per E-Mail und informiert Sie, wenn eine Aufgabe in
einen neuen Bucket geschoben wird. Auch den Status einer Aufgabe innerhalb
eines Buckets können Sie einstellen: noch nicht begonnen, in Arbeit, erledigt.

Ihnen gefällt *Trello* besser, *Jira*, *Notion*, *Monday*, *MeisterTask* oder andere Kanban-Software? Dann benutzen Sie diese – Kanban ist deutlich besser für das Management digitaler To-Do-Listen geeignet als eine Buchhaltungssoftware.[1] **Probieren Sie Kanban.** Kanban wurde in den 1940er-Jahren von Toyota entwickelt, um Arbeitsprozesse mit kleinen Karten auf einer übersichtlichen Tafel zu visualisieren; der japanische Begriff bedeutet so viel wie Karte, Tafel oder Beleg. Gleichzeitig wohnt Kanban eine Methode der kontinuierlichen Verbesserung inne – ideal für digitale Kommunikationsplanung. Das Kanban-Board enthält Spalten für den Arbeitsfortschritt (siehe voriger Abschnitt). Die Karten werden nach jedem Prozessschritt eine Spalte weitergeschoben. Wenn sich übermäßig viele Karten in einer Spalte stapeln, während andere eher weniger gut gefüllt sind, ist das ein deutlicher Hinweis auf ein Problem im Prozess – und dieser Stau muss prioritär aufgelöst werden, bevor weitere neue Aufgaben begonnen werden. Kanban gibt Ihnen also eine aktuelle Übersicht über den Status Ihrer Kommunikationsmaßnahmen und hilft Ihnen, Ihre Prozesse zu optimieren.

4.1.3 Fediverse

Wenn ich Sie jetzt fragen würde, was agil bedeutet, dann können Sie nach drei Kapiteln dieses Buches nur eine Antwort geben: „Agilität bedeutet, Kunden und deren Bedürfnisse in den Mittelpunkt zu stellen, dafür Lösungen zu entwickeln und dadurch Kundenwert zu schaffen." (Geske 2020) Werden Sie selbst agil – und nutzen Sie nicht nur die großen Plattformen und Angebote, von denen wir bislang hauptsächlich gesprochen haben. Stellen Sie einen eigenen Server (eine sogenannte Instanz) ins Netz, aktivieren Sie das ActivityPub-Protokoll, und schon sind Sie unabhängig von Meta, Microsoft und Musk. Das Fediverse hat eine dezentrale Struktur, bei der die einzelnen Instanzen eigenständig arbeiten und dennoch über gemeinsame Protokolle miteinander verbunden sind und sich austauschen. Sie sprechen miteinander eine „gemeinsame Sprache". Der Vergleich des Fediverses mit agilen Prinzipien ist nicht völlig an den Haaren herbeigezogen: Agile Teams arbeiten unabhängig, haben Entscheidungsfreiheit und sind dennoch Teil eines größeren Netzwerks, das auf Kollaboration ausgelegt ist. Neue Features, Instanzen und Funktionen entstehen iterativ und basieren häufig auf den Bedürfnissen der jeweiligen Community. Das Fediverse erlaubt es, Funktionen und Angebote schnell anzupassen ohne zentrale Kontrolle. Die Gestaltung und Entwicklung von Instanzen

---

[1] Übersichten über passende Kanban-Tools finden Sie bspw. bei den Online-Marketing-Rockstars. (Puls 2023).

erfolgt oft im Dialog mit den Nutzerinnen und Nutzern, die ihre Wünsche direkt in die Community einbringen können – auch das ein agiles Prinzip. Transparenz, Selbstorganisation, Innovation und Experimentierfreudigkeit: Das Fediverse mit seinem dezentralen Ansatz ist eine strategisch kluge Entscheidung für das nächste Jahrfünft mindestens. Das Internet ist dezentral gestartet und sollte auch dezentral bleiben. Auf den „The winner takes it all"-Plattformen wie Facebook, Instagram, WhatsApp, LinkedIn, X und TikTok haben Sie Ihre Kontrolle mit Ihrer Account-registrierung abgegeben. Die Diskussion der letzten 15 Jahre zwischen Behörden und Datenschützer:innen, ob Ministerien, Ämter und Verwaltungen überhaupt auf solchen Social-Media-Plattformen aktiv sein dürfen und sollen, können Sie mit Ihrer eigenen Instanz nun weitgehend beenden.

Angebote für Stadtkommunikation: Im Fediverse sind weitgehend alle Angebote in einer eigenen Variante vorhanden, die auch die großen Plattformen anbieten: Video-Abspielplattformen und Video-Livestreaming, Kurznachrichtendienste, Community-Angebote, etc. Die meisten dieser Angebote können Bürgerinnen und Bürger mit nur einem einheitlichen User-Account benutzen. Unterschied zu bisher: Die Daten bleiben auf der Instanz der Stadt, was ein wichtiges Sicherheitsmerkmal ist. Diese Offenheit des Systems sorgt dafür, dass Bürgerinnen und Bürger mit ihrem Account sowohl den Kurznachrichtendienst *Mastodon* als auch (weitgehend, nicht alle) die anderen Angebote mitnutzen können. Mit **Nextcloud** beispielsweise könnte Ihre Stadt eine eigene Cloudsoftware betreiben, die viele Office-Funktionen, Kalender, etc. anbietet und könnte sich so langfristig sogar von Microsoft-Diensten unabhängig machen. Es gibt keinen „Walled Garden" mehr wie bei den bisherigen Plattformen. Dadurch ist die ganze Architektur zukunftssicher. Mit dem schnellen Angebot einer eigenen Fediverse-Instanz könnte Ihre Stadt die Kommunikation wieder in die eigenen Hände nehmen.

Welche Anwendungen gibt es? Mastodon ist der Ersatz für X. Sie können darüber direkt mit Ihren Bürgerinnen und Bürgern in Kontakt treten – gerade in Krisenfällen wie großen Bränden, Bomben-Evakuierungen oder Unfällen haben Sie eine lokale Kommunikationsplattform. Sie legen verifizierte Accounts für Behörden und Ämter an, und Ihre Community kann untereinander barrierefrei kommunizieren. Sie können Ihren eigenen Videostreamingdienst anbieten und Ihre Stadtratssitzungen, Kulturveranstaltungen und Video-Tutorials nun selbst streamen. Ersetzen Sie Instagram durch eine Fediverse-Variante, auf der Bürgerinnen und Bürger ihre Fotos von der Stadt teilen können (historische Aufnahmen, Architektur, Natur) – und ihre Bildrechte vollständig behalten. Ganz anders als bei den

Plattformen von *Meta*! Ersetzen Sie beispielsweise Facebook durch *Friendica*, Instagram durch *Pixelfed*, You- durch *PeerTube* und LinkedIn durch *HubZilla*. Die Liste ist durchaus länger und differenzierter – Sie finden sicherlich mehr als eine App. Fragen Sie den KI-Assistenten Ihrer Wahl, probieren Sie es aus und bleiben Sie dennoch mit allen anderen Bürgerinnen und Bürger in Kontakt, die andere Anwendungen bevorzugen (Abschn. 4.4.1).

Vorteile dieser Projekte

- Datenschutz und digitale Souveränität: Alle Daten bleiben in kommunaler Hand.
- Bürgernähe: Direkte Kommunikation und Beteiligungsmöglichkeiten fördern das Vertrauen.
- Nachhaltigkeit: Nutzung offener Standards und keine Abhängigkeit von globalen Tech-Giganten.
- Bildung und Engagement: Förderung digitaler Kompetenzen und aktiver Beteiligung. ◄

4.2 Mathematische Prinzipien

4.2.1 Netzwerkeffekte statt Broadcasting

Die perfekte Uhrzeit für ein Posting gibt es nicht. Wenn es sie gäbe, würden wir alle zu diesem Zeitpunkt posten – und uns damit gegenseitig den Feed verstopfen (siehe Abb. 4.1). Die technische Erklärung geht in dieselbe Richtung: Auf einem Broadcasting-Kanal ist der Zeitpunkt der Ausspielung auch derjenige Zeitpunkt, an dem potenziell alle Nutzer:innen den Inhalt sehen werden. Das ist bei linearem Fernsehen und Radio so und bei News-Websites, WhatsApp (wenn man online ist) und Instagram-Storys auch. In einem klassischen sozialen Netzwerk mit Newsfeed hingegen erreicht der Inhalt nur wenige Nutzer:innen direkt zum Zeitpunkt der Veröffentlichung. Der Inhalt „arbeitet" sich langsam durchs Netzwerk hindurch. Die meisten Nutzer:innen sehen den Inhalt verzögert und indirekt. LinkedIn beispielsweise spielt Postings zuerst an eine Handvoll Kontakte in der ersten Stunde aus. Läuft das Posting dann sehr gut, wird es weiter angezeigt. Wenn nicht, dann beweist das Posting indirekt, dass es offensichtlich nicht allzu interessant ist. Die Plattform verschont den Rest der Follower mit diesem Inhalt …

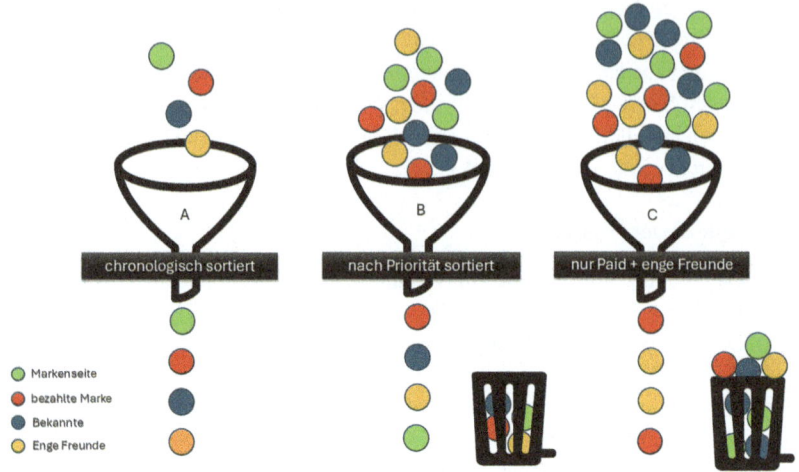

Abb. 4.1 Holzschnittartige Funktionsweise des Relevanzfeeds (Eigene Darstellung)

4.2.2   Punkte für den Post

Wie funktionieren die Algorithmen? Das weiß logischerweise niemand so recht. Es ist das Geschäfts-Geheimnis der Plattformen. Eine vorsichtige grundsätzliche Vorstellung davon sollten wir als Digitale Kommunikatorinnen und Kommunikatoren aber haben. Damit wir verstehen können, *wie* und *warum* die Plattformen im Großen und Ganzen Inhalte priorisieren oder eben nicht. Warum steht genau dieses Posting an dritter Stelle, und bei meiner Freundin erst auf Platz 9? Zufall oder Berechnung? Natürlich alles *Berechnung*, was die Plattformen da tun. Sie kalkulieren einen Score mit einem Machine-Learning-gestützten System, das folgende Hauptprinzipien in die Formel miteinbezieht – und dann den Score für erstaunliche 500 Beiträge pro Feed berechnet[2]:

- **Signale**, die wir User durch unser Surf-Verhalten den Algorithmen *nolens volens* zurückgespielt haben – sie reagieren ja auf alles, was wir tun, um uns zum nächsten Inhalt zu führen. Das können wir ihnen schlechterdings kaum vorwerfen.

---

[2]Auf seinem Transparency Center gibt Meta einen sehr oberflächlichen Einblick in die einzelnen KI-Systeme, die zusammenarbeiten, um die Feeds zu erstellen – getrennt nach Facebook und Instagram. (Meta Transparency Center 2023).

- **Interaktion:** Inhalte, mit denen User in der Vergangenheit interagiert haben, eindeutig belegt durch ihre Likes, Shares, Kommentare und Klicks.
- **Zeit:** Wie aktuell ist der Inhalt? Je älter, desto mehr verliert dieser Inhalt an Relevanz und damit an Sichtbarkeit.
- **Format:** Welche Formate bevorzugen die User, etwa Videos, Bilder oder Storys?
- **Quelle:** Wie häufig interagieren die User mit bestimmten Personen oder Seiten – das zeigt, wie relevant diese Quelle für sie ist.
- **Engagements anderer:** Wenn Freunde oder Follower mit einem Beitrag interagieren, wird dieser möglicherweise ebenfalls priorisiert – die User möchten ja wissen, was Ihre Freunde gut finden.
- **Relevanzbewertung:** (Relevance Score): Die Rechenmodelle bewerten dann, wie hoch die Wahrscheinlichkeit ist, dass User mit einem bestimmten Inhalt interagieren werden. Die Plattformen kennen uns nur zu gut – klar können sie das erstaunlich korrekt vorhersagen …
- **Personalisierung:** Dazu nehmen die Algorithmen historische Daten von uns, kennen unser Verhalten und tracken sowieso permanent unsere individuellen Präferenzen. Sie wissen, wo wir uns gerade befinden, mit welchem Gerätetyp wir surfen und wie hoch die Verbindungsgeschwindigkeit ist. 4K-Videos bekommen wir bei schlechter Verbindung seltener angezeigt, logisch.
- **Negative Signale:** Beiträge, die User als irrelevant gemeldet, übersprungen oder negativ bewertet haben, erhalten eine geringere Priorität.
- **Vielfalt (Content Diversity):** Trotzdem zeigen uns die Algorithmen nicht immer dasselbe an (auch, wenn es sich so anfühlt.) Sie versuchen, eine Balance zu finden, damit wir nicht nur Inhalte von einer einzigen Quelle oder zu einem einzigen Thema sehen.
- **Bedeutungsvoller Content oder Spam:** Meta priorisiert Inhalte, die zu „bedeutungsvollen Interaktionen" führen.

Die Postings sammeln fleißig Punkte, beispielsweise durch viele neue Social Signals. Die Podcast-Episode arbeitet sich so langsam nach vorne, während der Amtsleiter langsam abtritt. So baut sich der Feed bei jedem Reload neu auf – in allen über 3 Mrd. Feeds weltweit! (Tab. 4.1)[3]

---

[3] Meta meldet 3,29 Mrd. täglich aktive User auf allen Meta-Plattformen (DAP) inklusive WhatsApp. Siehe (Kaiser 2024).

Tab. 4.1 Fiktive Berechnung eines Feeds

#	Posting	Interaktionen	von Freunden	Relevanzscore	Gesamtscore
1	Fußgängerzone bekommt neues Pflaster	100	300	250	**650**
2	200 Ehrenamts-Cards im Rathaus vergeben	110	250	260	**620**
3	Amtsleiter geht in Ruhestand	80	200	270	**550**
4	Neuer Klimaatlas erschienen	90	180	220	**490**
5	Markthalle wird 75	120	150	200	**470**
6	Auszubildende Mia über ihr B.A.-Studium	50	100	300	**450**

4.3   Digitalbibliothekarische Prinzipien

Suchen war gestern, wir möchten finden. Und gefunden werden. Das ist strategisch deshalb wichtig, weil Google die beste aller Antworten besonders prominent ausspielt. Und Ihre Assistenten wie Alexa oder Siri diese Antwort dann vorlesen. Sie haben also ein strategisches Interesse daran, dass dies Ihre Antwort sein wird.

4.3.1   Featured Snippets: Die beste Antwort ist Ihre!

Googles Featured Snippets sind spezielle Boxen, die oben in den Suchergebnissen erscheinen und die perfekte Antwort auf die Suchanfrage bieten. Sie sind zuerst einmal normale Suchergebnisse, eventuell ist eine Antwort von Ihnen mit dabei. Erfüllt Ihre Antwort ganz bestimmte Kriterien, die den Google-Algorithmen keine andere Wahl lassen: Dann nimmt Google Ihre Seite und *schneidet* buchstäblich Ihre Antwort aus der Seite heraus, verlinkt sie und promotet sie als beste Antwort im Netz. Die Featured Snippets sollen *die eine perfekte* Antwort auf eine konkrete Frage liefern, die User häufig stellen. Wir Kommunikationsmenschen beispielsweise haben eine pathologische Rechtschreibschwäche, daher ist die Google-Antwort auf diese Frage für uns karriererelevant: „Was ist der Unterschied zwischen ‚das' und ‚dass'?" Die Antwort erhalten Sie in einem Featured Snippet – googlen Sie das einfach mal ...

Es gibt leider keine Abkürzung, um in den Featured Snippets zu landen. Sie müssen sich ein wenig Arbeit machen:

- Recherchieren Sie häufig gestellte Fragen zu Ihrem Thema und beantworten Sie W-Fragen (Wie, Was, Wer, Wann, Warum) in Ihren Inhalten.
- Stellen Sie sicher, dass Ihre Website technisch optimiert ist und die Suchergebnisfunktionen aktiviert sind, die Google zur Snippet-Generierung benötigt.
- Verwenden Sie klare Formatierungen mit Überschriften, Aufzählungspunkten und Listen und strukturieren Sie Ihre Inhalte.
- Stellen Sie in Ihren Überschriften spezifische Fragen und geben Sie kompakte, präzise, mit Quellen belegte Antworten. Sie wollen hilfreichen Content liefern – ein Featured Snippet wäre eine gute Motivation dazu …
- Benennen Sie Ihre Bilder sprechend, am besten steckt ein Keyword schon im Dateinamen. Formulieren Sie die Alt-Bildbeschreibung so, dass sich sehbehinderte Personen das Bild über den beschreibenden Text erschließen können. Auch hier und in der Bildunterschrift können Sie Keywords unterbringen. (Aber übertreiben Sie es bitte nicht damit – was uns Menschen nervt, nervt Google schon lange …)
- Achten Sie auf eine klare Seitenstruktur, die Google leicht verstehen kann. Am besten über eine klare Überschriftenhierarchie (h1 bis h6), Absätze mit Zwischenüberschriften, etc.

Identifizieren Sie Snippet-Möglichkeiten: Nutzen Sie Tools wie *SEMrush*, *Serpstat* oder *Ahrefs*, um Keywords und Abfragen zu finden, die Featured Snippets auslösen. Je genauer, aktueller und umfassender Ihre Inhalte sind, desto größer die Chance, dass künftig Sie die beste Antwort auf die Suchanfrage zu liefern. Alexa und Siri und die ganzen Assistenten spielen dann eventuell Ihre Inhalte aus und nicht mehr diejenigen Ihrer Mitbewerber – wenn das keine Motivation ist, Ihre Inhalte noch besser zu beschreiben und sogar zu verschlagworten, weiß ich auch nicht.

4.3.2 ABC, Business und Places: Claimen Sie Ihre eigenen Daten!

Halten Sie Ihre Unternehmensdaten aktuell! Sie können sehr einfach den Suchmaschinen helfen, die Welt besser zu verstehen – und Ihren Kunden, Sie besser zu finden. Füllen Sie Ihre Unternehmensprofile bei Google, Apple Business Connect (ABC) und Bing Places vollständig aus. Das ist schnell erledigt, wenn Sie Ihr Unternehmensprofil bei den jeweiligen Suchmaschinen für sich reklamieren. Strategisch ist das wichtig, weil Sie damit Ihre eigenen Daten unter Kontrolle halten. Potenzielle Kunden gewinnen – auch ohne Ihre Website besucht zu haben – schnell ein Bild von Ihnen. Beobachten Sie daher dringend (!), welche Rezensionen Sie erhalten.

Der besondere Clou: Interessierte User müssen Sie nicht einmal direkt suchen. Die Daten dieser Unternehmensprofile fließen auch in andere Dienste wie die Kartendienste von Google, Microsoft und Apple. Wenn Sie die Informationen nicht eintragen, versuchen die Suchmaschinen, diese im Netz zu eruieren. Und das kann logischerweise schiefgehen. Dann zeigen die Suchmaschinen in Ihrem Unternehmensprofil Bilder an, die nichts mit Ihrem Unternehmen zu tun haben, oder verändern Ihre Adresse. Es ist also in Ihrem eigenen Interesse sehr wichtig, dass Sie den Suchmaschinen so viele aktuelle Informationen über Ihr Unternehmen bestätigen wie möglich.

Melden Sie Ihre Organisation an

Holen Sie sich also schleunigst Zugriff auf Ihre Unternehmensprofile bei den Suchmaschinenanbietern, wenn Sie diese noch nicht für sich reklamiert haben! Als ich noch bei einem Klinikum gearbeitet habe, hat Google eine zufällige Klinikums-Telefonnummer als zentrale Rufnummer im Knowledge Graph angezeigt. Die arme Sekretärin der Pathologie und die geschockten Angehörigen, die sich nur nach dem leicht verletzten Patienten erkundigen wollten ... ◄

Halten Sie Ihre Daten aktuell! Die Suchmaschinen zeigen Ihre Öffnungszeiten an, Sie können Produkte zum Verkauf anbieten, Events bewerben und PR-Artikel mit Call-to-Action veröffentlichen. Google verlässt sich auf Ihre Daten und fragt Sie regelmäßig nach Aktualisierungen – und Bing synchronisiert die Daten mit denen von Google sogar, der Aufwand ist also wirklich überschaubar. Ihre autorisierten Daten sind vor allem für die mobile Nutzung hilfreich: Schließt Ihr Ladengeschäft in fünfzehn Minuten, berücksichtigen die Anbieter von Navigationssoftware diese Angabe und geben Kundinnen und Kunden einen Hinweis. Die 30-minütige Fahrt lohnt sich dann nicht mehr. Punkten Sie also mit verlässlichen Daten und bieten Sie Ihren Stakeholdern guten Service – sie stehen dann weniger zahlreich vor verschlossener Tür.

4.3.3 Das semantische Web: Verschlagworten Sie Ihre Inhalte

Sagen Sie Google, welche Inhalte von Ihnen sind. Das Web ist (noch) keine Wahrheitsmaschine. Es kann leider nicht sicherstellen, dass das, was Sie beispielsweise unter ein Foto schreiben, auch das ist, was auf dem Foto zu sehen ist. Webbrowser können zwar technisch zwischen Bildern, Headlines, Listen und Zitaten

Tab. 4.2 Beschreibung der Eigenschaften von Brücken

Name	Golden Gate Bridge	Tower Bridge	Hohenzollernbrücke
Konstruktion	Hängebrücke	Kettenbrücke, Klappbrücke	Bogenbrücke
Ort	San Francisco	London	Köln
Länge	2737 m	244 m	409,19 m
Höhe	227 m	9 m, 43 m	30 m
Fertigstellung	27./28. Mai 1937	30. Juni 1894	Mai 1911

unterscheiden – aber ob die Person auf dem Bild auch die Person ist, der das Zitat zugeordnet wurde, weiß das klassische Web nicht. Vorhang auf für das *Semantische Web*! Was gehört wozu? Wer ist wer? Wie hängt A mit B und wie hängen beide mit C zusammen? Wenn Dinge gleich heißen – kann die Suchmaschine dann herausfinden, was genau wir suchen? Kann das Netz gleiche Dinge clustern? Kann das Netz ähnliche Dinge in einen Zusammenhang zueinander setzen? (Tab. 4.2)

Beschreiben Sie Ihre Inhalte! Mein Lieblingsbeispiel ist der Begriff Brücke. Wir Menschen wissen aus dem Kontext, was gemeint ist, wenn wir sagen: „Die Brücke über den Rhein ist gesperrt" oder „Bei der Brücke hab ich mich gestern gezerrt" oder „Meine Brücke muss mal wieder dringend in die Reinigung". Aber wie kann die Maschine das wissen? Ganz einfach: Wir sagen es ihr. Wir beschreiben alle Inhalte taxonomisch eineindeutig – und stellen so einen Kontext für die Maschine her. Das ist letztlich eine einfache Tabelle mit allen beschreibenden Eigenschaften und wissenswerten Zahlen, Daten und Fakten über das Objekt – und eben dem Hinweis, ob wir von einem Bauwerk, einer Gymnastikübung oder einem Zahnersatz, äh, einem Teppich sprechen. Aus allen diesen Informationen kann die Suchmaschine dann eigenständig Antworten generieren. Für die Suchanfrage: „Wie lang ist die Golden Gate Bridge?" schaut sie einfach in der Tabelle (respektive ihrer deutlich komplexeren Datenbank) nach und spielt die korrekte Zahl sofort aus, ohne dass wir User auf eine weitere Website geschickt werden.

4.3.4   Kümmern Sie sich um Ihre eigene Reputation

Halten Sie Fake News auf! Stellen Sie sich vor, Sie lesen im Netz ein Zitat von William Shakespeare, das aber mutwillig William Faulkner zugeschrieben wird – mit einem unschuldig dreinblickenden Albert Einstein garniert (Abb. 4.2). Für das klassische Web hat dieses verfälschende Bildzitat keinerlei *Bedeutung* – das klassische Web sieht nur zusammenhanglose Buchstaben und ein Gewirr verschiedenfarbiger Bildpixel. Ob das Zitat stimmt oder nicht, kann das klassische Web nicht

Abb. 4.2 „To be or not to
be!"– William Faulkner

erkennen. Für den Knowledge Graph und das Semantische Web hat das Zitat aber durchaus Kontext: Die Suchmaschine erkennt sofort, dass hier drei verschiedene Informationen fälschlicherweise zusammengerührt wurden. Sie kann das Zitat dem britischen Dramatiker William Shakespeare zuordnen, erkennt William Faulkner als Schriftsteller des frühen 20. Jahrhunderts und weiß, dass Albert Einstein ein Zeitgenosse Faulkners war und beide im exklusiven Club der Nobelpreisträger speisten (vermutlich). Die Suchmaschine weiß dies alles, weil wir und viele andere Content Kreator:innen es ihr beigebracht haben – beispielsweise mit diesen vier JSON-Dateien in Abb. 4.3.[4]

Beschreiben Sie sich eindeutig: Diese JSON-Schemata sind wie kleine Personalausweise im Netz: Wie heißt Du, wer bist Du, woher kennen wir Dich, wen kennst Du alles, was machst Du den ganzen Tag für wen – alles Informationen, die wir der Suchmaschine freiwillig geben, damit sie uns richtig zuordnen kann. Googeln Sie sich mal selbst – und staunen Sie über Ihre eigene Vielfalt! Ein etwas älteres Beispiel ist die Suche nach *Gerd Müller*. Wir Boomer kennen den Bomber der Nation noch, den Entwicklungshilfeminister unter Kanzlerin Angela Merkel kennen Sie auch, und beide kommen zu allem Überfluss aus Bayern! Wie kann eine Suchmaschine diese beiden gleichnamigen Männer sicher auseinanderhalten? Durch Metadaten, also eindeutige Eigenschaften, die die Person beschreiben und unterscheidbar machen (ein einfaches Beispiel dazu finden Sie in Tab. 4.3).

---

[4] JSON (JavaScript Object Notation) wird zur Übertragung und zum Speichern von strukturierten Daten vor allem bei Webanwendungen und mobilen Apps eingesetzt. Vorteil: JSON ist so gestaltet, dass Mensch und Maschine es gleichermaßen „lesen" können – mit ein bisschen Geschick.

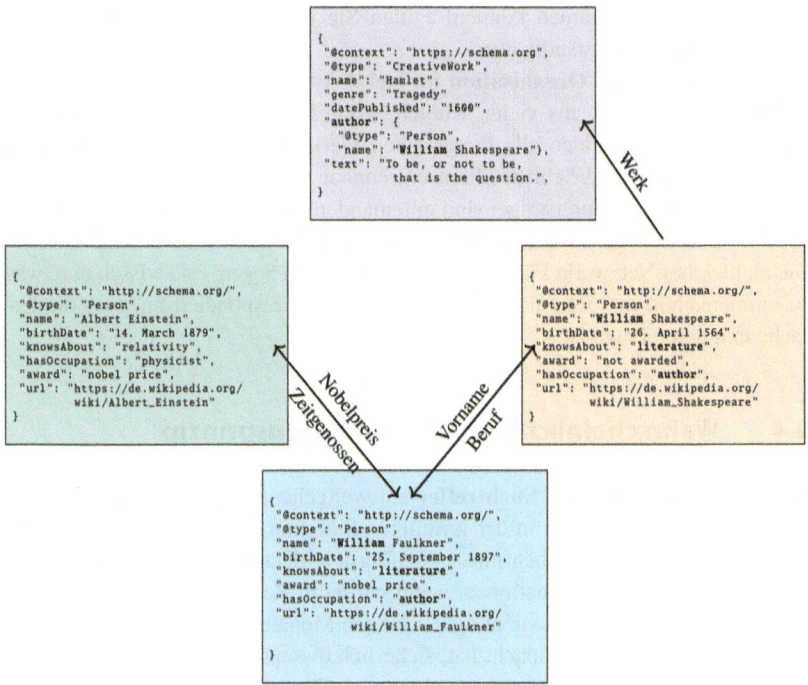

Abb. 4.3 Drei JSON-Schemata vom Typ PERSON, eins ist CREATIVE WORK. (Eigene Darstellung)

Tab. 4.3 Finding Gerd Müller – gleiche Namen, unterschiedliche Daten

Name	Beruf	Ort	Organisation	Geburtsjahr
Gerd Müller	Fußballer	Hessen	Offenbacher Kickers	1954
Gerd Müller	Biologe	Wien	Konrad-Lorenz-Institut	1954
Gerd Müller	Fußballer	Bayern	FC Bayern München	1945
Gerd Müller	Politiker	Bayern	Bundesregierung	1955
Gerd Müller	Politiker	Nordrhein-Westfalen	SPD	1940

Die Liste der Gerd Müllers ist selbstredend viel länger. Einschränkende Suchbegriffe wie *Bayern*, *Politiker* oder *Fußballer* führen nicht zu eindeutigen Treffern. Erst das *Geburtsjahr* stellt in Kombination mit *Bayern* in der Tabelle einen eindeutigen Treffer her. Überlassen Sie es also nicht dem Zufall, ob die Suchmaschine Ihre Organisation richtig zuordnet und – wichtiger – ob User Sie im richtigen Kontext wahrnehmen können! Füllen Sie in Ihrem Website-Backend die Schema-Angaben vollständig aus.

Verorten Sie Ihre Organisation im Netz! Aus diesen ganzen Eigenschaften entsteht ein Netzwerk aus vielen Knoten. (Man kann guten Gewissens Internet dazu sagen.) Darin bilden alle literarischen Werke ein Unternetz, das mit allen Schriftstellerinnen und Schriftstellern untrennbar verbunden ist, alle Nobelpreisträgerinnen und Nobelpreisträger sind miteinander vernetzt, alle Menschen, die um 1950 in den USA gelebt haben und alle Menschen, die William heißen. Gleiche Daten, gleiches Netzwerk. Für die Suchmaschinen ein Segen – sie wissen nun, was zusammengehört und was nicht, was miteinander korrespondiert und was die Ursache und deren Folge ist.

4.4 Wahrscheinlichkeit als Produktionsprinzip

Wir wollen keine 235.000 Suchtreffer auf weitgehend irrelevanten Seiten – wir wollen die beste Erklärung in der jeweiligen Situation. Kurz, knapp und auf den Punkt, wenn es schnell gehen muss. Ausführlich, detailliert und kontextualisiert mit weiterführenden Informationen, wenn wir dafür Zeit und Muse haben. Daher ist die atemberaubende Entwicklung der letzten Monate, die die *Generative KI* zu einem Alltagshilfsmittel gemacht hat, sicherlich disruptiv für die Suchmaschinen. Wir geben eine Frage in natürlicher Sprache im *Copilot* von Microsoft, in *Gemini* von Google oder bei *Perplexity* oder *Claude* ein und erhalten eine erstaunlich brauchbare Antwort inklusive der wichtigsten Quellen zum Thema. (Ich hätte mir solch eine Technologie schon vor 20 Jahren gewünscht – wie viele irrelevante und ziellose Suchvorgänge hätten wir uns alle ersparen können?) „Plexen ist das neue Googeln." (Schwarze 2024)

4.4.1 Generative KI-Assistenten

Prompten Sie noch? Oder lesen Sie das Buch dummerweise gleich nach der Veröffentlichung? Denn: Anfang 2025 müssen Sie noch gute Prompts formulieren, um den KI-Assistenten eine Chance auf gute Ergebnisse zu geben. Mit jedem Monat später wird die Notwendigkeit sinken, sich über Prompts Gedanken machen zu müssen – die KI schreibt Ihnen dann den optimalen Prompt von alleine. Ist ja auch kein Hexenwerk, sondern eine vollkommen logische Entwicklung hin zu KI-Agenten, die Aufgaben autonom lösen werden.

Beauftragen Sie das Wahrscheinliche! Doch schauen wir uns den *status quo* zu Beginn des zweiten Vierteljahrhunderts an, sozusagen als Zeitdokument: Mit einem Prompt beauftragen Sie eine Generative KI – Beispiele gibt es hier im Buch ja einige. Fragen wir eine Expertin, die beruflich viel mit Prompts zu tun hat: Perplexity.ai. Die KI weiß über Prompts:

> „Ein Prompt ist eine Eingabeaufforderung oder Anweisung, die einem KI-Modell gegeben wird, um es zu einer spezifischen Reaktion oder Aktion zu veranlassen. Der Begriff stammt ursprünglich aus der Informatik und beschreibt die Aufforderung eines Programms an den Nutzer, eine Eingabe zu tätigen. In der Welt der künstlichen Intelligenz, insbesondere bei generativen KI-Systemen wie ChatGPT oder DALL-E, ist ein Prompt entscheidend für die Qualität der generierten Ausgaben."[5]

4.4.2 Richtig prompten

So weit, so nichtssagend – typisch für die Denkweise einer KI, die die wahrscheinlichste Antwort generiert. Die grundlegende mathematische Methode hilft aber, beispielsweise die 20 wichtigsten Regeln für gute Prompts zusammenzustellen, alphabetisch sortiert (sachdienlicher Hinweis: Diese Liste hat die KI fachmännisch selbst generiert.):

* 1. Anweisungen: Geben Sie klare Anweisungen, was die KI tun soll.
* 2. Beispiele: Fügen Sie Beispiele hinzu, um die Anfrage zu verdeutlichen.
* 3. Eindeutigkeit: Vermeiden Sie mehrdeutige Begriffe.
* 4. Erwartungen: Teilen Sie der KI mit, was Sie erwarten.
* 5. Feedback: Geben Sie der KI Feedback, um die Ergebnisse zu verbessern.
* 6. Fragen: Formulieren Sie klare und direkte Fragen.
* 7. Iterationen: Verwenden Sie mehrere Iterationen, um den Prompt zu verfeinern.
* 8. Kein Bias: Achten Sie darauf, keine Vorurteile zu vermitteln.
* 9. Kein Jargon: Verwenden Sie keine Fachbegriffe, die die KI möglicherweise nicht versteht.
* 10. Klarheit: Formulieren Sie den Prompt klar und präzise.
* 11. Komplexe Sätze: Verwenden Sie einfache und klare Sätze.
* 12. Kontext: Geben Sie genügend Kontext, damit die KI die Anfrage versteht.
* 13. Korrektheit: Überprüfen Sie Rechtschreibung und Grammatik.
* 14. Neutralität: Formulieren Sie neutral und objektiv.
* 15. Relevanz: Stellen Sie sicher, dass der Prompt relevant zum Thema ist.

---

[5] Generiert von Perplexity.ai auf die Frage: Was ist ein Prompt?

- 16. Rolle: Erläutern Sie der KI, in welche Rolle sie schlüpfen soll.
- 17. Spezifität: Seien Sie so spezifisch wie möglich.
- 18. Struktur: Verwenden Sie eine logische Struktur.
- 19. Vollständigkeit: Achten Sie darauf, dass alle notwendigen Informationen enthalten sind.
- 20. Zielsetzung: Definieren Sie das Ziel des Prompts deutlich.

Liste generiert von Perplexity.ai

Prompten Sie mit ZIEL! Wir haben uns in einem KI-Startup den (ernsthaften) Spaß gemacht, zwei Prompt-Frameworks generieren zu lassen, die es in der Literatur so noch nicht gab – und die tatsächlich wahrscheinlicher und nahe liegender sind als die im Vergleich weniger eingängigen Alternativen: STAR und ZIEL.[6] Das STAR-Framework reduziert die 20-Punkte-Liste auf nur vier entscheidende Faktoren:

- **Situation:** Erläutern Sie den Kontext, den die KI kennen muss, um das Problem oder die Aufgabe verstehen zu können – damit die KI weiß, worum es geht.
- **Task:** Erläutern Sie die spezifische Aufgabe oder das Ziel, das Sie erreichen wollen – damit die KI weiß, wohin es geht.
- **Action:** Beschreiben Sie die wichtigsten Schritte, die die KI nacheinander ausführen muss, um die Aufgabe erfüllen zu können – damit die KI weiß, wie es geht.
- **Result:** Beschreiben Sie der KI beispielhafte mögliche Ergebnisse, die Sie erwarten – damit die KI weiß, wie solch ein Ergebnis aussehen soll.

Vergleichbar funktioniert das ZIEL-Framework, das ebenfalls mit nur vier Faktoren sehr gute Ergebnisse zu produzieren hilft.

- **Ziel:** Definieren Sie das spezifische Ziel oder die Aufgabe für die KI. Weisen Sie der KI dazu eine spezifische Rolle zu, damit sie versteht, in welchem Kontext sie agiert. Beispielsweise: „Du bist CvD in einem Corporate Newsroom und möchtest eine aktuelle Zusammenfassung veröffentlichen."
- **Information:** Geben Sie der KI die nötigen Informationen und Ressourcen (Links auf Webseiten, lexikalische Artikel, Geschäftsberichte als PDF, etc.)

---

[6] Das eBook ist kostenlos nach Registrierung erhältlich. (Böhr et al. 2024, S. 34 ff).

- **Erwartung:** Erklären Sie der KI Ihr gewünschtes Ergebnis: ein kurzes LinkedIn-Posting mit Emojis, eine umfassende Excel-Tabelle, ein Entwurf eines Interviews, ein Manuskript für einen Podcast ...
- **Lösung:** Skizzieren Sie der KI die Schritte oder Maßnahmen, die zur Erreichung des Ziels nötig sind, beispielsweise: Erstelle zuerst ein Zielgruppen-Mapping, leite dann die jeweiligen Interessen der einzelnen Stakeholder daraus ab und erstelle dann einen Redaktionsplan mit Maßnahmen, die diese Interessen nacheinander adressieren.

4.5 TECHNOLOGIE

Menschen kommunizieren mit Menschen für Menschen. Die Technologie ermöglicht Kommunikation, ist aber nicht Ziel oder Zweck oder gar Bestimmer dessen, was wir wie wann anderen Menschen mitteilen möchten. Sie hilft, unterstützt, und wir können sie klug nutzen. Wir müssen nur ein wenig verstehen, wie sie funktioniert. Müssen die Art und Weise verstehen, wie die sozialen Medien unsere Inhalte ausspielen, um nicht allzu erschrocken zu sein, wenn ein Posting von heute ganz anders *performed* als eines von gestern oder von morgen. Wir können unsere Inhalte so aufbereiten, dass sie zum Wissen der Welt beitragen und Verknüpfungen und Zusammenhänge herstellen helfen. Wir können sie so verschlagworten, dass sie unsere Urheberschaft belegen und damit unser Ansehen schützen und verbreiten. Wir können mit unseren Inhalten aktiv zu mehr Wahrheit im Netz beitragen, weil wir unsere eigene Reputation schützen möchten. Und echte, wahre, gute Geschichten erzählen, die unsere Werte und Visionen in die Welt hinaustragen – hoffentlich auf unseren eigenen Server zu unseren eigenen europäischen Regeln, ohne Datenhandel, Retargeting und ohne den Interessen weniger Multimilliardäre zu dienen. Sondern uns und unseren Gesprächspartner:innen. Das klingt naiv, ich weiß. Aber was ist die Alternative? Die Algorithmen sind so gestrickt, dass sie denken wie wir. Sie bewerten Inhalte so, wie wir sie ebenfalls bewerten würden. Sie ranken hoch, was für uns individuell relevant ist, was uns interessiert, was uns bewegt und anrührt. Und was unsere Freunde und Bekannte ähnlich sehen. Die Algorithmen handeln in Wahrheit so, wie wir handeln, wenn wir strategisch kommunizieren. Sie sind von Menschen programmiert, um menschliche Kommunikation mit einer Zielgruppe zu ermöglichen. Unserer eigenen Zielgruppe. Zielgruppe: Ich.

Gehen Sie es an: Stärken Sie Ihre digitale Kommunikation und erreichen Sie sich und andere.

Literatur

Böhr, S., Ille, H., und Lindner, C. (2024). Traumpaar statt Alptraum – Medien und KI. Website. Kostenloses eBook nach einmaliger Registrierung. https://insights.nuwacom.ai/de-de/ebook-medien-und-ki.

Geske, J. (2020). Was Agilität wirklich bedeutet. 15 Tipps für mehr Agilität und Wirkung. Onlineressource unter https://www.scrum.org/resources/blog/was-agilitat-wirklich-bedeutet-15-tipps-fur-mehr-agilitat-und-wirkung, abgerufen am 20.1.2025.

Kaiser, G. (2024). Anzahl der täglich aktiven Nutzer der Meta-Produktfamilie* weltweit vom 4. Quartal 2018 bis zum 3. Quartal 2024 (in Milliarden). https://de.statista.com/statistik/daten/studie/1092386/umfrage/taeglich-aktive-nutzer-der-facebook-produktfamilie-weltweit/.

Meta Transparency Center (2023). Unser Ansatz für das Ranking. Onlineressource auf https://transparency.meta.com/features/explaining-ranking/, abgerufen am 14.1.2025.

Puls, C. (2023). Website. Onlineressource unter https://omr.com/de/reviews/contenthub/digital-kanban-boards, abgerufen am 31.12.2024.

Schwarze, M. (2024). „Plexen" soll das neue Googeln werden." FAZ-Artikel online abrufbar unter https://www.faz.net/pro/digitalwirtschaft/prompt-der-woche/perplexity-ai-plexen-soll-das-neue-googeln-werden-110005557.html, abgerufen am 15.1.2025.

Stichwortverzeichnis

A

Akteure 20, 54, 70, 94, 96
Algorithmen 2, 79, 87, 147, 152, 163
  Algorithmen-basierte Inhalte 12
  bedeutungsvolle Interaktionen 153,
    siehe auch Interaktionen
  bedeutungsvoller Content 153, *siehe
    auch Content*
  Content Diversity 153
  Feed 79, 80, 151–153
  LinkedIn-Feed 147
  Newsfeed 81, 151, *siehe
    auch Plattformen*
  Relevanzfeed 152
  Impressionen 81
  negative Signale 153
  Relevanz-Score 152, 153
  Reload 153
  Social Signals 79, 152
  Spam 153, *siehe auch Content*
  Suchalgorithmus 116
Alltag 9, 13, 41
Always-on-Mentalität 11
Amazon (Unternehmen) 91
  Alexa 91, 154, 155, *siehe auch
    Assistenten*
Analyse 94, 103, 104
  Analysetool 60

CATWOE-Analyse 54, 104
  PESTEL-Analyse 55, 104
  SWOT-Analyse 65
Anspruchsgruppen 3, 65, 94, *siehe
    Stakeholder*
App 1, 3, 83
Apple *(Unternehmen)* 37
  Siri 154, 155, *siehe auch
    Assistenten*
Archiv 107
Archivierung 96
Assistenten 155
  ChatGPT 118
  Copilot 118
  Gemini 118
  Perplexity 118
Asynchrone Kommunikation 22
  E-Mail 22, 74, 82, 83, 91, 105, 148
  Messaging-Tools 22
  Microsoft Teams 22, *siehe auch
    Asynchrone Kommunikation*
  Signal 148
  Slack 22
  Threema 73, 148
  WhatsApp 148
Newsletter 17, 32, 33, 35, 62, 77, 84,
    85, 100, 105, 106, 112, 118, 120,
    122, 129, 135, 141

The manufacturer's authorised representative in the EU is Springer
Nature Customer Service Centre GmbH, Europaplatz 3, 69115 Heidelberg,
Germany. If you have any concerns regarding our products, please
contact ProductSafety@springernature.com

Printed and bound by CPI Group (UK) Ltd, Croydon, CR0 4YY
28/04/2026
02098528-0001